Das Magazin

La Sardità

Die vielseitige italienische Insel Sardinien wird oft liebevoll »der kleine Kontinent« genannt. Die Strände und das in allen Blautönen schimmernde Meer der nach Sizilien zweitgrößten Mittelmeerinsel erinnern an karibische Gefilde. Doch im Landesinnern erwartet Sie ein traditionell geprägtes Hirtenland: unberührte Landschaften, archäologische Fundstätten, mit Wildblumen übersäte Hügel und Wiesen – ein mediterraner Garten Eden voller Kontraste und verführerischem Charme.

Kleine Buchten, malerische Häfen und raue Klippen bestimmen die fast 2000 km lange Küste der Insel. Sie bietet Italiens schönste Strände und kristallklares Wasser. Dabei war das Meer für die Sarden früher ein Synonym für räuberische Besatzer – »*furat chi beit dae su mare*« (»Wer übers Meer kommt, will uns bestehlen«). Phönizier, Römer, Araber, Katalanen und Italiener haben alle ihre Spuren hinterlassen. Die einzigartigen prähistorischen Steintürme, die *nuraghi*, zeugen jedoch von Sardiniens einstiger Unabhängigkeit – und der *sardità*, der sardischen Nationalidentität.

Die sardische Sprache ist stark im Lateinischen verwurzelt, aber auch linguistische Bruchstücke aus der Nuraghenkultur haben sich erhalten, so z. B. das Wort *nuraghe* selbst. Elemente anderer Sprachen sind eingeflossen, u. a. aus dem Phönizischen, Arabischen, Korsischen, Genuesischen oder Katalanischen. Das Sardische, das auch in unzähligen Dialekten noch gepflegt wird, steht gleichberechtigt neben Italienisch, das fast jeder Inselbewohner beherrscht.

Eine stolze Insel

Den Sarden wird innere Kraft, Unabhängigkeit, unbedingte Loyalität, ehrliche Freundlichkeit, große Gastfreundschaft, Mut und manchmal auch

Seite 5: Der Strand bei La Pelosa an der Nordwestspitze der Insel

Oben: Beim Festival von Sant'Efisio sind Trachten jeglicher Couleur zu bewundern

Das Magazin

Zurückhaltung zugeschrieben. Doch auch aufs Feiern verstehen sie sich – mit ein Grund, warum hier wie nirgendwo sonst in Europa die Folkloretraditionen so vollständig überliefert sind. *La Sardità* steht für wunderbare Feste, kulinarische Highlights und magiedurchwirkte Geschichten von Feen und Riesen.

Die unberührte Landschaft im Landesinnern ist von zerklüfteten Bergen und dem Dickicht der *macchia mediterranea* (Macchia, mediterraner immergrüner Buschwald) geprägt – der aus stark duftenden und eng ineinander verschlungenem Lavendel, Rosmarin, wildem Fenchel, Kräutern und Pflanzen wie Kriechwacholder, Myrte, Erdbeerbäumen und anderen endemischen Pflanzen besteht. Der Ausdruck »sardonisches Lachen« geht auf die Wirkung des Gifts der hier wachsenden Affodil zurück, die strichninartige Alkaloide enthält und bei den Vergifteten ein krampfhaftes Lachen auslöst.

Lebe lang und glücklich

Der traditionelle sardische Gruß »*A Kent'Annos*« (»Lebe bis ins hundertste Jahr«) kommt nicht von ungefähr. Auf Sardinien leben die meisten über Hundertjährigen der Welt; 135 aus einer Million feiern hier dieses Jubiläum, während der Durchschnitt im Westen eher bei 75 liegt. Eine nicht ganz unwesentliche Rolle dabei spielen wohl die frische einheimische Küche, der gute Rotwein, die klare Luft, das Meer und die ansteckende Lebenslust der Sarden.

Unten: Die »Felswüste« des Valle della Luna bei Ággius

Ganz unten: Ísola Caprera

Schöpfungsgeschichte
Eine sardische Legende erzählt, dass Gott nach der Erschaffung der Welt noch ein paar Felsen übrig hatte, die er ins Mittelmeer warf. Dann betrachtete er seine Schöpfung, nahm hier und da ein Stück der schönsten Landschaften weg und verteilte diese Zutaten großzügig über die Insel. Viele sagen, dass er sich das Beste für den Schluss aufhob und mit Sardinien sein Meisterwerk schuf.

Nuraghi
GIGANTENGRÄBER und *Feenhäuser*

Auf kleinen, mit Olivenhainen bedeckten Hügeln, wo der Duft von Myrte und Fenchel in der Luft liegt, ragen kreisförmig angelegte Steinruinen auf – einzigartige prähistorische Befestigungen der Nuraghenkultur. Die letzte Ruhestätte der Fürstensippen der Nuragher sind als »Gigantengräber« (*tombe dei giganti*) bekannt, noch älter sind jedoch die »Feenhäuser« (*domus de janas*), die in Hügel oder Felsen gegraben wurden.

Die Menschen im 3. Jahrtausend v. Chr. glaubten an ein Leben nach dem Tod und statteten die Felsgräber ihrer Toten mit Essen und Haushaltsgegenständen aus. Heute gibt es noch rund tausend dieser *domus de janas* – sogenannte »Feenhäuser«, die angeblich von *janas* bewohnt wurden – Feen, die gütig gestimmt werden mussten. Die Wände der Grabkammern wurden oft mit magischen Symbolen wie Hörnern, Stierköpfen oder geometrischen Mustern verziert.

Geheimnisumwoben
Ein beliebtes Sprichwort der Sarden sagt: »Der Architekt von heute gibt eine Garantie über fünf Jahre, aber ein nuraghischer Baumeister eine über 5000 Jahre«. Ganz so lange stehen sie zwar noch nicht, aber einige der 7000 kegelförmigen *nuraghi* gehen bis aufs Jahr 1800 v. Chr. zurück. Von ihren Erbauern sind keine schriftlichen Quellen überliefert, daher ist über ihre Kultur und ihr Schicksal so gut wie nichts bekannt. Trotz wilder Theorien sind sich Wissenschaftler noch immer uneins, ob sie einst als Wohnhäuser, Festungen oder gar als Gräber dienten.

Das Wort *nuraghi* (Sing. *nuraghe*) stammt von *nurra*, was sowohl Hügel als auch Höhle bedeutet. Man schichtete ungefähr gleich große Steine so aufeinander, dass in ihrer Mitte ein Hohlraum entstand. Die Decke der sich

Einer der kegelförmigen Türme der Nuraghe Losa

nach oben verjüngenden Struktur, deren Steine ohne Mörtel aufeinanderlagen, bildete ein Schlussstein (Kragkuppel). Die verschiedenen Besatzer (Phönizier, Römer und Byzantiner) waren begeistert, derlei Wehrbauten an Ort und Stelle vorzufinden, bauten sie nach ihren Vorstellungen um und erweiterten sie zu Siedlungen. Am beeindruckendsten ist Su Nuraxi (▶ 50f) nördlich von Cágliari, die größte der Anlagen.

Brunnenheiligtümer

Unterirdische Kammern über heiligen Quellen belegen den Wasserkult der Nuragher. Von diesen Brunnenheiligtümern sind auf Sardinien 40 erhalten geblieben. Sie bestehen aus einem runden Raum mit einer kleinen natürlichen Lichtquelle und einigen Stufen, die zur eigentlichen Quelle hinabführen. Kunstvoll gefertigte Bronzefiguren, *bronzetti*, wurden den Göttern als Opfergaben dargebracht.

»Gigantengräber«

Tombe dei giganti, so nennen die Einheimischen die beeindruckenden Gräber aus der Nuragherzeit. Und tatsächlich könnten in den lang gestreckten Grabkammern mit den großen Granitblöcken vorm Eingang Riesen ihre letzte Ruhestätte gefunden haben, wie es die Legenden erzählen. Die eher nüchterne Erklärung ist, dass es sich um Massengräber aller Stammesangehöriger handelte. Andererseits fragt man sich: Wer außer Riesen hätte die massiven Menhire, die die Gräber umgeben, errichten können?

Unten: Im Hauptturm der Nuraghe Su Nuraxi

Unten: Blick auf die gut erhaltene Ruine von Su Nuraxi

Das Magazin

Strandidylle

Sardinien besitzt die schönste Küste von ganz Italien und einige der malerischsten Strände der Welt. Kilometerlange sonnengelbe Sandstreifen verlieren sich im aquamarinblau und smaragdgrün glitzerndem Wasser. Andernorts fallen zerklüftete Klippen jäh ins Meer ab und winzige Buchten und Häfen wie aus dem Bilderbuch laden zum Verweilen ein. Das saubere Wasser wirkt tatsächlich so blau wie ein gigantischer Swimmingpool und viele Buchten locken mit idyllischer Einsamkeit.

Für viele liegt die Berühmtheit Sardiniens in der Costa Smeralda – der Smaragdküste – begründet. Als der sagenhaft reiche Prinz Karim Aga Khan IV. in den 1950er-Jahren im Nordwesten der Insel mit einigen Freunden mit seiner Yacht vor der Küste kreuzte, verliebte er sich in das klare smaragdgrüne Wasser und die romantischen Buchten. Er versammelte eine Gruppe von Geschäftsleuten um sich, mit denen er die Gegend als Urlaubsgebiet erschließen, aber gleichzeitig die Schönheit dieser Natur bewahren wollte – die Costa Smeralda war geboren. Das Meer funkelt hier in allen möglichen Farbtönen von Saphirblau bis Türkis mit dem blendend zuckerweißen Sand um die Wette. Doch dies ist nur ein Schatz von vielen Stränden, die die Insel bietet.

Versteckte Buchten

An der sardischen Küste gibt es sie noch: breite, unberührte Abschnitte, gesäumt von Pinien, Kriechwacholder und Feigenkakteen, wo sich feine Sandstrände, das Meer und Granitfelsen abwechseln. Ob im Norden, Süden, Osten oder Westen, in allen Himmelsrichtungen hat die Küste Traumstrände zu bieten. Zu manchen

Das türkisfarbene Wasser der Báia Sardinia

Das Magazin

Einer der abgeschiedenen Strände der Costa Smeralda

gelangt man über Trampelpfade, vorbei an Pinien, Oleander und Eukalyptusbäumen, andere sind gar nur mit dem Boot zu erreichen. Mit etwas Entdeckergeist lässt sich jedoch jedes dieser Juwelen erkunden.

Ruhe und Entspannung

An der Westküste erheben sich riesige Dünen und Surfer pflügen durchs Wasser, während an der Nordwestspitze der Insel bei La Pelosa weißer Sandstrand seicht ins türkisblaue Meer abfällt. Die hübschen Ferienorte Palau, Santa Teresa di Gallura, Báia Sardinia und Cannigione im Nordosten lassen vielleicht etwas den Glamour der Costa Smeralda vermissen, aber vielen Touristen ist die entspannte Atmosphäre lieber. Auch hier gibt es fabelhafte Strände wie den romantischen Cala di Luna. Im Osten liegt einer der letzten Küstenwälder Europas, der sich bis an das mit Grotten und tollen Stränden gespickte Ufer des Golfo di Orosei erstreckt. Der rosafarbene Strand und die grünblauen Wellen der Báia Chia sind als »Die Perle des Südens« bekannt.

Alle Strände Sardiniens sind öffentlich. Während man es sich hierzulande kaum vorstellen kann, dass man vom Lande Verdis, Versaces und des Vesuvs genug bekommen könnte, so strömen im Sommer die Italiener vom Festland in Scharen auf die Insel. Aber selbst im August sind nur die Stadtstrände voller Menschen. Denn während die Deutschen die einsamen Buchten lieben, promenieren die Italiener lieber an den quirligen Stränden auf und ab.

Auf den Spuren der Sandale

Der Legende nach schuf Gott Sardinien, indem er mit der Sandale auf die im Meer liegenden Felsen trat. Daran dachten wohl auch die Griechen und Phönizier, als sie die Insel »Sandalyon« (»Sandale«) nannten.

Feste & Brauchtum

Wenn eines der Feste vor der Tür steht, erwacht die Insel farbenfroh zum Leben. Laute Musik begleitet die allgegenwärtigen Düfte von Süßem, Brot, Kräutern, Käse und Wein. Lassen Sie Ihren »Gelüsten« freien Lauf, schließlich sind diese Feste, die auf uralte, raue Traditionen zurückgehen, der ganze Stolz der Sarden und ein Grundpfeiler ihrer nationalen Identität.

Auch wenn die Volksfeste meist einen religiösen Hintergrund besitzen, zeigt sich bei einigen der sardischen *feste*, die jährliche Ereignisse wie die Ernte oder den Wechsel der Jahreszeiten feiern, ihr heidnischer Ursprung. Besonders deutlich wird dies beim *Carnevale* (wörtlich »Abschied vom Fleisch«) im Februar, wenn mit düsteren Masken verkleidete Gestalten wie die *mamuthones* in Mamoiada in der Barbágia Kämpfe zwischen Teufeln und Tieren nachahmen – begleitet von wilden Tänzen, Musik und natürlich einem Festschmaus. Im malerischen Örtchen Bosa steckt der Fasching sogar voll wollüstiger, wenn nicht gar offenkundig sexueller, Anspielungen.

Das größte Fest der Insel wird in Cágliari begangen. Am 1. Mai wird beim *Sagra di Sant'Efisio* ein Bild des Schutzpatrons der Stadt auf einem geschmückten Ochsenkarren von der Hauptstadt nach Nora gebracht, wo der Heilige von den Römern hingerichtet wurde. Am 4. Mai kehrt es in Begleitung von Massen von Menschen, die traditionelle Trachten tragen, und zum Klang der *launeddas* zurück. Diese Flöte ist ein ureigen sardisches Musikinstrument. Es besteht aus drei Rohrblattröhren, durch die die Musiker mithilfe ihrer Atemtechnik einen kontinuierlichen Ton erzeugen. Der charakteristische Klang der Flöten ist bei fast allen Inselfesten zu hören.

Sássari

Die zweitgrößte Stadt der Insel, Sássari, feiert zwei eigene Volksfeste. Anlässlich der *Cavalcata Sarda* gibt es am vorletzten Sonntag im Mai einen Trachtenzug durch die Stadt, an dem Hunderte teil-

An Sant'Efisio gibt es eine prachtvolle Prozession durch Cágliari

nehmen, um den Sieg über die Sarazenen im Jahre 1000 zu feiern. Nachmittags finden spannende Pferderennen durch die Straßen statt, bevor am Abend Tanz und Geselligkeit auf dem Programm stehen. Am 14. August, *I Candelieri* (die Kerzen), tragen die Bewohner zu Ehren der Jungfrau Maria riesige hölzerne Kerzen durch die Stadt.

Núoro & Cábras
Im späten August strömen die Menschen nach Núoro im bergigen Landesinnern, um in einer farbenprächtigen Prozession die *Sagra del Redentore* (Erlöserfest) zu begehen. Mehrere Tage voll Musik, Tanz und Feuerwerk gipfeln in der Prozession hinauf zur Statue Il Redentore auf dem Monte Ortobene. Bei der *Festa di San Salvatore* im September laufen junge Männer aus der Region barfuß von Cábras zum Heiligtum San Salvatore um die Wette.

Das ganze Jahr über gibt es kulinarische Feste – oder *sagri* – sobald bestimmte Delikatessen Saison haben. Als Beispiel seien hier das Seeigelfest von Alghero (Januar), die *Sagra dell'Agrume* – Zitronenfest – in Muravera und die *Sagra delle Castagne* (Kastanienschmaus) in Aritzo (Oktober) genannt.

Auf Seite 40 finden Sie eine Liste der wichtigsten Feste.

Farbenfrohe Trachten spielen bei vielen Festen eine große Rolle

Das Magazin 13

IM WILDEN WESTEN

Die Sarden – allen voran die Bewohner des »Wilden Westens« der Provinz Oristano – gehören zu den besten Reitern Italiens. Sie haben nicht nur ein gutes Händchen für Pferde, sondern auch eine Vorliebe für arabische Vollblüter. In halsbrecherischem Tempo zeigen sie ihr spektakuläres Können bei Festen und Reiterspielen. Entspanntere Reitausflüge können Sie in Oristano und Ala Birdi bei Arboréa (Tel. 0783 805 00; www.alabirdi.it) aus einem breiten Angebot buchen.

Sa Sartiglia

Von den vielen Festen, die das ganze Jahr über in dieser Region gefeiert werden, stechen zwei besonders hervor. Die an Karneval in Oristano stattfindende Sa Sartiglia gehört zu den größten Spektakeln Sardiniens, an dem sich die sonst eher beschauliche Stadt zwei Tage lang dem Rausch bunter Trachten und donnernder Hufe überlässt. Die Ursprünge des Fests wurzeln in alten Ritterturnieren, als die Reiter im Galopp von ihren Rössern aus mit ihrer Lanze einen aufgehängten Ring durchbohren mussten. Der Hauptakteur, *su componidori* (Reiterführer), der König der Sartiglia, wird von den Zunftmitgliedern gewählt und von jungen Mädchen, *sas massaiedas*, eingekleidet und mit einer Maske versehen. Kostümiert mit dieser weißen Maske, schwarzem Hut und weißem (Braut-) Schleier wird er zu seinem prächtig geschmückten Pferd getragen. Anschließend segnet er das Publikum und führt die Prozession an. Das eigentliche Turnier beginnt, wenn der *componidori* auf den sechszackigen Stern, der an einem Band hängt, zugaloppiert und ihn zu durchbohren versucht. Zwei weitere Ritter tun es ihm nach und je mehr Sterne sie erwischen, umso besser wird die Ernte. Abschließend umrundet der Reiterführer auf dem Rücken des Pferdes liegend die Rennstrecke. Dies ist das Signal für alle anderen Reiter, ihr Können zu zeigen.

S'Ardia

Nicht nur donnernder Hufschlag, auch Gewehrsalven klingen Ihnen am 6.–7. Juli jedes Jahres an S'Ardia in den Ohren. 100 der wagemutigsten Reiter aus dem Dorf Sedilo nehmen an diesem wilden und ungestümen Rennen teil. Weder Geld noch Preisgier treibt sie an, sondern allein ihre Verehrung des römischen Kaisers Konstantin – Kämpfer für die Schwachen. Zwei Gruppen konkurrieren miteinander: Die eine besteht aus dem Fahnenträger Konstantins, der sich zwei der mutigsten Reiter auswählt, die sich wiederum jeweils drei Reiter aussuchen. Mit riesigen Lanzen ausgerüstet versuchen diese die zweite Gruppe von über hundert Reitern daran zu hindern, den Fahnenträger zu überholen. Auf ihrem Weg von Sedilo zur Kirche San Constantino werden sie von der Menge an der Strecke lautstark angefeuert und von den Salven der Schützen begleitet, die mit schwarzem Pulver gefüllte Platzpatronen abfeuern. In vollem Galopp und zum Lärm der Gewehre umrunden die Reiter die Kirche sechs Mal. Das Rennen endet am Fuß eines Abhangs beim schmalen Konstantinbogen. Scheuende Pferde, ohrenbetäubender Jubel – dies alles ist Teil eines Spektakels, das die Palios auf dem Festland wie Kinderspiele aussehen lässt. Sedilo liegt wenige Kilometer von Abbasanta an der SS131 Abbasanta–Núoro.

Gegenüber:
Einer der kostümierten Reiter beim Sa Sartiglia in Oristano

Unten:
Wagemutige Reiterkünste sind in der Provinz Oristano keine Seltenheit

Das Magazin

INSEL-
KULTUR

Allein wegen der Lage – in fast gleichem Abstand zu Italien und Nordafrika – verfügte Sardinien schon immer über einen ganz eigenen Inselcharakter. Wie die in Millionen von Jahren geformten phantastischen Granitfelsen sind auch die Insulaner Überlebenskünstler und schwer kleinzukriegen.

Mit einer Länge von 257 km und einer Breite von 109 km ist Sardinien nach Sizilien die zweitgrößte Insel im Mittelmeer. Die zu Italien gehörende Insel ist genauso weit vom italienischen Festland wie von der tunesischen Küste entfernt – 124 km. Der Schriftsteller D. H. Lawrence beschrieb sie einst als »verloren zwischen Europa und Afrika und nirgends zugehörig«.

Der »kleine Kontinent« nennt seinerseits hübsche kleine Inseln sein Eigen, von der jede ihren eigenen Charakter und Charme besitzt. Die Ísola di Sant'Antíoco im Südwesten ist die viertgrößte Insel Italiens – nach Sizilien, Sardinien und Elba. Im 8. Jh. v. Chr. lag hier die phönizische Stadt Sulci und noch heute gibt es einen Damm aufs Festland. Die Attraktionen der Insel verstecken sich in den Nekropolen, ganz augenscheinlich zeigen sich hingegen die Reize des nahe gelegenen Inselchens San Pietro.

Obwohl Sardinien keine Seefahrernation ist, stammen die Einwohner San Pietros u. a. von genuesischen Korallenfischern ab, die im 18. Jh. hier Zuflucht suchten. Heute ist die Insel für den ausgezeichneten Fisch, insbesondere Thunfisch, bekannt. Ihren Namen verdankt sie dem heiligen Peter, der hier angeblich auf dem Weg nach Cágliari während eines Sturms Schutz fand. Noch heute spricht man in diesem »Teil Liguriens« genuesischen Dialekt.

Unten: Boote im Porto Massimo auf La Maddalena

Esel und Ziegen

Anderen Inseln gaben Tiere ihren Namen. Die nur von 250 weißen Eseln bewohnte Ísola Asinara (»Eselsinsel«) liegt im Nordwesten gegenüber der Spiaggia della Pelosa. Als Teil eines Nationalparks kann man sie nur im Rahmen offizieller Bootstouren besuchen. Falls Sie die Eselchen nicht zu Gesicht bekommen, erspähen sie aber vielleicht die dort lebenden Falken, Schweine, Mufflons oder Ziegen.

Die Ísola Caprera wiederum ist nach Ziegen benannt. Sie gehört zum Maddalena-Archipel vor der Nordküste Sardiniens (▶ 126f), das aus mehr als 40 kleinen Eilanden und sieben Hauptinseln besteht. Auf Caprera fühlen sich nicht nur Ziegen, sondern auch Turmfalken heimisch, wogen grüne Pinienwälder und wachsen wilde Orchideen. Das einstige Zuhause von Giuseppe Garibaldi, dem Che Guevara der italienischen Union im 19. Jh., ist heute ein Museum. Von La Maddalena aus, der Hauptinsel, starten Bootsausflüge zu Buchten und atemberaubend schönen Stränden.

Das felsige Ufer von La Maddalena

Unten: Die einprägsame Spitze von La Tavolara

Der Inselkönig

Sogar ein Inselkönigreich gibt es vor Sardiniens Küste. In nordöstlicher Richtung von Olbia erheben sich die messerscharfen Klippen der Isola Tavolara (▶ 122) 564 m aus dem Meer. Rosagelbes Granitgestein, Villen, einige Bars und Restaurants gehören zum »Königreich Tavolara«. Doch der König, der in seinem Restaurant Da Tonino Hof hält, zählt hauptsächlich Wanderfalken und Seevögel zu seinen Untertanen. Der Titel wurde seinen Vorfahren 1848 von Carlo Alberto verliehen.

Das Magazin

SARDINIEN
damals und heute

Sardinien ist bekannt für seine Nuraghen, doch die Geschichte der Insel geht bis in die Jungsteinzeit (6000 v. Chr.) zurück. Schon immer reich an Mineralvorkommen wurde der schwarze Obsidian von erstarrtem Lavagestein am Monte Arci in Zentralsardinien abgebaut, südlich des heutigen Oristano. Das feine, glasartige Granitgestein wurde zur Herstellung von Werkzeugen wie Messern und Äxten verwandt und nach Südfrankreich und Norditalien exportiert.

Die Menschen der Jungsteinzeit huldigten der Fruchtbarkeitsgöttin und ihrem männlichen Gegenstück, der meist in Form eines Stiers dargestellt wurde. Abbildungen vollbusiger Göttinnen und magischer Symbole wurden an den Wänden von Grabkammern, den *domus de janas* (Feenhäuser), entdeckt. Außerdem errichteten sie Steinkreise und 2500 v. Chr. wies Sardinien die höchste Anzahl an Dolmen und Menhiren im gesamten Mittelmeerraum auf.

Die kegelförmigen Steintürme – *nuraghi* – die zu Sardiniens Wahrzeichen wurden, baute man ab dem Jahr 1800 v. Chr. Heute sind davon noch rund 7000 in unterschiedlich gutem Zustand erhalten, doch es sollen einst 30 000 gewesen sein, die bis zu 18 m hoch waren. Ebenso schwindelerregend sind die Ausmaße der *tombe dei giganti* (Gigantengräber) dieser Epoche. Große Steinplatten bilden eine bis zu 30 m lange Grabkammer, die an die 100 Gräber fasste. Die Bronzefiguren, die in diesen

Rechts: Die romanische Basilica della Santíssima Trinità di Saccargia, nahe Sássari

Unten: Die Befestigungsmauern von Castelsardo

18 *Das Magazin*

Der Torre Longosardo bei Santa Teresa di Gallura

korridorähnlichen Megalithbauten gefunden wurden, gehören zu den handwerklich wertvollsten, die im Mittelmeerraum der Bronzezeit gefertigt wurden.

Invasion und Sklaverei

Als erste Besatzer landeten 1000 v. Chr. die Phönizier an Sardiniens Küste. Sie hatten es auf das Obsidian des Monte Arci abgesehen und bauten in der südwestlichen Iglesiente-Region die reichen Vorkommen an Silber, Kupfer sowie Blei ab. Im 6. Jh. v. Chr. bestanden erste Handelsposten in Nora, Thárros, Cágliari, Sant'Antíoco (damals Sulcis) und Ólbia. Die handwerklich ebenfalls weit entwickelte Phönizierkultur hinterließ Bronzefiguren, Schmuck und andere Fundstücke. Die von ihnen gegründeten Handelsorte entwickelten sich unter den Karthagern zu bedeutenden Städten, während die Einheimischen zum Sklavendasein degradiert wurden.

Als die Römer 238 v. Chr. den Friedensvertrag mit Karthago brachen und Sardinien besetzten, verbündeten sich in der Folgezeit einheimische Rebellen mit den Phöniziern und führten einen Gebirgskrieg. Der Vorstoß der Römer ins Landesinnere, der späteren Barbágia, traf auf erbitterten Widerstand und es sollte ihnen nie ganz gelingen, die *barbariae* (Barbaren) zu bezwingen.

Römische Provinz

Im Jahr 227 v. Chr. wurde Sardinien offiziell zur römischen Provinz und blieb dies, bis das Reich im 5. Jh. unterging. Während dieser Zeit entstanden Garnisonsstädte, die sich der *nuraghi* als Befestigungen bedienten, Straßen wurden gebaut und der Silberabbau ausgeweitet. Latein wurde Amtssprache und bis heute ist

Sardisch die mit Latein engste verwandte Sprache der Welt.

Vergleichsweise kurz blieben die Wandalen, die die Insel 456 n. Chr. besetzten, von den im Jahre 534 einfallenden Byzantinern aber wieder vertrieben wurden. Zwei Jahrhunderte später bedrohten Raubzüge der Araber die byzantinische Vorherrschaft und trieben die Küstenbewohner ins Landesinnere. Der Papst bat 1016 die Republiken Pisa und Genua, Sardinien von der Geißel der Araber zu befreien. Ihr Erfolg in dieser Mission läutete das Zeitalter der lombardischen und pisanisch-romanischen Stilepoche der nächsten 200 Jahre ein, in der 182 Kirchen entstanden. 1297 belehnte Papst Bonifazius VIII. jedoch König Jakob II. von Aragón, Herzog von Barcelona, mit Sardinien.

Die Katalanen teilten das Land in 376 Lehnsgüter auf und beuteten es erbarmungslos aus. 1483 war die Bevölkerung von einst 340 000 auf 150 000 geschwunden – Schuld waren Pest, Malaria, ausgebliebene Ernten und Hungersnöte. Die Armut trieb viele Hirten ins Banditentum, das alsbald überhand nahm. So wurden die Bewohner von Alghero von den Spaniern verbannt und durch Katalanen ersetzt – noch heute ist die Stadt unter dem Namen Barceloneta bekannt. An der Küste entstanden in dieser Zeit Wachttürme, um die häufigen Überfälle durch Piraten abzuwehren.

Könige und Banditen

Nach dem Spanischen Erbfolgekrieg fiel Sardinien 1720 an den Herzog von Savoyen (Piemont) mit Sitz in Turin. Doch Banditentum, Fehden, Krankheiten, Abwanderung und Ausbeutung durch Fremdherrscher bestanden fort und bluteten die Insel aus. 1847 setzte sich eine Gruppe Intellektueller und Ökonomen dafür ein, die Autonomie aufzugeben und Sardinien ins Mutterland Piemont zu integrieren, um die wirtschaftlichen Probleme zu lösen. 1861 ging die Insel in den italienischen Staat auf. Der große Freiheitskämpfer Giuseppe Garibaldi, verbrachte seinen Lebensabend auf Caprera.

Weltkriege und Malaria

Der Heldenmut der »roten Teufel« der *Brigata Sassari* im Ersten Weltkrieg, einer fast nur aus Sarden bestehenden Truppe, wurde berühmt. Allerdings bezahlte Sardinien einen hohen Preis – es hatte mehr Tote als jede andere Region Italiens zu beklagen. Im Zweiten Weltkrieg fielen im Jahr 1943 zwei Drittel Cágliaris dem Bombenhagel der Alliierten zum Opfer. Das Malariaproblem, das schon Mussolini erfolglos zu lösen suchte, bekam man erst viel später in einer vier Jahre dauernden italienisch-amerikanischen Offensive in den Griff – 1950 war das erste Jahr ohne Malariatote auf der Insel.

Der Tourismus heute

In den 1960er-Jahren kaufte der legendäre Aga Khan die Küste der heutigen Costa Smeralda und verwandelte sie in ein Urlauberparadies – Vorbild für viele weitere. Es landen also immer noch »Invasoren« an den Küsten Sardiniens – heute auf der Suche nach Sonne, Strand und dem unvergleichlich blauen Meer – und noch immer bringen sie Probleme. Renato Soru, der 2004 zum Präsidenten von Sardinien gewählt wurde, ist fest entschlossen, Änderungen umzusetzen. Dazu gehören Pläne, den Touristenstrom von der Küste ins Landesinnere zu lenken, die kurze Saison auszudehnen und die Bauwut auf der Insel einzudämmen.

Zu Tisch, bitte!

»Die sardische Küche ist von eher ärmlicher Natur, denn es ist die Küche der Bauern und Hirten, die in der gesamten italienischen Geschichte noch nie reiche Leute waren. Doch auch wenn sie in mancher Hinsicht ärmlich ist, so bietet sie eine Aromenvielfalt, Kreativität, Rafinesse und Exotik.«

So beschreibt Raffaele Balzano in seinem Kochbuch *Sardegna a Tavola* die sardische Küche. Er hätte auch hinzufügen können, dass beinahe alle sardischen Produkte das Prädikat »Bio« oder »frei laufend« verdienen. Oder dass viele der herrlichen Aromen von den wilden Kräutern stammen, die das saftige Weideland, auf dem Schafe, Rinder und Ziegen grasen, überziehen.

Entgegen der Erwartung stand Fisch vor dem Aufblühen des Tourismus nicht oft auf dem Speiseplan der Insulaner. Vielmehr ist Fleisch ein Grundnahrungsmittel der traditionellen sardischen Küche – *la cucina tipica Sarda*. Sehr beliebt sind Lamm, Rind, Zicklein und Wildschwein, die mit duftenden Kräutern am Spieß gegrillt werden. Ein echter Genuss ist Spanferkel (*porceddu*), das mit Kräutern und Olivenöl eingerieben und dann in Meersalz gewälzt wird, ehe man es über offenem Feuer langsam goldbraun und knusprig röstet. Wegen der aufwendigen Zubereitung muss man es in Restaurants einen Tag im Voraus bestellen.

Auf den Speisekarten werden Sie aber auch Gerichte entdecken, die selbst hartgesottene Fleischnarren auf die Probe stellen: Pferde- und Eselsfleisch oder Innereien wie *sa córdula* (gegrillte Schafsinnereien), *sanguinaccio* (Schweineblutwurst) oder *cordula* (geschmorte, gegrillte oder gebratene Lammkutteln).

Oben: Geschäftiges Café auf der Via Roma in Cágliari

Rechts: Oben, das berühmte *pane carasau* oder »Notenblatt«; unten, ein farbenfrohes Meeresfrüchtegericht

Das Magazin

Brot & Antipasti

Ohne das ungewöhnliche sardische Brot ist die Mahlzeit nicht komplett. Das berühmte *pane carasau* wird zweimal gebacken und ist so dünn, dass es von den Italienern auch *carta da musica* – »Notenblatt« – genannt wird. Die Araber brachten es im 9. Jh. mit auf die Insel, wo es aufgrund seiner hohen Haltbarkeit bei den Hirten schnell Anklang fand. Sehr lecker schmeckt es mit Salz, warmem Olivenöl und Kräutern. Antipasti sind zwar eher eine italienische Tradition, aber auch auf vielen sardischen Speisekarten sind sowohl Vorspeisen *di terra* (Salami, Aufschnitt, Oliven und Käse) als auch *di mare* (Meeresfrüchte, Fisch) zu finden.

Pasta à la Sardinien

Wie auf dem italienischen Festland liebt man auch hier Pizza und Pasta – jedoch darf die sardische Note nicht fehlen. Die dem Couscous ähnlichen *fregola* werden in Suppen oder *con arselle* (mit Venusmuscheln) serviert. Eine Spezialität sind *spaghetti alla bottarga*: Meeräschen- oder Thunfischeier werden in Streifen angeordnet, getrocknet und anschließend über frisch gekochte, mit Olivenöl beträufelte Pasta gerieben. Die exklusive Zutat nennt man auch »sardischen Kaviar«.

Meeresfrüchte

Obwohl die Sarden traditionell eher Hirten denn Fischer sind – »*pastori, non pescatori*« – landen heute zumindest an der Küste Meeresfrüchte und Fisch in allerlei Variationen im Kochtopf. Gegrillter *spigole* (Seebarsch), *orate* (Dorade) oder *tonno* (Thunfisch) sind köstlich, in Sachen Meeresfrüchte stehen u. a. *aragosta* (Hummer) – besonders bei Alghero – *calamari* (Tintenfisch) und *polpi* (Oktopus) hoch im Kurs.

Das Magazin

Pecorino und anderer Käse

Es wird kaum überraschen, dass in einem Volk von Schäfern die Käseherstellung quasi eine Kunstform ist. Der schmackhafte Pecorino wird aus Schafsmilch gekäst und macht drei Viertel der italienischen *Pecorino-Romano*-Produktion aus. Pecorino wird aus erwärmter, lauwarmer oder kalter Schafsmilch hergestellt. Neben dem berühmtesten, dem Hartkäse *pecorino romano*, gibt es den aus Rohmilch hergestellten, harten *pecorino sardo*, der einen scharfen Geschmack besitzt. Letzteren käsen die Schäfer oft noch selbst. Der *fiore sardo* wird ebenfalls aus Rohmilch gemacht, ist weiß und sehr krümelig. Auch anderer Käse wie Ricotta oder Ziegenkäse ist zu haben, zweimal überlegen sollte man sich jedoch den Genuss des *casu marzu*, einer »Delikatesse«, die von lebenden Fliegenlarven wimmelt. Eine wahre Wonne ist hingegen *sebada*: ein Krapfen gefüllt mit Ricotta und dickem, cremigem Berghonig.

Oben: Eine Auswahl an sardischem Käse in einem regionalen Supermarkt

Weinkultur

Die sardischen Weine rangieren mittlerweile unter den besten Tropfen der Welt. Da nur geringe Mengen produziert werden und die Nachfrage hoch ist, sind die Jahrgänge jedoch oft schon nach wenigen Monaten vergriffen. Aus diesem Grund werden sie auch kaum exportiert, ein Grund mehr, sie zu genießen, solange Sie an der Quelle sitzen. Die besten Rotweine werden aus der einheimischen Cannonau-Traube gepresst, bei Weißweinen liegen Sie mit Vermentino und Vernaccia richtig. Manche Weine werden noch nach traditioneller Art hergestellt, indem man die Trauben bis zu vier Wochen gären lässt. Der dabei ablaufende chemische Prozess soll angeblich Herzkrankheiten vorbeugen. Und tatsächlich haben die Einwohner der Provinz Núoro, die für ihren Cannonau berühmt ist, eine sehr hohe Lebenserwartung: Hier gibt es dreimal so viele Hundertjährige wie im westlichen Durchschnitt.

Ein weiteres Indiz der sardischen Langlebigkeit erbrachten kürzlich archäologische Ausgrabungen, bei denen man an mehreren Orten Traubenkerne fand, deren Ursprung mithilfe einer DNA-Analyse auf das Jahr 1200 v. Chr. datiert werden konnte. Somit ist dies die älteste Traubenart der Welt. Der Cannonau, der aus ihr gepresst wird, könnte sich also als Mutter aller Weine erweisen.

Branntwein

Ähnlich wie Grappa wird aus den Pressrückständen der Weinherstellung der legendäre, 40 Prozent starke Branntwein der Insel destilliert, der als *su fil'e ferru* – »Eisendraht« – bekannt ist. Den Einheimischen zufolge verdankt er seinen Namen dem Brauch der Schwarzbrenner im 19. Jh., mit einem Eisendraht die Stelle des Verstecks zu markieren.

Gegenüber: *Mirto* ist eine hochprozentige Spezialität, die aus sardischen Myrtebeeren gemacht wird

Das Magazin 25

Arm und reich –
von Aga Khan bis Renato Soru

Bis in die 1960er-Jahre existierte Sardinien auf der touristischen Landkarte praktisch nicht. Erst zehn Jahre zuvor hatte man die Geißel der Malaria in den Griff bekommen und höchstens Fischer oder Bootsbesitzer auf der Suche nach Ruhe und Idylle steuerten die Küsten an. Die wunderschöne Nordostküste, wohin sich nur wenige Segler verirrten, zog schließlich Prinz Karim Agha Khan IV. in ihren Bann. Hier fand er den idealen Ort, um für die Schönen und Reichen ein Ferienparadies mit dem Flair des italienischen Dolce Vita zu kreieren – damit schlug die Geburtsstunde der Costa Smeralda.

Spielwiese des internationalen Jetsets
Der 55 km lange Küstenabschnitt wurde schonend für den Tourismus ausgebaut, so dürfen die Gebäude der künstlich geschaffenen Fischerdörfchen nicht höher als drei Etagen sein. Die Architektur im neosardischen Stil fügt sich harmonisch in die romantisch zerklüftete Küstenlandschaft ein. Heute ist das Gebiet bei Multimillionären eines der beliebtesten Urlaubsziele Europas: Zu den Prominenten, die regelmäßig hier absteigen, zählen Roman Abramovich, Julia Roberts, Leonardo DiCaprio und Madonna. Der italienische Regierungschef Silvio Berlusconi besitzt gar sieben Villen, darunter die Villa La Certosa mit 27 Zimmern vor den Toren von Porto Rotondo.

Ein 40-Hektar-Grundstück mit Wasserfällen, mehreren Swimmingpools, Blumenwiesen und Obstbäumen umgibt La Certosa. Das griechische Amphitheater, in dem Berlusconi vor bis zu 400 Gästen gerne ein Liedchen trällert, wurde kontrovers diskutiert, als man illegale Machenschaften beim Bau vermutete, die Untersuchung aber vom Innenministerium gestoppt wurde. Außerdem ließ der Medienmogul einen Tunnel durch eine Klippe graben, der seine Gäste vom Ufer direkt

aufs Grundstück bringt. Eine weitere Ohrfeige für die Umweltschützer der Smaragdküste.

Baustopp

Die Pläne zahlreicher Immobilienfirmen, die Küste weiter für den Tourismus auszubauen, wurden 2006 durch ein neues Gesetz der Regierung Renato Sorus vereitelt. Sardiniens Präsident, selbst Sarde, hat sich den Erhalt der Umwelt der Insel auf die Fahnen geschrieben und mit diesem Gesetz einen Küstenabschnitt von 1770 km vor der Bebauung geschützt. »Sardiniens Küste ist gerettet. Ab sofort darf auf einem mindestens 3 km breiten Küstenstreifen nichts gebaut werden. Sardisches Land wird nicht länger aufgefressen werden ... Die wilden Zeiten sind vorbei«, sagte er. Doch das war erst der Anfang.

Luxussteuer

Des Weiteren verlangte er von den Besitzern von Luxusvillen, die diese nicht dauerhaft bewohnen, großen Yachten und Privatjets erhebliche Steuerzahlungen. Das Gesetz zielte v. a. auf den Milliardär Berlusconi ab, der sich mit Händen und Füßen dagegen wehrte, indem er den Untergang des Tourismus prophezeite. Renato Soru – als Gründer des Internetproviders Tiscali selbst Millionär – hält dagegen, dass er im Grunde nichts gegen Reiche habe, aber Sardinien letztlich keinen Vorteil von den Zweithäusern der Ausländer habe.

Flavio Briatore, Formel-1-Teamchef und Besitzer des auf Sardinien beliebten Nachtclubs »The Billionaire«, wetterte in ganzseitigen Anzeigen in der lokalen Presse gegen die Steuer. Andere Millionäre sehen sie als einen geringen Preis für den Erhalt von Sardiniens einzigartiger Schönheit eher gelassen.

Letzteres spiegelt den Ansatz Sorus wider: Diejenigen, die sich an der Schönheit der Insel erfreuen, sollen sich auch an den Kosten für den Erhalt derselben beteiligen.

Ein Natur-
PARADIES

Im Schatten der Wacholdersträuche stützen sich Hirten auf ihre Stäbe und sehen ihren Herden beim Abgrasen der aromatisch duftenden Macchia zu. Adler nisten in den von Wellen ausgewaschenen Granitfelsen der Küste, während Wildschweine in den Kork- und Steineichenwäldern Schutz suchen. Und an den goldenen Dünen öffnen Mittagsblumen (»Buon Giorno«-Blumen) ihre violetten Blütenblätter.

Egal wohin Sie gehen – das Läuten der Schaf- und Ziegenglocken folgt Ihnen. Die kleinen, zähen Tiere sind die zahlreichsten Vertreter der sardischen Tierwelt. Wegen ihrer isolierten Lage ist die Insel jedoch auch Heimat vieler einzigartiger Tierarten wie z. B. dem Mufflon. Auf dem italienischen Festland steht das Wildschaf mit den langen Hörnern schon kurz vorm Aussterben. Auf der Giara di Gesturi, nahe Su Nuraxi, leben die *cavallini* – kleine Wildpferde –, während die Insel Asinara die Heimat der berühmten Albinoesel ist. Mit etwas Glück erspähen Sie vielleicht sogar einen *cervo sardo* (sardischer Hirsch), der v. a. in den Bergen des Gennargentu zu finden ist.

Vogelwelt
Auf der windumtosten und daher auch Ísola del Vento genannten Insel leben über 200 verschiedene Vogelarten – ein Drittel aller Vögel Europas. Besonders die reichen Shrimps-Bestände in den Lagunen ziehen auch viele Zugvögel nach Sardinien. Manche von ihnen sind gar sesshaft geworden wie die Flamingos, die mittlerweile hier nisten und brüten.

Gegenüber: Einige Akteure der sardischen Flora und Fauna: (von oben) Eleonorenfalke; eine sardische Hirschkuh; Wildblumen am Capo Cáccia

Unten: Ziegen im Gennargentu

Auf Sardinien leben Vogelarten, die im Rest Europas selten sind: z. B. der Goldadler, die Eleonorenfalken und schwarze Kormorane. An der Küste zwischen Alghero und Bosa liegt Italiens größte Gänsegeierkolonie – mit etwas Glück sehen Sie eins der bedrohten Exemplare.

Delphine und Korallen

Vor der Küste Algheros liegen zahlreiche Riffe der leuchtend roten Sardegna-Korallen. Aber auch andere Meerestiere sind zu beobachten wie z. B. Delphine um das Maddalena-Archipel. Angeblich leben im Golf von Orosei gar noch Mittelmeer-Mönchsrobben, die bedrohten Tiere werden heute allerdings so selten gesichtet, dass man sie schon ausgestorben glaubte.

Duftende Pflanzenpracht

Das ganze Jahr über, aber besonders im Frühjahr und Herbst, überzieht die Insel ein farbenprächtiger Blumenteppich aus Rosen und leuchtenden Mittagsblumen, unter die sich exotische Orchideen, Hibiskus, Oleander und Bougainvilleen mischen. Fast überall gedeiht dichte Macchia, eine verschlungene bunte und wohlriechende Fülle aus Lavendel, Rosmarin, wildem Fenchel, Kräutern, Wacholder, Myrten und Erdbeerbäumen.

Tanz der Flamingos

Um ihre Weibchen zu beeindrucken, finden sich Flamingos in einer Gruppe zusammen. Sie biegen die Hälse und schütteln ihre Federn wie bei einem Tanz. Immer mehr stoßen dazu und so kann die wogende Tanzgesellschaft schon mal auf über hundert Exemplare anwachsen.

Das Magazin

Highlights – auf einen Blick

Die schönsten Strände
- Cala di Luna, mit Blick auf den Golfo di Orosei: Es gibt sechs kleine Höhlen zu entdecken und die nahe gelegene Grotta del Bue Marino (per Boot). Die Cala Sisine, auch am Golf, bietet schönen Sandstrand. Beide sind mit dem Boot oder über Eselspfade zu erreichen (▶ 89).
- Spiaggia della Pelosa, Stintino: Nirgendwo ist das Wasser so blau (▶ 110).
- Die weißen Sandstrände der Báia Chia (▶ 57).
- Costa Smeralda: Einige Strände wie die Cala Liscia Ruia und die Spiaggia Capriccioli sind bekannt und leicht zu erreichen. Andere wie der Portu Li Coggi (auch Spiaggia del Principe), sind schlecht ausgeschildert (▶ 125).

Schönste Flecken abseits der Touristenwege
- Im La-Maddalena-Archipel liegen sehr einsame Inseln und die nach Macchia duftende Ísola Caprera (▶ 127).
- Tiscali und die Gorruppu-Schlucht eignen sich für Trekkingtouren (▶ 90f, 92f).

Die schönsten Ausgrabungsstätten
- Su Nuraxi ist die berühmteste der Nuraghen (▶ 50f).
- Die *domus de janas* (Feenhäuser) und *tombe dei giganti* (Gigantengräber) bei Arzachena (▶ 129f) sind magisch.

Die schönsten Panoramastrecken
- Küstenszenerie an der Strecke Alghero nach Bosa (▶ 112) und von Cágliari nach Villasimíus (▶ 138).
- Naturliebhaber sollten die Monti del Gennargentu (▶ 93) und den Golfo di Orosei (▶ 88f) besuchen.

Die schönste Aussicht
- Monte Ortobene (▶ 92)
- Von der Ísola Caprera über die Maddalena-Inseln in Richtung Korsika (▶ 127).

Die schönsten Abendspaziergänge
- Entlang der Ufermauer in Alghero (▶ 107).
- An der Bastione San Remy in Cágliari (▶ 46).
- Auf der Piazzetta in Porto Cervo (▶ 128).

Cala di Volpe, einer von vielen einsamen Stränden an der Costa Smeralda

Erster Überblick

Erster Überblick

Ankunft

Anreise mit dem Flugzeug

Wenn Sie mit dem Flugzeug nach Sardinien reisen, bieten sich Ihnen drei Optionen: Der internationale Flughafen von Cágliari bedient die Hauptstadt der Insel und liegt ideal für Reisen an die Südküste. Er befindet sich 7 km nordwestlich vom Stadtzentrum. Der Airport von Alghero liegt 10 km nördlich der Stadt im Nordwesten und wird von nationalen Fluggesellschaften angeflogen, die das italienische Festland, v. a. Mailand und Rom, mit der Insel verbinden. Auch Ryanair bietet Flüge nach Alghero. Der schicke neue Flughafen von Ólbia, 5 km südöstlich vom Stadtkern, ist das Ziel internationaler Linien- und Charterflüge: Maschinen aus Mailand, Rom und Verona sowie Easyjet, AirBerlin oder TUIfly fliegen hierher. Nur ein kleines Stück von der Nordostküste entfernt, ist er ganz nah an der Costa Smeralda.

Flughafen Cágliari

- Der Flughafen von Cágliari heißt **Élmas** (www.aeroportodicagliari.com).
- In der Ankunftshalle in der ersten Etage des Flughafens befinden sich verschiedene **Autovermietungen**, deren Mietwagen ebenerdig in einem überdachten Parkplatz gegenüber dem Hauptausgang stehen. Orientieren Sie sich an dem Schild »Autonoleggio« und dem Logo Ihrer Leihfirma.
- In die **Innenstadt von Cágliari** folgen Sie der SS391, die auf die SS131 führt (ausgeschildert). Wenn Sie weiter gen Südwesten reisen möchten, nehmen Sie die SS391, dann die SS130 Richtung Cágliari und Pula.
- Der **Flughafen-Shuttle** der Busgesellschaft **ARST** fährt in der Regel 15, 30 und 50 Minuten nach der vollen Stunde. Zehn Minuten dauert die Fahrt vom Flughafen zur Piazza Matteotti im Zentrum Cagliaris. Der letzte Bus in die Stadt geht um 23.30 Uhr, der letzte zum Flughafen um 22.30 Uhr.
- An den Ausgängen im Erdgeschoss und der ersten Etage warten Taxis auf Gäste. Rechnen Sie mit 15 € für den Weg in die Innenstadt.

Flughafen Alghero

- Algheros Flughafen nennt sich **Fertilia** (Tel. 079 93 50 39; www.aeroportodialghero.it). In der Ankunftshalle gibt es eine Touristeninformation (Tel. 079 93 51 24; tägl. 8.30–13, 15.30–22 Uhr, oft früher geschl.).
- Ebenfalls in der Ankunftshalle finden Sie Schalter von **Autovermietungen**, die Mietwagen stehen auf einem Parkplatz gegenüber dem Haupteingang.
- Um ins **Zentrum von Alghero** zu gelangen, wenden Sie sich vorm Flughafen nach rechts und nehmen die SS291 nach Fertilia. Von dort führt eine Küstenstraße nach Alghero.
- An jedem Tag landen ca. zehn vom italienischen Festland kommende Flieger, auf die der Fahrplan der **FdS-Busse** abgestimmt ist. Fahrkarten gibt es am Kiosk nahe der Touristeninformation (Ankunftshalle). Auch weiter entfernte Städte wie Sássari, Núoro, Oristano, Cágliari sowie Stintino, Macomér, Castelsardo und Santa Teresa di Gallura werden von Bussen bedient (Stintino und Santa Teresa nur 1. Juni–30. Sept.) Die meisten Busse betreiben ARST (Tel. 079 263 92 06) und FdS (Tel. 079 95 04 58).
- Vor dem Ausgang der Ankunftshalle stehen **Taxis**, die für eine Fahrt in die Innenstadt rund 20 € verlangen. Die Zentrale ist rund um die Uhr besetzt (Tel. 079 97 53 96 oder 079 989 20 28).

Flughafen Ólbia

- Ólbias Flughafen trägt den verheißungsvollen Namen Aeroporto Internazionale di Ólbia Costa Smeralda (Tel. 0789 56 34 44; www.geasar.com).

Ankunft 33

- Das Schild »Terminal Autonoleggi« weist den kurzen Weg zu den **Schaltern mehrerer Autovermietungen** in der Nähe der Ankunftshalle.
- Direkt nach **Ólbia hinein** führt die SS125 (allerdings gibt es oft Umleitungen, denn in Ólbia wird so gut wie immer gebaut). Richtung **Costa Smeralda** nehmen Sie vom Flughafen die SS125 zur SS131.
- Die **Linienbusse** Nr. 2 und Nr. 10 fahren alle 20 Minuten (So seltener) zur Piazza Regina Margherita in Ólbias Innenstadt. Der letzte geht um 20 Uhr, Fahrkarten gibt es beim Fahrer oder den Ticketautomaten am Flughafen. Im Sommer wird zusätzlich die Linie Nr. 6 nach Arzachena, Palau und Santa Teresa di Galura eingesetzt. Weitere Verbindungen bestehen nach Cágliari, Núoro, Sássari und Cala Gonone (nur Sommer).
- Der **Taxistand** befindet sich vor dem Ankunftsterminal. Für eine Fahrt nach Ólbia sollte man etwa 15 € einkalkulieren.

Anreise mit dem Schiff

- Vom **italienischen Festland** aus setzen mehrere Auto- und Passagierfähren nach Sardinien über. Den kürzesten Weg haben Sie von Fiumicino und Civitavécchia (Rom), Genua und Livorno. Einige fahren nur in den Sommermonaten; eine frühzeitige Buchung wird in jedem Fall empfohlen.
- **Direkte Verbindungen** gibt es von Neapel, Palermo, Piombino, Trapani und Marseille, manchmal auch Toulon, in Frankreich.
- Es gibt viele Möglichkeiten, um **von Korsika** nach Sardinien zu gelangen, die regelmäßigste besteht zwischen Bonifacio und Santa Teresa di Gallura.
- **Weitere Informationen** zum Fährverkehr auf dem Mittelmeer erhalten Sie auf www.traghettionline.net oder www.aferry.de

Touristeninformationen

- **Cágliari**: Piazza Matteotti 9 (Tel. 070 66 92 55; www.comune.cagliari.it). Sie liegt ein kleines Stück westlich der Hafenpromenade Via Roma. Wer nicht Italienisch spricht, kommt hier zumindest mit Englisch weiter (Mo bis Fr 8.30–13.30, 14–20, Sa–So 8–20 Uhr; Öffnungszeiten saisonabhängig). An der Piazza Deffenu 9 am Ostende der Via Roma gibt es eine weitere Touristeninformation (Tel. 070 60 42 41; Mo–Sa 9–13.30 Uhr).
- **Alghero**: Piazza Porta Terra 9, am oberen Ende der Giardini Publicci (Tel. 079 97 90 54; www.comune.alghero.ss.it; April–Okt. Mo–Sa 8–20, So 9–13 Uhr; Nov.–März Mo–Sa 8–14 Uhr).
- **Núoro**: Piazza Italia 19 (Tel. 0784 300 83; www.enteturismo.nuoro.it; Mo–Sa 9–13, 16–19 Uhr). Ein weiteres Tourismusbüro, Punto Informa, befindet sich am Corso Garibaldi 155 (Tel. 0784 387 77; Mo–Fr 9–13, 15.30–19 Uhr, zuweilen auch samstagmorgens).
- **Ólbia**: Via Catello Piro 1 (Tel. 0789 214 53 oder 0789 55 76 01; www.olbia.it; Mitte Juni–Mitte Sept. Mo–So 8.30–13, Mo–Sa 16.30–19.30 Uhr; Mitte Sept.–Mitte Juni Mo–Sa 8.30–13 Uhr).
- **Oristano**: Piazza Eleonora d'Arborea 19 (Tel. 0783 368 31; Sommer Mo–Sa 9–13, 16–19, So 9–14 Uhr; Winter Mo–Fr 9–13, 16–19, Sa 9–13 Uhr). Associazione Turistica Pro Loco Oristano, Via Ciutadella di Menorca 14 (Tel. 0783 706 21; Mo–Fr 9–12, 16.30–19.30 Uhr).
- **Sássari**: Via Roma 62 (Tel. 079 23 17 77; www.comune.sassari.it; Mo–Do 9–13.30, 16–18, Fr 9–13.30 Uhr).

Eintrittspreise
Die Eintrittspreise für Museen und Sehenswürdigkeiten, die im Reiseführer beschrieben werden, richten sich nach folgendem Preisschema:
preiswert = unter 3 €   **mittel** = 3–5 €   **teuer** = über 5 €

Unterwegs auf Sardinien

Den besten Eindruck von Sardinien gewinnt man mit dem Auto, doch auch mit Bus oder dem Zug kann man die meisten Sehenswürdigkeiten gut erreichen – mit Letzterem kann es allerdings etwas dauern. Ein Leihwagen ist an allen drei Flughäfen (➤ 32f) oder in größeren Städten auch bei internationalen oder lokalen Autovermietungen zu bekommen. In Cágliari kann eine Autofahrt in den reinsten Stress ausarten; im mittelalterlichen Gassengewirr der Altstadt in der zweitgrößten Stadt Sássari kommt es hingegen auf Millimeterarbeit an, so eng geht es dort zu. Denken Sie daran, dass viele Küstenorte im Sommer nur für Fußgänger zugänglich sind.

Mit dem Auto

- Sie benötigen einen **gültigen Führerschein** und, falls Ihr Heimatland kein EU-Mitglied ist, einen internationalen Führerschein.
- **Informieren Sie sich bei Ihrer Versicherung** vor der Abreise über deren Konditionen, sodass Sie ausreichenden Versicherungsschutz genießen.
- Wenn Sie mit einem **im Ausland gemeldeten Auto einreisen**, sollten Sie zusätzlich an den Fahrzeugschein und die Grüne Versicherungskarte denken. Diese Papiere sind auf allen Fahrten mitzuführen.
- Wer auf der Insel **ein Auto mieten möchte**, muss mindestens 21 Jahre alt sein und eine gültige Fahrerlaubnis besitzen. Pauschaltouristen sollten allerdings versuchen, ein Auto als Teil eines »Fly & Drive«-Angebots direkt mit dem Urlaub zu buchen. Ebenfalls zu empfehlen: Mieten Sie einen Leihwagen über die Webseite oder Hotline einer der gängigen Autovermietungen schon vor Ihrer Abreise. In beiden Fällen kommen Sie oft deutlich preiswerter weg. Individualreisende sind gut beraten, sich beim Buchen des Fluges nach den Partnern der Fluggesellschaften zu erkundigen und einen günstigen Tarif direkt mit dem Flug zu buchen.

Grundlegende Regeln im Straßenverkehr

- Auf Sardinien herrscht **Rechtsverkehr**, überholt wird links. Wenn nicht anderweitig ausgeschildert, gilt rechts vor links.
- Sowohl auf Vorder- wie auf Rücksitzen muss man sich **anschnallen.**
- In Italien ist Fahren mit eingeschaltetem **Abblendlicht** Pflicht – auch am Tag.
- Mit der **Lichthupe** zeigt Ihnen ein Fahrer an, dass er sich die Vorfahrt nimmt, nicht dass er Sie Ihnen lässt!
- Auf Sardinien gibt es weder Autobahnen noch Mautgebühren, auf Schnellstraßen herrscht eine **Geschwindigkeitsbegrenzung** von 110 km/h, auf Landstraßen 90 km/h und in Ortschaften 50 km/h.
- Die zweispurige **Hauptschnellstraße** der Insel, die SS131 Carlo Felice, durchquert die Insel von Cágliari nach Sássari und weiter nach Porto Tórres.
- Weitere Schnellstraßen (*superstrade, SS*): die SS130 in westlicher Richtung von der Carlo Felice bei Cágliari nach Iglésias; die neue zweispurige Schnellstraße von Sássari nach Alghero (bis auf halbe Strecke ausgebaut). Die SS125 (*Orientale Sarda*) verbindet auf der Ostseite der Insel das im Norden gelegene Palau mit Cágliari im Süden.
- Die meisten Landstraßen auf Sardinien führen durch **wunderschöne Landschaft**, sind aber oft sehr kurvenreich. Die *strade bianche* (weiße Straßen) sind meist nur Schotterpisten und eher für Jeeps als Autos mit normaler Bodenhöhe geeignet. Bedenken Sie, dass Sie beschädigte Reifen der Autovermietung auf eigene Kosten ersetzen müssen.
- **Benzin** heißt *benzina*, bleifreies Benzin *senza piombo*, Diesel *gasolio*. An den Schnellstraßen (SS) liegen in relativ regelmäßigen Abständen Tank-

Unterwegs auf Sardinien

stellen, die über Mittag und nach 19.30 Uhr geschlossen haben. Die Mehrzahl verfügt jedoch über Tankautomaten, die Kreditkarten oder Euroscheine annehmen (Letztere sollten nicht allzu zerknittert sein).

- In größeren Städten kann **Parken** zum Alptraum werden. Parkplätze sind in der Regel durch blaue Streifen gekennzeichnet. In Städten wie Cágliari gibt es Parkuhren, andernfalls händigt Ihnen ein Parkwächter einen Parkschein aus, der im Schnitt nicht mehr als 50 Cent pro Stunde kostet. Denken Sie nicht einmal im Traum daran, in einer *zona di rimozione* (Halteverbot) zu parken, Ihr Auto wird dort höchstwahrscheinlich abgeschleppt. Vergewissern Sie sich, dass am nächsten Tag kein Markt in der Nähe abgehalten wird, wenn Sie den Wagen über Nacht am Straßenrand parken möchten, sonst ist dann womöglich die Straße gesperrt.
- Wenn Ihr **Auto liegen bleibt**, schalten Sie das Warnblinklicht ein und stellen Sie ca. 50 m hinter dem Auto ein Warndreieck (in allen Leihwagen vorhanden) auf. Den Pannendienst erreichen Sie unter Tel. 116. Im Falle eines Unfalls stellen Sie ebenfalls das Warndreieck auf und benachrichtigen Sie die Polizei (Tel. 112/113) oder den Notarzt (Tel. 118). Am Unfallort sollten Sie keine Schuldgeständnisse abgeben, bitten Sie Zeugen vor Ort zu bleiben. Tauschen Sie mit den Unfallbeteiligten Namen, Adresse und Versicherungsdetails aus. Schildern Sie der Polizei, was passiert ist.

Mit dem Zug

- Mit dem Zug kommt man auf Sardinien zwar billig, dafür langsam voran. Den größten Teil des Streckennetzes bedient **Trenitalia** (vom Festnetz Tel. 89 20 21, vom Handy Tel. 12 89 20 21, www.trenitalia.it), teilweise ist es in privater Hand. Die wichtigste Verbindung der staatlichen Bahn (Ferrovie dello Stato) besteht zwischen Ólbia und Cágliari, daneben gibt es Strecken, die von Schmalspurbahnen befahren werden (Ferrovie della Sardegna).
- Dazu gehört auch der bei Touristen beliebte ***trenino verde*** (Grüner Zug; Tel. 070 57 93 46; gebührenfrei 800 46 02 20; www.treninoverde.com), der im Sommer auf den landschaftlich schönsten Strecken fährt. Er ist zwar ziemlich bummelig, dafür erschließt er wunderschöne Ausblicke, die man von den Straßen nicht hat. Mit dem Züglein haben Sie Anschluss von Cágliari ins südliche Árbatax und von Sássari nach Palau im Norden. Topstrecken: Macomér–Bosa Marina und Árbatax–Mándas.
- Vor Fahrtantritt muss der Fahrschein an einem der Entwerter auf dem Bahnsteig gelocht werden.

Mit dem Bus

- Das **dichte Busnetz** auf Sardinien bringt Sie nicht nur in Städte und Dörfer, sondern auch an Strände (diese sowie die Linien zu archäologischen Ausgrabungsstätten werden nur im Sommer bedient). Das größte Unternehmen ist ARST (Azienda Regionale Sarda Trasporti; Tel. 800 86 50 42; www.arst.sardegna.it), dessen Busse die Städte Cágliari, Sássari, Oristano, Ólbia und Núoro ansteuern. Die Fahrt von Cágliari nach Sássari dauert ca. 3,5 Stunden und kostet um die 15 €. Informationen zum Streckennetz und Fahrpläne auf www.orariautobus.it

Mit der Fähre

- Zwischen Palau und der Insel Maddalena verkehren **regelmäßig Fähren**, hauptsächlich von den Unternehmen Saremar (Tel. 0789 75 41 56; www.ferrylines.com) und Enermar (Tel. 0789 70 84 84; www.enermar.it).
- Fähren von Saremar starten auch vom Porto Vesme (Portoscuso im **Südwesten**) nach Carloforte auf der Ísola di San Pietro.
- Schiffe von Saremar und Moby Lines (Tel. 199 30 30 40; www.moby.it) fahren oft zwischen Bonifacio auf **Korsika** nach Santa Teresa di Gallura.

Übernachten

Die Unterkünfte auf Sardinien sind außer an der exklusiven Costa Smeralda preiswerter als auf dem italienischen Festland. Man sollte allerdings frühzeitig buchen, denn die Saison in den Urlaubsgebieten ist kurz (üblicherweise Juni bis September). Mittlerweile gibt es etliche gute B&Bs und vielerorts Angebote für Ferien auf dem Bauernhof (*agriturismo*). Außerhalb der größeren Städte sind die meisten Hotels den Winter über geschlossen.

Hotels

- Jedes **Hotel** wird vom Staat mit **1 bis 5 Sternen** bewertet, (5 Sterne bezeichnen Luxushotels). Die Kriterien der Vergabe richten sich weniger nach dem Standard der Hotelausstattung als nach deren Spektrum.
- Am teuersten ist es in der »**Hauptsaison**« von Juli bis September. In dieser Zeit werden Zimmer oft erst ab einer Aufenthaltsdauer von mindestens drei Tagen und/oder mit Halbpension, manchmal auch Vollpension, vermietet. Sämtliche Preise und Konditionen sind klar ausgewiesen.
- Die **Klassifikation** eines einfachen Hotels als *pensione* gibt es nicht mehr, jedoch bezeichnen sich oft Hotels mit einem Stern noch so. Dort muss man sich gewöhnlich ein Bad teilen, während 2-Sterne-Hotels Zimmer mit eigenem Bad und 3-Sterne-Häuser einen Fernseher und Telefon bieten. 4- und 5-Sterne-Establissements haben entsprechend mehr Annehmlichkeiten von hoher Qualität im Angebot und in Luxusherbergen mit 5 Sternen wird Ihnen sämtlicher Komfort geboten – was sich auch am Preis bemerkbar macht. Vor allem an der Costa Smeralda, den benachbarten Resorts oder an der Küste um Cagliari sind solche Hotels zu finden. In der Nebensaison sind generell alle Unterkünfte billiger.

Weitere Unterkünfte

- In vielen Städten gibt es **B&Bs**, die ein exzellentes Preis-Leistungs-Verhältnis bieten und sich zunehmender Beliebtheit erfreuen. Das Bad teilt man sich zumeist. Auskunft erteilt Bed & Breakfast Sardegna (Tel. 0783 21 60 41; www.bebsardegna.it) oder Sardegna B&B (Tel. 0783 41 16 60; www.sardegnabb.it).
- *Agriturismi* bezeichnet üblicherweise die Unterbringung in Bauernhäusern oder Cottages, oft bestehen zusätzliche Freizeitangebote wie Reiten, Trekking, Rad fahren oder Wanderungen zu Sehenswürdigkeiten. Sie sind zwar häufig etwas teurer als B&Bs, dafür werden Sie meist mit hausgemachten Mahlzeiten aus selbst angebauten Zutaten versorgt und wohnen in idyllischer Umgebung. Kontakt: Agriturismo di Sardegna (Tel. 0783 41 16 60; www.agriturismodisardegna.it). Viele Touristeninformationen vermitteln *agriturismi*, teilweise stößt man unterwegs auch rein zufällig darauf.

Ferienwohnungen und Häuser

- Mehrere Firmen vermitteln Selbstversorgerunterkünfte:
Interhome: www.interhome.de
Rent Sardinia: www.rent-sardinia.com
Explore Sardinia: www.exploresardinia.it

Preise
Für ein Doppelzimmer pro Nacht (inkl. Steuern) gelten folgende Preise:
€ unter 90 €   €€ 90–155 €   €€€ 155–250 €   €€€€ über 250 €

Übernachten/Essen und Trinken

Essen und Trinken

Sardinien bietet gemeinhin einen hohen kulinarischen Standard und das oft zu äußerst humanen Preisen. Egal ob Sie sich für authentisch sardische oder klassisch italienische Küche, mit Zutaten vom Land (*la terra*) oder aus dem Meer (*il mare*) entscheiden – es ist für jeden Gaumen etwas dabei.

Restauranttypen

- Ähnlich wie auf dem italienischen Festland verschwimmen die Grenzen zwischen den **verschiedenen Restauranttypen** zunehmend. So verstand man früher unter einem *ristorante* ein exklusives und teures Lokal, eine *trattoria* hingegen eher als einfaches und preisgünstiges Esslokal. Mittlerweile sind diese Bezeichnungen fast austauschbar. Auch Pizzerien bieten heute außer Pizzen auch Pastagerichte und Salate.
- **Enoteca** nennt man ein Weinlokal mit einer umfassenden Auswahl an offenen Weinen, wo es zudem ausgewählte Salamis, Käse und Snacks gibt. Möglicherweise stoßen Sie auch auf eine *birreria*, wo Bier vom Fass oder offene Weine mit kleinen, leichten Mahlzeiten angeboten werden.
- Die *gelateria* – oder Eisdiele – ist ein Dauerbrenner. Wie überall in Italien wird auch hier hingebungsvoll phantastisches Eis gemacht.

Essenszeiten

- Gegen 7 Uhr öffnen die Bars fürs **Frühstück** (*prima colazione*), das bei den Sarden aus einem Cappuccino und einem *cornetto* (Croissant) besteht. Gefrühstückt wird im Übrigen fast nie am Tisch, sondern im Stehen an der Bar – gesellen Sie sich doch einfach dazu.
- Das **Mittagessen** (*pranzo*) ist traditionellerweise die Hauptmahlzeit des Tages. Gegen 13.30 Uhr machen es sich die meisten am Mittagstisch gemütlich – und das kann dauern. Denn schließlich bleibt zur Siesta das Leben förmlich stehen und auch Büros und Geschäfte schließen bis zu vier Stunden am Nachmittag.
- Das **Abendessen** (*cena*) kommt spät auf den Tisch, gegen 21 Uhr (auf dem Land meist etwas eher). Es gibt jedoch zahlreiche Lokale, die sich auf Besucher eingestellt haben, die lieber früher zu Abend essen.

Mahlzeiten

- Obwohl **Antipasti** – wörtlich übersetzt »vor der Mahlzeit« – ursprünglich nicht Teil der sardischen Esskultur waren, werden Sie allerlei Vorspeisen mit Fleisch (*di terra*) und Fisch (*di mare*) auf den Speisekarten entdecken.
- Als **ersten Gang**, *il primo*, gibt es Pasta oder Suppe (*suppa*) – Letztere ist eine sardische Spezialität. Die *suppa* beinhaltet meist Brot und Fleisch und fällt somit für manchen Geschmack als Vorspeise zu mächtig aus.
- Als **Hauptgang**, *il secondo*, werden Fleisch, Fisch oder Meeresfrüchte aufgetischt, als Beilagen (*contorni*) bestellt man Gemüse oder Salat (*insalata*).
- **Dolci** (Dessert) und **formaggi** (Käse) sind der Sarden liebste Gänge. Es gibt so einige köstliche Backwaren und Nachspeisen. Frönen Sie dem phantastischen Käse – er gehört zum Besten, was Italien zu bieten hat.
- Nach dem Essen ist es Zeit für **Kaffee**. Authentisch sardisch bzw. italienisch ist nur ein Espresso (niemals Cappuccino nach dem Essen), oder ein frisch aufgegossener Tee oder etwas Stärkeres wie Grappa oder *mirto*.

Für Vegetarier

- Sardinien hat viele Gemüsesorten zu bieten; Suppen, Risottos und Pastagerichte werden jedoch manchmal mit Fleischbrühe zubereitet.

Erster Überblick

- Gerichte mit Hühnchen (*pollo*), Schinken (*prosciutto*) und vor allem Fisch gehen auf Sardinien oft als vegetarisch durch. Fragen Sie statt nach einem vegetarischen Gericht daher besser nach den Zutaten.

Sardische Spezialitäten

- Wer nicht mindestens einmal im Leben *pane carasau*, das traditionelle **Brot** Sardiniens, gebacken hat, ist eigentlich kein echter Sarde. Das köstlich leichte, knusprige und dünne Brot wird auch »Notenblatt« genannt, da es angeblich genauso dünn wie eine »carta da musica« ist.
- Einzigartig sardisch ist auch **bottarga von der Meeräsche** – der »sardische Kaviar« besteht aus dem bernsteinfarbenen Rogen des Fischs.
- Das saftige, nach Kräutern duftende Weideland ist ideal für Schafe, aus deren Milch der aromatische Käse ***pecorino sardo*** gemacht wird.

Getränke

- Fast überall werden gute sardische **Weine** angeboten, die meist preisgünstig zu haben sind – insbesondere wenn Sie statt einer Flasche eine Karaffe ordern. Sardinien ist bekannt für seine süßen Dessertweine wie Vernaccia, Moscato und Malvasia, sowie den schweren Rotwein Cannonau, der aus einer uralten Traubensorte gekeltert wird.
- Was **Branntweine** angeht, schlägt die sardische Grappa-Variante *fil'e ferru* mit 40 % zu Buche und der wohlriechende *mirto* aus Myrtebeeren kommt sogar auf stattliche 60 %.
- **Bier** (*birra*) ist in Italien gleichbedeutend mit Lager und wird gewöhnlich als *píccola* (klein, 33 cl) oder *grande* (groß, 66 cl) ausgeschenkt. Wer ein *birra nazionale* bestellt, bekommt ein italienisches Peroni oder ein sardisches Ichnussa aufgetischt – beide sind billiger als die Importbiere.

Cafés und Bars

- **An der Bar** bezahlt man stets weniger, als wenn man sich an einem Tisch niederlässt. Bezahlen Sie an der separaten Kasse (*cassa*) und gehen Sie mit Ihrem Bon zur Bar, wo Sie Ihre Bestellung wiederholen.
- Sobald Sie **an einem Tisch Platz nehmen**, nimmt ein Kellner Ihre Bestellung auf. Auf keinen Fall sollten Sie an der Bar zahlen und sich dann einen Tisch suchen. Wenn Sie sich für die Bedienung am Tisch entschieden haben, dürfen Sie aber so lange sitzen bleiben, wie Sie mögen.

Bezahlung und Trinkgeld

- Wenn es ans Bezahlen geht, fragen Sie nach *il conto* – der **Rechnung**.
- Beinahe überall werden **Gedeckkosten** (*pane e coperto*) verlangt, im Schnitt um die 2 € pro Person. In vielen Restaurants wird zudem die Bedienung berechnet. In diesem Fall entfällt das Trinkgeld, ansonsten sind 10 % des Rechnungsbetrages üblich.
- In Italien ist jeder Wirt gesetzlich verpflichtet, eine **Quittung** auszustellen, auf der die Posten einzeln aufgeführt sind (*una ricevuta*).

Dresscode

- Wenn Sarden oder Italiener auswärts essen, machen sie sich eher schick als ausländische Touristen. An der Küste geht es meist entspannt zu, in eleganten Lokalen in Cágliari und Sássari legt man jedoch Wert auf Stil.

Preise
Für ein Drei-Gänge-Menü pro Person, ohne Getränke und Bedienung.
€ unter 26 €   €€ 26–55 €   €€€ über 55 €

Einkaufen

Überall auf der Insel können Sie traditionelles Kunsthandwerk, Töpferware, Korallenschmuck, Stickereien und sardische Leckerbissen erstehen. In größeren Städten wie Cágliari und Sássari gibt es zudem einige gute Läden und sogar Kaufhäuser, die mitunter tolle Schnäppchen oder Accessoires bieten.

Kunsthandwerk
Das sardische Kunsthandwerk blickt auf eine lange Tradition zurück. Ehe Sie sich mit dem Ramsch der Souvenirläden eindecken, sollten Sie lieber einen Blick auf die authentischen Artikel der ISOLA-Läden werfen (sowie einen Preisvergleich anstellen). Niederlassungen des Istituto Sardo Organizzazione Lavoro Artigiano (kurz ISOLA) sind in Cágliari, Núoro, Porto Cervo, Oristano, Alghero und vor allem Sássari vertreten, wo es einen großen Laden in den Giardini Púbblici gibt. Hier haben Sie eine breite Auswahl an Kunstgegenständen, von denen alle ein Echtheitszertifikat haben.

Handwerk
- **Keramikwaren** eignen sich bestens als Souvenirs. Sie sind oft schlicht und in gedeckten Farben gehalten, einen guten Ruf genießen Erzeugnisse von der Costa Smeralda, aus Alghero und Santa Teresa di Gallura.
- Castelsardo im Norden ist *der* Ort, um traditionsreiche **Flechtarbeiten,** die aus Weiden, Binsen, Palmblättern und Affodill gefertigt werden, zu kaufen.
- Die Gegend um Témpio Pausánia im Landesinnern hat sich auf herrliche **Wollteppiche** mit geometrischen Mustern spezialisiert.
- In Oliena bekommen Sie wunderschöne bestickte **Seidenschals**.
- Bosa ist berühmt für **Spitze** – und den goldfarbenen Wein Malvasia.
- Hochqualitativer **Schmuck** – besonders filigrane Arbeiten – können Sie auf der ganzen Insel kaufen. Vor allem Alghero ist berühmt für Korallenschmuck, der darf aber nicht in Deutschland eingeführt werden.
- Eine weitere Spezialität sind **Hirtenmesser**: Die in Handarbeit gefertigten Taschenmesser sind wahre Kunstwerke. Die schönsten und traditionellsten werden in Árbus und Pattada hergestellt.

Kulinarisches
Gourmets macht man mit Cannonau (man sagt, er beschere ein langes Leben), Malvasia (Dessertwein), Olivenöl, Pecorino-Käse, Berghonig, *torrone* (Honignugat) und Naschwerk aus Núoro glücklich.

Ausgehen

Das Unterhaltungsangebot auf Sardinien ist breit gefächert: von Open-Air-Konzerten und Festivals im Sommer über Oper, einer innovativen Theaterlandschaft und Tanzvorstellungen bis hin zu Prozessionen und Festen, die eine regionale kulinarische Spezialität oder einen Heiligen feiern. In den Touristenzentren und Universitätsstädten Sássari und Cágliari pulsiert das Nachtleben – während die Hautevolee und die A-Promis im Hochsommer an der Costa Smeralda von den Paparazzi verfolgt werden.

Information
- Die örtlichen Niederlassungen der Touristeninformation geben über alle regionalen Events hinreichend Auskunft. Sämtliche Infos zu den wich-

tigsten Folklorefestivals haben die Büros in Cágliari, Alghero und Sássari. Clubs und Bars kommen und gehen – die Touristeninformationen können Aufschluss geben, wo aktuell das Nachtleben tobt.

Feste

Die Sarden feiern die Feste, wie sie fallen – für jede Gelegenheit gibt es ein anderes. Manche nehmen Jahreszeiten wie den Herbst zum Anlass, viele sind religiösen, manche heidnischen Ursprungs, wieder andere zelebrieren Reitkunst auf höchstem Niveau. Doch alle sind ein Spektakel für sich und eine wunderbare Gelegenheit, zu tanzen, zu tafeln und sich von der sardischen Lebensfreude anstecken zu lassen. Hier einige Appetitanreger:

- *Carnevale* (Karneval, Feb./März) wird auf der ganzen Insel gefeiert. Herausragend ist dabei aber das mittelalterliche Reiterturnier Sa Sartiglia in Oristano mit prächtigen traditionellen Trachten. In Mamoiada gehen die *mamuthones* um, Männer in Schaffellen und düsteren Holzmasken, die durch die Straßen ziehen und riesigen Kuhglocken unheimliche Laute entlocken – alles symbolische Gesten für gute Ernten (➤ 93).
- *Sa Die de Sa Sardigna* (Tag des sardischen Volkes, 28. April) erinnert an den Aufstand gegen die Fremdherrscher aus Piemont im Jahr 1794, auch bekannt als *Vespri Sardi* (»Sardischen Abende«). Damals wurden alle Anhänger Piemonts aus Sardinien vertrieben. Die Gefangennahme der Führer wird zum Fest in historischen Kostümen in der Festung San Remy, Cágliari, nachgestellt und es wird bis spät mit viel Musik gefeiert.
- An *Sant'Efisio* (1.–4. Mai) wird in Cágliari zu Ehren des Schutzheiligen Sardiniens (➤ 62) eines der spektakulärsten Feste der Insel begangen.
- Zur *Cavalcata Sarda* in Sássari (vorletzter Sonntag im Mai) findet ein Festzug in Trachten statt, gefolgt von kühnen Reitern, die durch die Straßen galoppieren. Gefeiert wird der Sieg über die Sarazenen im Jahre 1000.
- Die *S'Ardia* von Sedilo (6.–8. Juli) ist ein beeindruckendes, aber gefährliches Pferderennen von Oristano nach Núoro. Am Straßenrand wohnen Tausende dem Spektakel bei und feuern Platzpatronen in die Luft.
- An *I Candelieri* in Sássari (14. Aug.) werden riesige »Kerzen« aus Holz durch die Straßen der Stadt getragen.
- Zur *Sagra del Redentore*, Monte Ortobene (29. Aug.) sieht man prächtige Trachten in der Stadt, außerdem findet eine Prozession mit Kerzen statt.
- Am *Festa di San Salvatore* (erster So im Sept.) gibt es einen Wettlauf über 8 km von Cábras nach Salvatore und zurück – und zwar barfuß!

Sport

- An der gesamten Küste kann man wunderbar baden und **schwimmen**.
- **Windsurfen oder Kitesurfen** ist überall sehr gut möglich, an der Nordküste steht der Wind jedoch meist besonders günstig. Die Gegend um Buggerru an der Westküste ist ein beliebtes Ziel in Surferkreisen.
- **Segeln** ist ein wahrlich königliches Vergnügen – vor allem an der Costa Smeralda, wo Sie eine Yacht mieten können.
- Schnorchler und **Taucher** finden im klaren Wasser ein Unterwasserparadies vor. Es gibt viele Tauchschulen und bei PADI registrierte Tauchbasen, vor allem am beliebten Golfo di Orosei.
- **Golfliebhaber** bekommen auf Sardinien zwei der schönsten 18-Loch-Golfplätze Europas geboten – den Pevero Golf Club am Cala di Volpe an der Costa Smeralda und am Is Molas Golf Hotel bei Santa Margherita di Pula.
- Es locken tolle Wanderwege und -gebiete, insbesondere im Gennargentu und der Sopramonte-Bergkette.
- In der Gegend um Cala Gonone gibt es viele beliebte **Kletterrouten**.
- **Reiten** ist ein beliebter Zeitvertreib in der Barbágia, und auch viele Urlaubsresorts an der Küste bieten Reitausflüge am Strand an.

Cágliari und der Süden

Erste Orientierung 42
In vier Tagen 44
Nicht verpassen! 46
Nach Lust und Laune! 54
Wohin zum … 58

42 Cágliari und der Süden

Erste Orientierung

Sardiniens Hauptstadt Cágliari, die bei Weitem größte Stadt der Insel, ist eine stolze Hafenstadt und präsentiert sich als spannende Mischung aus Alt und Modern. Für Phönizier, Karthager und natürlich die Römer war dieser südliche Teil der Insel besonders interessant und alle diese Kulturen haben ein reichhaltiges Erbe hinterlassen. Doch es war auch die Heimat der Nuragher – wie man noch heute an der gut erhaltenen Siedlung Su Nuraxi sehen kann. Und dann gibt es da noch die Strände – einige der schönsten der Insel – alle nur einen Katzensprung von der Stadt entfernt.

Seite 41:
Gassengewirr im Castello (Altstadt)
Unten:
Ausflugsboot bei Villasimíus

Erste Orientierung 43

★ Nicht verpassen!
1. Castello-Viertel in Cágliari ► 46
2. Villasimíus & der Sárrabus ► 48
3. Nuraghe Su Nuraxi ► 50
4. Nora & der Südwesten ► 52

Nach Lust und Laune!
5. Villanova ► 54
6. Castello di San Michele ► 54
7. Orto Botánico ► 55
8. Poetto & Marina Píccola ► 55
9. Ísola dei Cávoli & Ísola Serpentara ► 56
10. Die Costa del Sud ► 57

Cágliari, auf Sardisch »Casteddu« (Festung), thront auf einem Berg mit weitläufigem Blick über den schönen Golfo degli Angeli. Die hellen Stadtmauern sind noch fast völlig intakt und der beeindruckende Anblick der im warmen mediterranen Sonnenlicht badenden Stadt erinnerte den Dichter D.H. Lawrence in seinem Buch *Das Meer und Sardinien* an ein »weißes Jerusalem«. Im Castello-Viertel, der Altstadt, liegt das landesweit beste archäologische Museum: das faszinierende Museo Archeológico Nazionale. Marina, das tiefer gelegene Hafenviertel, ist der ideale Ort, um im dichten Gassengewirr hinter der Via Roma zu bummeln oder sich zum Essen niederzulassen. Die Vorstädte sind zwar gesichtslos und voller Industrie, aber selbst dort gibt es schöne Lagunen, in denen sich Flamingos und andere Vögel einfinden.

In der Hügellandschaft La Marmilla ein Stück im Landesinnern ragt die gewaltige prähistorische Nuraghe Su Nuraxi auf. Im Westen bezaubert die wilde Schönheit der Costa Verde, während die Costa del Sud kilometerlange Traumstrände und Dünen charakterisieren, die sich bis zu den atmosphärischen Ruinen von Nora erstrecken.

Das imposante Bollwerk des Torre dell'Elefante

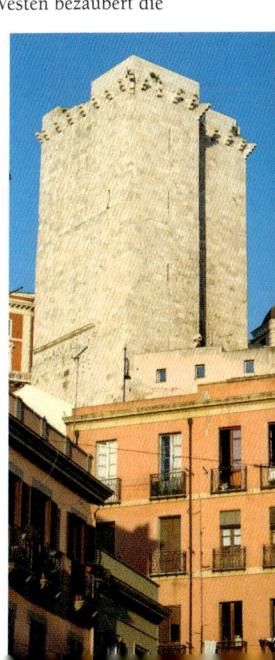

Cágliari und der Süden in vier Tagen

Erster Tag

Vormittags
Auf nach Cágliari – wenn Sie nicht schon die Nacht hier verbracht haben. Nach der Touristeninformation steht ein Bummel durchs Viertel ❶ **Il Castello** (➤ 46f) an. Stärken Sie sich mit einem Kaffee im Caffé Arsenale an der Piazza Arsenale beim Museo Archeológico Nazionale.

Mittags
Picknicken Sie auf der Bastione San Remy oder versuchen Sie einen Tisch auf der Terrasse von De Candia zu erwischen (Via Marco de Candia 1–3, direkt an der Bastione). Es gibt gute Snacks und abends sogar Livemusik (ab 23 Uhr).

Nachmittags
Der Strand bei ❽ **Poetto** (➤ 55f) und ein Blick auf die Boote der Marina Píccola stehen auf dem Programm.

Spätnachmittags und abends
Erkunden Sie Cágliaris Geschäfte: Die Via Manno bietet gute Modeläden, auf der Via Roma finden Sie das Kaufhaus Rinascente. Zum Abendessen geht es ins Dal Corsaro (Marina-Viertel, ➤ 60) oder ins Al Porto (Reservierung empfohlen, ➤ 60).

In vier Tagen

Zweiter Tag

Vormittags
Fahren Sie die SS131 (Carlo-Felice-Autobahn) nach Norden Richtung Sanluri, dann die SS197 nordöstlich nach Barúmini. Kurz davor liegt Su Nuraxi. In der Bar auf der anderen Straßenseite kann man vor der nächsten Führung durch **3 Su Nuraxi** (links unten; ➤ 50f) noch einen Kaffee trinken.

Mittags
Das Sa Lolla Albergo Ristorante (➤ 61) in Barúmini ist zu empfehlen.

Nachmittags
Auf der SS197 geht es nach Süden in Richtung Sanluri. Vorbei an San Gavino fahren Sie nach Gúspini, dann die Parnoramastrecke SS126 an Árbus vorbei zur Costa Verde. Bei einem Drink in Buggerru (an der SP83) können Sie den fesselnden Meerblick genießen. In Sant'Antíoco legen Fähren zur Ísola di San Pietro ab (➤ 53 unten) – wenn die Zeit reicht.

Dritter Tag

Vormittags
Entlang der **10 Costa del Sud** (➤ 57) verläuft die SS195 nach Chia. Gönnen Sie sich dort eine entspannte Pause am Strand.

Mittags
Im Le Dune (➤ 61) schmeckt die Pizza oder Pasta im Freien.

Nachmittags
Besuchen Sie die antike Grabungsstätte **4 Nora** (➤ 52f).

Vierter Tag

Vormittags
Nach einer Nacht in Chia nehmen Sie die Panoramastraße an der Küste nach **2 Villasimíus** (➤ 48f) oder die östlich von Cágliari direkt zu den Monte dei Sette Fratelli verlaufende SS125.

Mittags
Ein Picknick oder Lunch im Le Vecchie Carceri, Castiádas.

Nachmittags
Entspannen Sie in Villasimíus und/oder unternehmen Sie eine Bootstour zur **9 Ísola dei Cávoli** und der **Ísola Serpentara** (➤ 56f).

Abends
Beginnen Sie den Abend mit einem *aperitivo* im Plaza Café am Piazza Incani im Herzen der Stadt. Übernachten Sie in Villasimíus.

Das Castello-Viertel in Cágliari

Die *città d'acqua e di luce* – Stadt aus Wasser und Licht – wie man die sardische Hauptstadt auch nennt, sprüht vor Leben. Die ersten Siedler lebten hier gegen Ende des dritten Jahrtausends v. Chr. und die Bauten der Stadt zeugen von der Geschichte der Insel von den Anfängen in der Antike bis heute. Der phönizische Name Kàralis, »steiniger Ort«, erscheint beim Blick von der Festungsmauer über die Kalkhügel sehr passend.

Der historische Altstadtkern innerhalb der Befestigungsmauern ist als Castello oder »Casteddu«, wie die Einheimischen auch gerne die ganze Stadt nennen, bekannt. Obwohl eng und steil angelegt, lässt sie sich leicht zu Fuß erschließen. Die Pisaner befestigten die Stadt, die sie 1217 von den Byzantinern erobert hatten, mit einem Kastell. Die heutige Stadtmauer geht jedoch auf aragonesische und piemontesische Erweiterungen zurück. Westlich der Bastione San Remy, neben der Universität, steht mit dem weißen **Torre dell'Elefante** aus dem 14. Jh. einer der beiden letzten Wehrtürme der pisanesischen Befestigungsanlagen, dessen Fassade eine Elefantenskulptur schmückt. Am Falltor wurden einst die Köpfe der Hingerichteten aufgespießt. Der Aufstieg nach oben wird mit phantastischer Aussicht belohnt.

Mitten in Castello liegt die **Cattedrale di Santa Maria** aus dem 13. Jh. Von ihrer gotischen Pracht ist nach einem Umbau im 17. Jh. und einer Sanierung zur Milleniumsfeier nur wenig übrig geblieben. D.H. Lawrence schrieb »der Fleischwolf der Geschichte hat allen barocken Protz aus ihr herausgepresst«. Im Innern gibt es aber noch einige Schätze wie die beiden Steinkanzeln zu beiden Seiten des Hauptportals, die einst aus einem Stück waren und 1162 für den Dom zu Pisa gefertigt wurden. Im Jahre 1312 kamen sie als Geschenk nach Cágliari.

Blick auf das historische Zentrum und die Stadtmauern

Das Castello-Viertel in Cágliari

»Madonna und Kind mit Schmollmund«? – Die neoklassische Fassade der Kathedrale ist nicht jedermanns Geschmack

Museo Archeológico Nazionale
In diesem Museum befindet sich die bedeutendste Sammlung historischer Fundstücke aus prähistorischer bis römischer Zeit. Die chronologische Ausstellung über drei Etagen beginnt im ersten Stock mit Artefakten aus dem ersten vor-nuraghischen Jahrtausend: Werkzeuge aus Obsidian, kleine runde Steinfiguren von Fruchtbarkeitsgöttinnen, die oft als Teil des Kults der Großen Muttergöttin in den »Feenhäusern« gefunden wurden, Bronzestatuetten, die als Votivgaben fungierten, und Schmuck wie Ketten aus Fuchszähnen (*canini di volpe*) oder erlesene Filigranketten und -ohrringe aus Gold aus dem 4. Jh. v. Chr.

Die Largo Carlo Felice
Im Spätfrühling und im Herbst stehen auf der Hauptstraße Cágliaris die Palisanderbäume in voller Blüte. Am südlichen Ende liegt die Via Roma mit ihren vielen Cafés, Bars und schicken Geschäften – der ideale Ort für die abendliche *passeggiata*.

KLEINE PAUSE
Im **Caffè degli Spiriti** auf der Bastione San Remy können Sie bei einem Snack oder Drink den schönen Blick genießen.

✚ 170 B4

Torre dell'Elefante ✉ Via Università
🕐 Mai–Okt. Di–So 9–13, 15.30–19.30 Uhr; Nov.–April 9–16.30 Uhr

Cattedrale di Santa Maria ✉ Piazza Palazzo ☎ 070 66 38 37
🕐 Mo–Sa 8–12.30, 16–19, So 8–13, 16–20 Uhr

Museo Archeológico Nazionale ✉ Piazza dell' Arsenale ☎ 070 68 40 00
🕐 April–Okt. Di–So 9–20 Uhr; Nov.–März 9–12, 14–20 Uhr 💰 mittel

DAS CASTELLO-VIERTEL IN CÁGLIARI: INSIDER-INFO

Top-Tipp: Besteigen Sie von den beiden Türmen lieber die **Torre dell'Elefante** als die Torre San Pancrazio, denn hier können Sie bis ganz nach oben steigen.

2 Villasimíus & der Sárrabus

Am südöstlichen Zipfel der Insel kuschelt sich das einstige Fischerdorf Villasimíus in eine Landschaft aus Macchia und Pinien. Das beliebte Urlaubsgebiet ist mit schon fast unverschämt vielen schönen Stränden gesegnet. Im Norden davon liegt der wilde Sárrabus, eine Oase der Natur, die von der Bergkette der Sette Fratelli und dichtem Wald geprägt ist.

Auf dem Rad durch Villasimíus

Der geschäftigste Teil von Villasimíus ist die Via Umberto I: Die Hauptstraße verläuft mitten durch die Kleinstadt und verbindet die beiden großen Plätze Piazza Gramsci und Piazza Incani. Die **Touristeninformation** mit hilfreichen Auskünften zu Bootsausflügen, v. a. zu den Inseln Cávoli und Serpentara, finden Sie an der Piazza Gramsci. In der Via Frau nahe der Via Umberto I. stellt das **Museo Archeológico** regionale Fundstücke aus römischen und phönizischen Siedlungen aus. Ebenfalls sehenswert: Der »Raum der spanischen Wrackteile« zeigt aus einem Schiffswrack des 16. Jhs. geborgene Gegenstände.

Den nächstgelegenen Strand, die Spiaggia Simius, erreicht man nach 1,5 km auf der Via del Mare. Der feine helle Sandstrand wird vom blaugrünen Meer geküsst und man hat eine phantastische Sicht auf die vorgelagerten Inseln **Cávoli und Serpentara**. In Richtung Süden geht der Strand in die Spiaggia Porto Giunco-Notteri über, einer weiteren zauberhaften Ecke von Villasimíus. Sie trennt das Meer vom Strandsee Notteri, den oft rosafarbene Flamingos bevölkern. Der

Villasimíus & der Sárrabus 49

Sand der Spiaggia del Riso im Westen erinnert an weiße Reiskörner (»del riso« bedeutet »aus Reis«), tatsächlich besteht er jedoch aus winzigen durchsichtigen Quarzkörnchen.

Die mit einer Festung und einem Hafen versehene Landzunge **Capo Carbonara** stellt die südöstlichste Spitze Sardiniens dar. Von hier aus führt Sie die hochgelegene schöne Panorama-Küstenstraße nach Norden zur Costa Rei an den herrlichsten Stränden vorbei.

Der Sárrabus

Der Sárrabus zeigt Sardinien von seiner wildesten Seite. Im Herzen des Gebirges ragen die zerklüfteten Gipfel der **Monte dei Sette Fratelli** (Sieben Brüder) bis zu 1023 m in die Höhe. Im Dickicht der duftenden Macchia, unter Korkbäumen und Steineichen finden hier die letzten sardischen Hirsche Schutz, und auch Wildschweine, Hasen und Vögel gibt es viele.

Die kurvenreiche Panoramastrecke der SS125 führt östlich von Cágliari in Richtung Norden zu den Monte dei Sette Fratelli. Rund 29 km hinter Cágliari biegen Sie links nach Burcei ab. Gegenüber der Abzweigung liegt die Caserma Forestale, wo Sie sich mit Wanderkarten (von Spaziergängen bis Tagestouren in der Gegend) eindecken können. Nordwestlich von Villasimíus, nahe der SP17 bei **Castiádas**, gibt es eine günstige Zufahrt zu den Monte dei Sette Fratelli. Hier liegt auch die Cooperativa Monte dei Sette Fratelli, die jede Menge Touren im Programm hat. Im 19. Jh. war die Stadt eine Strafkolonie, die Gebäude wurden mittlerweile restauriert.

Die Küste bei Villasimíus ist von blumenübersäten Wiesen geprägt

KLEINE PAUSE

Im Hafen von Villasimíus ist das **Café del Porto** ein guter Tipp.

Villasimíus 169 D1; Sárrabus 168 C3

Museo Archeológico
✉ Via Frau ⏰ Mitte Juni–Mitte Sept. Di–Fr 10–13, 21–24 Uhr; Mitte Sept.–Mitte Juni Di–Do 10–13, Fr–So 10–13, 17–19 Uhr

VILLASIMÍUS & DER SÁRRABUS: INSIDER-INFO

Geheimtipp: Das Dörfchen Burcei in den Monte dei Sette Fratelli ist berühmt für seine Kirschblüte. Das Naturschauspiel ist ab Mai zu bewundern.

3 Nuraghe Su Nuraxi

Su nuraxi ist Sardisch und bedeutet schlicht »die Nuraghen«. Die größte und bedeutendste Nuraghenfestung der ganzen Insel gehört zum Unesco-Weltkulturerbe. In ihrer Anordnung wirkt sie wie ein Bienenstock, den eine Wabe aus den Ruinen verschiedener Gebäude umgibt.

Bei der Nuraghe bei Barúmini handelt es sich um den interessantesten und besterhaltenen Bau dieser prähistorischen Architekturform. In der ersten Hälfte des ersten Jahrtausends v. Chr. bauten die Karthager Su Nuraxi weiter aus und befestigten es. Der meilenweit gut sichtbare Hauptturm ragt über einer kleinen Ebene gen Himmel und bildet mit den ihn umgebenden Türmen ein sternförmiges Muster. Jahrhundertelang lagen sie jedoch unter den Hügeln der Marmilla begraben. Erst 1949 begann der sardische Archäologe Giovanni Liulli mit den Ausgrabungen, denn er war überzeugt, dass der Hügel Schätze aus der Zeit der Nuragher barg. In sechs Jahren wurde der heute freigelegte Komplex ans Tageslicht gebuddelt – und die Ausgrabungen dauern fort.

Blick ins Innere des Hauptturms

Führungen

An der Kasse (im Buchladen) starten stündlich Führungen (jeweils zur halben Stunde), die von meist mehrsprachigen Guides geleitet werden. Da das Gelände nicht ganz ungefährlich ist, darf man es nicht auf eigene Faust erkunden. Der Boden ist uneben und an engen Stellen muss geklettert werden.

Zum ältesten Teil gehört der dreigeschossige Hauptturm, der einst fast 18 m hoch war, heute aber nur noch 13,7 m misst. Schätzungen zufolge wurde er 1500 v. Chr. gebaut und bei der Invasion der Römer von den Sarden und Karthagern zugeschüttet. Die Überreste sind in einem erstaunlich guten Zustand.

Nuraghe Su Nuraxi 51

Der Mittelturm wurde aus dunklen Basaltblöcken errichtet, vulkanisches Gestein, das aus rund 10 km Entfernung herbeigeschafft worden sein soll. Das Ausmaß nuraghischer Bauten war sehr unterschiedlich und orientierte sich an deren Funktion und Bedeutung. In diesem Fall umgab den Burgturm eine Bastion mit vier mächtigen Türmen an jeder Ecke.

Lange Korridore führten von den Türmen der Bastion in den Innenhof. Am Korridorende befand sich eine »Tholos«-Kammer: Indem Steine so aufeinander geschichtet wurden, dass jeder Mauerring den vorherigen ein Stück überragte, entstand ein »falsches Gewölbe« (Kragkuppel). Der Weg zu den Türmen führt durch spärlich beleuchtete Gänge und über in den Fels gehauene Stufen. Von deren Spitze haben Sie dann aber einen unglaublichen Blick über die gesamte Anlage mit den 200 Rundhütten (ohne Dach), die zum umliegenden nuraghischen Dorf gehören. Einige wurden kürzlich wieder aufgebaut.

Die Mauerreste gewähren Einblick in die Anordnung der Räume

KLEINE PAUSE

Die **Bar** gegenüber dem Eingang zu Su Nuraxi bietet sich für einen Snack oder Kaffee an.

---

168 A5 Su Nuraxi, Barúmini 070 936 81 28 tägl. 9 Uhr bis Sonnenuntergang. Eintritt nur mit Führung, stündl. zur halben Stunde teuer

NURAGHE SU NURAXI: INSIDER-INFO

Top-Tipps: Für das unwegsame Gelände von Su Nuraxi ist **festes Schuhwerk** nötig. Für Gehbehinderte ist der Besuch der Ausgrabungsstätte ungeeignet.
• In Barúmini zeigt die **Casa Zapata** (Tel. 070 936 84 76) einige Fundstücke aus Su Nuraxi, die umfassendste Sammlung ist jedoch im Museo Archeológico Nazionale in Cágliari zu sehen.

Geheimtipp: Ganz in der Nähe (1 km westlich von Barúmini) liegt **Sardegna in Miniatura** (rechts). Das Modell zeigt die gesamte Insel im Miniaturformat, so auch ein »geschrumpftes« nuraghisches Dorf mit winzigen Hütten. Außerdem gibt es eine Spielecke für Kinder. (Ostern–Sept. tägl. 9–20 Uhr; Okt.–Ostern 9–17 Uhr).

4 Nora & der Südwesten

Die Region Sulcis – der Südwestzipfel der Insel – wartet mit tollen Stränden, dramatischer Küste, unberührten Inseln und antiken Ruinen aus phönizischer und römischer Zeit auf. Man stößt aber auch auf Überbleibsel aus den Tagen, als in den Minen intensiv Silber, Zink und Blei abgebaut wurden.

Nora war vermutlich die erste Stadt, die auf Sardinien von den Phöniziern im 8. Jh. v. Chr. gegründet wurde. Durch ihre strategisch günstige Lage auf der Landzunge des Capo di Pula konnte immer einer ihrer drei Naturhäfen angefahren werden – egal wie der Wind stand. Unter den Römern stieg Nora zur wichtigsten Stadt Sardiniens auf. Im 5. Jh. n. Chr. begann allerdings ein Teil der Stadt im Meer zu versinken und ständige Piratenüberfälle waren der Anfang vom Ende.

Die Ruinen, an einem schönen Strand gelegen und gesäumt von Schirmkiefern, lassen die Zeit der Römer, aus der die meisten Überreste stammen, wieder auferstehen. Zu den Highlights gehört ein Theater, das einzige der Insel, das für Schauspiele und nicht für Gladiatorenkämpfe genutzt wurde (und wo heute noch Open-Air-Konzerte stattfinden.) Außerdem gibt es vier **Thermen** – jeweils für eine bestimmte Gesellschaftsschicht.

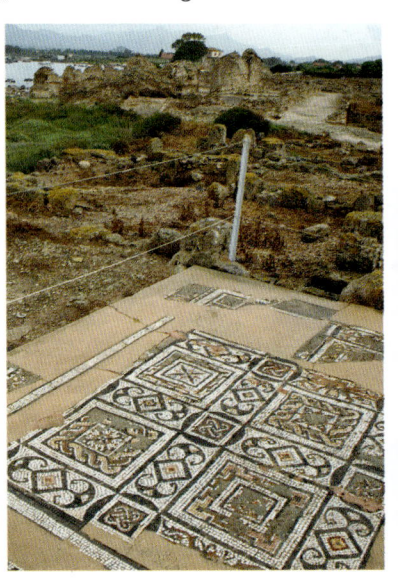

In den Ruinen einer Patriziervilla und dem Forum von Nora haben sich einige wundervolle Mosaiken erhalten

Ísola di San Pietro

Eine halbstündige Fahrt mit der Fähre bringt Sie von Sant' Antíoco zur Ísola di San Pietro. Auf den ersten Blick versetzt Carloforte, die einzige Stadt der Insel, den Betrachter nach Ligurien. Pastellfarbene Häuschen kuscheln sich an den Hafen und in die Gassen, die Hauptstraße heißt Via Genova. Dass man hier auch heute noch eine Variante des alten Genuesisch hört, verblüfft spätestens dann nicht mehr, wenn man erfährt, dass 1738 genuesische Korallenfischer hierher emigrierten.

San Pietro ist einfach perfekt, um völlig abzuschalten. Ein lohnenswerter Ausflug ist eine Bootstour zu den interessanten Felsenklippen der **Punta delle Colonne**.

Nora & der Südwesten

Felsen im Meer bei der Punta delle Colonne

Costa Verde

Die Costa Verde (Grüne Küste) im Südwesten der Insel umfasst das Gebiet um Gonnesa, Iglésias, Buggerru und Árbus. Das Hauptmerkmal der Küste sind die riesigen Sanddünen, die durch die häufigen Nordwestwinde entstehen und geformt werden – sie gehören zu den größten in Europa.

In Árbus gibt es eigentlich nur das **Museo del Coltello Sardo** zu sehen, das sich dem sardischen Hirtenmesser mit der unverkennbaren runden flachen Klinge widmet. Davor verblüfft das größte Messer der Welt, das mit 3,35 m Länge seit 1986 im *Guinness-Buch der Rekorde* steht.

Verpassen Sie nicht die **Spiaggia San Nicolò** gleich nördlich von Buggerru – sogar in der Hochsaison ist es nie zu voll.

KLEINE PAUSE

In der **Pizzeria San Nicolò** in Buggerru gibt es leckeren Fisch.

Nora
167 E1 ⋅ Zona Archeológica ⋅ tägl. 9–19.30 Uhr ⋅ mittel; Eintritt ins Museo Archeológico in Pula ist in der Eintrittskarte enthalten

Ísola di San Pietro
166 A3 ⋅ Fähren von Sant'Antíoco legen in Calasetta ab (Fähren der Reederei Saremar stündl.; Fähren der Reederei Delcomar etwas seltener) ⋅ Fußgänger: preiswert; Auto: mittel

Museo del Coltello Sardo
166 C5 ⋅ Via Roma 15, Árbus ⋅ 070 975 92 20; www.museodelcotello.it ⋅ Mo–Fr 8–12, 16–20 Uhr ⋅ frei

---

NORA & DER SÜDWESTEN: INSIDER-INFO

Außerdem San Pietro ist berühmt für seinen **Thunfisch**. Das jährliche *mattanza* (Schlachtfest) wird von Ende Mai bis Mitte Juni gefeiert. Im Museo Cívico in Carloforte erzählen Fotos von diesem blutigen Ritual.

Muss nicht sein! Machen Sie nach Möglichkeit einen großen Bogen um die verschmutzten Industriegebiete bei Sarròch (7 km nördlich von Pula).

Cágliari und der Süden

Nach Lust und Laune!

5 Villanova

Den Osten Cágliaris bildet das lebendige Handwerkerviertel Villanova, das modern und geschäftig wirkt. Sein Herz schlägt in der Via S. Giovanni, wo sich Tischler, Restauratoren, Geschäfte für Lederwaren und Einlegearbeiten und sogar Friseure aneinanderreihen. Außerdem liegen in diesem Stadtteil einige der berühmtesten Kirchen Cágliaris.

Das Kloster San Domenico wurde 1254 erbaut. Nach der massiven Zerstörung im Bombenhagel 1943 wurde es 1954 wieder aufgebaut. Vom Vorgängerbau (zwischen 1400 und 1580) haben jedoch einige interessante Reste überlebt, z. B. die Rosenkranzkapelle (1580) und der *chiostro* (Kreuzgang), von dem noch drei Arkaden sowie die Gruft erhalten sind. Letztere weist spätgotische Elemente auf.

Die frühchristliche Basilica di San Saturno an der Piazza San Cosimo ist der älteste Kirchenbau Sardiniens. Sie wurde im 5. Jh. zu Ehren des christlichen Märtyrers Saturnius errichtet, der im Jahre 304 unter der Herrschaft Diokletians an dieser Stelle sein Leben ließ. Im Jahre 1089 wurde die Kirche zur Basilika im romanisch-provenzalischen Stil umgebaut. Bei jüngsten Ausgrabungen stellte sich heraus, dass es sich ursprünglich um eine (vor-)christliche Begräbnisstätte handelte. Das Innere der Kirche ist kahl und schmucklos, jedoch können Sie hinter Glasscheiben zu beiden Seiten des Hauptschiffes die (noch andauernden) Ausgrabungen der Nekropole beobachten.

✠ 170 C5
San Domenico
✉ Piazza San Domenico ☎ 070 66 28 37 ⏰ Eintritt nur mit Termin

San Saturno
✉ Piazza San Cosimo (an der Ecke Via Dante) ⏰ Mo–Sa 9–13 Uhr 🎫 frei

6 Castello di San Michele

Die spanische Festung thront stolz auf einem Hügel der nordwestlichen Vorstadt Cágliaris. Ursprünglich als byzantinischer Turm im 10. Jh. erbaut, wurde dieser im 11. Jh. um eine romanische Kirche ergänzt. Im 13. Jh. fügten die Pisaner Wälle hinzu, zwei weitere Türme entstanden unter den Spaniern (14. Jh.). Zu

Balkonfenster in Villanova

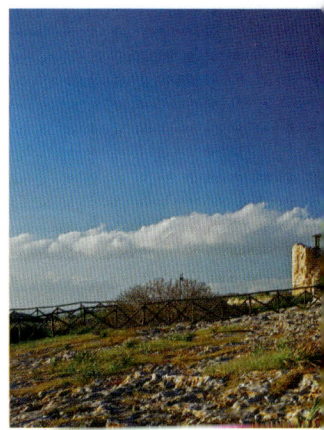

Das Castello di San Michele

Nach Lust und Laune! 55

seiner bunten Vergangenheit kann das Gebäude auch ein Gastspiel als Palast der Familie Carroz im 15. Jh. zählen. Um die Mauern der Festung auszubessern, »erwarb« sie Schmuck- und Marmorsteine der Basilica di San Saturnino. Als 1652 die Pest ausbrach, fungierte das Kastell als Hospital, 1820–48 war es erneut ein Krankenhaus. In den 1930ern besetzten die Faschisten das Gebäude, das heute als Ausstellungsfläche dient. Der Blick von hier oben ist phantastisch – über die Bucht von Cágliari und die Campidano-Ebene.

⊞ 168 B2 ✉ Via Sirai ☎ 070 50 06 56 ⏰ Juni–Sept. Mo–Sa 10–13, 17–22, So 10–13, 15–18 Uhr; Okt.–Mai tägl. 10 bis 13, 15–18 Uhr 🚌 Stadtbus 5 💶 mittel

7 Orto Botánico

Die Bronzebüste des Gründers des Botanischen Gartens, Patrizio Gennari (1820–97), grüßt die Besucher unter dem schattigen Ficus gegenüber einem Seelilienteich. Der Garten gehört zu den berühmtesten in Italien und beherbergt über 500 Arten tropischer und mediterraner Pflanzen. Zwischen Exoten und Zitronenbäumen finden sich Ruinen römischer Quellen und Zisternen. Außerdem werden Heilpflanzen ausgestellt. Ein idealer Ort für einen entspannten Spaziergang.

⊞ 170 A5 ✉ Viale Sant' Ignazio da Láconi ⏰ Mo–Sa 8–13.30, 15–18, So 8–13.30 Uhr 💶 preiswert

8 Poetto & Marina Píccola

Sonne, Strand und Entspannung: Diese Zauberworte ziehen Cagliaritaner wie Touristen an den Poetto. Der 6 km lange Sandstrand liegt an klarem türkisblauen Meer und wird von den Bergen des Sárrabus und des Capo Carbonara wunderschön eingerahmt. Der Strandsee Molentargius, häufig Ziel von Flamingos und anderen Wasservögeln, liegt direkt dahinter. Am südlichen Ende ragt ein Felssporn mit dem Namen Sella del Diávolo (Teufelssattel) auf. Der Legende nach warf der Erzengel Gabriel an dieser Stelle den Teufel bei einem Streit aus dem Sattel und

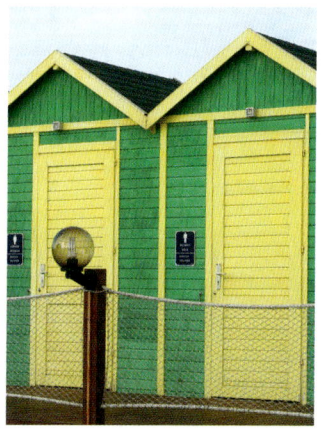

Grellbunte Strandhütten am Poetto

Cágliari und der Süden

Blick auf den Leuchtturm auf der Ísola dei Cávoli

jagte ihn mit seiner Engelsschar davon, was dem Golfo di Cágliari den Namen Golfo degli Ángeli (Engelsgolf) verschaffte. Liegen und Sonnenschirme stehen für je 10 € zum Verleih und auch die Auswahl an Bars und Cafes ist mehr als üppig. Des Weiteren gibt es ein breites Wassersportangebot: Sie können surfen sowie Tretboot oder Kanu fahren.

Gen Osten geht der Poetto in den Strand bei Quartu Sant'Elena über. Gegenüber, am westlichen Ende, liegt die Marina Píccola – der trubeligste Abschnitt des Strandes. Der malerische Yachthafen im Schutz des Sella del Diávolo ist ein angesagter Treffpunkt sowie Segelzentrum. Im Hochsommer gibt es zusätzlich Open-Air-Kino und -konzerte.

168 B2 Bus PF, PQ von der Piazza Matteotti

❾ Ísola dei Cávoli & Ísola Serpentara

Am Capo Carbonara südlich von Villasimíus liegt der südöstlichste Punkt Sardiniens. Rund um die Landzunge, vom Capo Boi bis zur Punta Is Cappuccinus, wurde die reiche Meeresflora und -fauna in der Area Marina Protetta di Capo Carbonara unter Naturschutz gestellt. Zum Meerespark gehören auch die Inseln Cávoli und Serpentara. Der nüchterne Name »Kohlinsel« der Ísola dei Cávoli kommt u. a. vom wilden *cávoli* (Kohl), der hier inmitten mediterraner Macchia, wilden Karotten, Knoblauch, Myrte und Fenchel im

Nach Lust und Laune! 57

Überfluss gedeiht. Von den Felsen der Insel hat man einen wunderbaren Blick auf weiße Sandstrände bis hin zum Golf von Cágliari. Auch die rauen, zerklüfteten Klippen, ebenfalls aus Granitgestein, öffnen sich immer wieder zu winzigen Stränden. Vor der Küste der Ísola dei Cávoli wurde eine Madonnenstatue in den Fluten versenkt. Sie ist allen schiffbrüchigen Seeleuten gewidmet, und ihr zu Ehren wird die Festa della Madonna del Naufrago gefeiert. Jedes Jahr am zweiten Julisonntag fährt eine Bootsprozession zur Madonna hinaus und ein Priester mit Tauchgerät spricht in 10 m Tiefe ein Gebet.

Die lang gezogene, schlangenförmige Gestalt der Ísola Serpentara verhalf ihr zu ihrem Namen (ital.: *serpente*: Schlange). Wie Cávoli besteht die Insel aus Granitgestein, ist von Macchia bewachsen und ein beliebtes Ziel von Seemöwen.

Die Insel Cávoli gehört zur Zone B des Meeresparks, d. h. Tauchen, Fischen und Schifffahrt ist ohne eine Genehmigung nicht erlaubt. Das Schwimmen oder Fahren mit Booten geringer Geschwindigkeiten ist allerdings gestattet. Die Meerpassage zwischen Serpentara und Sardinien wurde zur Zone A erklärt, somit steht das Gebiet unter strengstem Schutz. Hier darf kein privates Boot aufs Wasser. Um dennoch auf die Inseln zu gelangen, können Sie sich jedoch einer offiziellen Bootstour anschließen.

✚ Ísola dei Cavoli 169 D1, Ísola Serpentara 169 E1,
☎ Ausflüge auf Segelboot *Matilda* 340 067 60 54/330 63 82 34 in der Saison bei gutem Wetter, Ablegeplatz Hafen; tägl. 10.30–16.30 Uhr; zwei Zwischenhalte zum Schwimmen teuer; Mittagessen und Getränke inbegriffen

10 Die Costa del Sud

Eine der schönsten Panoramastrecken der Insel ist die Küstenstraße an der Costa del Sud, südwestlich von Cágliari. Es geht vorüber an rauen Klippen, Buchten und trutzigen spanischen Türmen. Vor der Küste mit ihren Traumstränden und Dünen blitzt blau das Meer.

Die schönen Sandstrände der Báia Chia gehören zu den besten in ganz Europa. Oft liegen dahinter auch kleine Strandseen mit einheimischer Flora und Fauna, im Hintergrund wachsen Wacholdersträuche. Die Torre di Chia aus dem 16. Jh. lohnt einen Aufstieg. Der Turm war einst Teil eines Verteidigungsrings an der Küste, der türkische Piraten und Eroberer abwehren sollte. Von der Spiaggia Sa Colonia blickt man auf den Ort, an dem einst die antike phönizisch-punische Stadt Bithia lag.

Die Spiaggia di Santa Margherita zwischen Chia und Pula ist für ihren breiten Sandstreifen und die Kulisse aus duftender Macchia und Kiefern bekannt. Das Capo Cala Cipolla liegt neben der Báia Chia und kann nur zu Fuß erreicht werden – der malerische Strand und die Klippen lohnen den Weg allemal. Ein wahres Taucherparadies sind die sieben Riffs vor der Küste. Diesen 20 km langen Küstenabschnitt erreichen Sie, wenn Sie von Cágliari auf der SS195 nach Westen auf die Strada della Costa fahren. Sie folgt dem atemberaubenden Küstenpanorama, wo ein Highlight das nächste jagt.

✚ 167 D1
✉ Porto Turistico di Cala Verde, Santa Margherita di Pula ☎ 070 924 10 42 (Touristeninformation)

Tauchen
✉ Roberto Spinelli & Stefano Barbareschi c/o Grand Hotel Chia Laguna, Località Chia, Domus de Maria

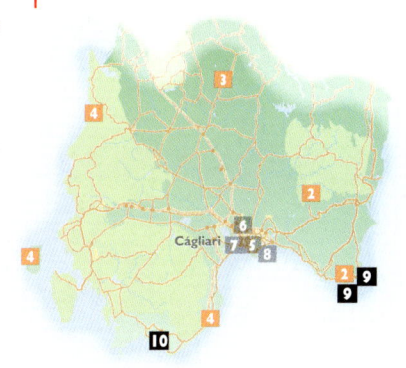

Wohin zum ... Übernachten?

Preise
Für ein Doppelzimmer gelten pro Nacht folgende Preise:
€ unter 90 € €€ 90-155 € €€€ 155-250 € €€€€ über 250 €

CÁGLIARI

Hotel AeR Bundes Jack Vittoria €

Im dritten Stock eines historischen Gebäudes (mit Lift) mitten in der Stadt befindet sich dieses 2-Sterne-Hotel. Der charaktervolle Familienbetrieb wurde 1938 eröffnet. Mit den hohen Decken, dem Muranoglas, alten Schmuckfliesen, Balkonen und klimatisierten, tadellosen Zimmern hat es weit mehr als der elegante Charme vergangener Zeiten zu bieten. Die beste Aussicht haben Sie von den Räumen mit Balkon, die zum Meer hinausgehen (Aufpreis). Die Familie führt auch das Bed & Breakfast Vittoria nebenan.

✚ 170 B4 ✉ Via Roma 75 ☎ 070 65 79 70; Fax 070 66 79 70; E-Mail: hotel.aerbundesjack@libero.it

Hotel Calamosca €€

Das große Strandhotel liegt direkt am Meer mit Blick auf eine Bucht in der Nähe des Leuchtturms von Capo Sant'Elia. Die meisten Zimmer haben Balkone mit Aussicht über die Bucht oder auf den Garten, diejenigen zum Meer hinaus sind gleich teurer – der Aufpreis lohnt sich aber. Es gibt einen schönen Garten und direkten Zugang zu zwei Stränden: einmal zum hoteleigenen Kieselstrand sowie zum öffentlichen Strand inklusive Strandbar. Auch der Poetto ist ganz in der Nähe. Das Hotel liegt ca. 2 km vom Stadtkern und dem Hafen sowie 10 km vom Flughafen Elmas entfernt.

✚ 167 F3 ✉ Viale Calamosca ☎ 070 37 16 28; Fax 070 37 03 46; www.hotelcalamosca.it

T Hotel €€€

Im Oktober 2005 eröffnete mit diesem 15-stöckigen Rundturm aus Glas und Stahl Cagliaris erstes Designerhotel. Der berühmte Mailänder Architekt Marco Piva ließ sich bei seinem Entwurf von den Farben des Südens inspirieren: Die 207 sehr stilvollen Zimmer sind nach vier verschiedenen Farbkonzepten gestaltet – lebhaftes Orange, feuriges Rot, entspannendes Grün und ruhiges Blau. Alle verfügen über geräumige, luftige Bäder mit glänzenden Mosaikfliesen und riesigen Spiegeln. Das T Bistrot verbindet Stil mit minimalistischer Einrichtung und gutem Essen – eine Kombi, die viele Gäste anzieht, v. a. zum Sonntagsbrunch. Gerade erst eröffnet hat das Beauty- & Wellnesscenter mit Pool. Das Hotel liegt an der Piazza Giovanni XXIII im Herzen Cágliaris beim Teatro Lirico und verfügt über eine Tiefgarage.

✚ 167 F3 ✉ Via dei Giudicati ☎ 070 47 40 00; Fax 070 47 40 16; www.thotel.it

VILLASIMIUS

Hotel Cruccuris €€–€€€

In der Hügellandschaft rund 3 km von Villasimius entfernt liegt dieses Hotel in einem mit Blumen übersäten Garten. Das 2005 eröffnete Haus verfügt über 49 Zimmer, die auf zwei Etagen um einen Pool angeordnet sind. Sie sind geräumig und mit eigenen Duschen ausgestattet. Momentan betreibt das Hotel zwar kein eigenes Restaurant (die Gäste können im Schwesterhotel Stella Maris speisen), aber es gibt eine angenehme Bar und einen Frühstücksbereich im Freien beim Pool.

✚ 169 D1 ✉ Località Cruccuris ☎ 070 798 90 20; Fax 070 798 90 18; www.cruccurisresort.com

Wohin zum ... 59

Sofitel Thalassa Timi Ama €€€

Das große Hotel liegt besonders schön in einen Pinienwald eingebettet am Strand mit Blick auf die Bucht von Porto Giunco. Die Zimmer sind weitläufig und alle mit Balkon oder Terrasse versehen. Das Hotel bietet jede Menge Service, ein Beauty-Spa und das beeindruckende Thalassotherapie-Zentrum, wo Heilbehandlungen mit Meerwasser durchgeführt werden (nicht nur für Gäste offen). Das Hotel verwöhnt mit drei Restaurants und drei Bars. »Timi Ama« bedeutet frei übersetzt »Angst zu lieben« – denn alle, die hier übernachten, werden einer Legende nach vom Meer und den Meerjungfrauen verzaubert.

☐ 169 D1 ☒ Località Notteri
☎ 070 797 91; Fax 070 797 72 85;
www.sofitel.com

Stella Maris Hotel €€€

Wunderschön in die Bucht von Campulongu gekuschelt hat man von diesem Hotel einen guten Blick aufs Capo Carbonara am Südostzipfel Sardiniens. Hübsch angelegte Gärten gehen in den weißen Sandstrand über, außerdem ist ein Pool vorhanden. Die Zimmer sind traditionell eingerichtet und die besten bieten Meerblick (Aufpreis). Das Hotel liegt 3 km vom Zentrum Villasimius' entfernt.

☐ 169 01 ☒ Località Campulongu
☎ 070 797 91 00; Fax 070 797 367;
www.stella-maris.com

BARÚMINI

Hotel Su Nuraxi €

Nur einen Katzensprung von Su Nuraxi bietet das einfache Hotel schöne Aussichten auf die Giara-Ebene und auf die Nuraghe. Mit Blick auf die wogenden Weizenfelder lässt es sich hier gut auf der lolla räkeln – der sardischen Form der Veranda. Im Restaurant gibt es Traditionelles wie lumache alla diavola (Schnecken in scharfer Sauce), troffiette speck funghi e noci (Pasta mit Rohschinken, Pilzen und Nüssen) und Steak vom Rind oder Pferd.

☐ 168 A5 ☒ Viale Su Nuraxi 6,
Strada Provinciale Barúmini-Tuili
(gleich hinter dem nuraghischen Dorf)
☎ 070 936 83 05; www.hotel.sunuraxi.it

ISOLA DI SAN PIETRO

Hotel Riviera €€€

Das terrakottafarbene Gebäude bestimmt die Hafenansicht und beherbergt das eleganteste Hotel der Insel. Für schicken Stil und Komfort sorgt dasselbe Managerteam wie im Le Meridien Chia Laguna (siehe unten). Alle 44 Zimmer haben eine persönliche Note und bieten viel Platz sowie luxuriöse Marmorbäder. Die Dachterrasse ist wunderschön.

☐ 166 A3 ☒ Corso Battellieri 26
☎ 0781 85 41 01; Fax 0781 85 60 52;
www.hotelriviera-carloforte.com

CHIA (DOMUS DE MARIA)

Le Méridien Chia Laguna Resort €€€€

In der herrlichen Baia de Chia, nur 700 m vom Meer, findet man eine elegante Unterkunft in Form von kürzlich renovierten Hotelzimmern mit Meerblick vor. Alternativ kann man sich im Chia Village ein Cottage inmitten mediterraner Gartenlandschaft mieten. Pastellfarben, Naturhölzer und kühle Fliesenböden bestimmen die Grundzüge der Einrichtung. Der trenino, ein kleiner Zug, verbindet regelmäßig die Anlage mit einer traumhaften, unberührten Bucht mit Sandstrand und Dünen. Unterhaltung ist in Form einer Disco, Livemusik im Luna Club unter freiem Himmel und für Kids im beliebten Miniclub geboten. Ein positives Körpergefühl besorgt das Centro Benessere (Beauty-Zentrum), ein Fitnessstudio sowie mehrere Restaurants und Pools. Der Service ist hervorragend und so hat man trotz der Größe der Anlage (drei Hotels, Luxusvillen und ein Ferriendorf) nicht das Gefühl, in einem Urlaubsresort zu sein.

☐ 167 E1 ☒ Località Chia, Domus de Maria ☎ 070 923 91; Fax 070 923 01 41; www.starwood.com

Cágliari und der Süden

Wohin zum ...
Essen und Trinken?

Preise
Für ein Drei-Gänge-Menü pro Person, ohne Getränke und Service, gelten diese Preise:
€ unter 26 € €€ 26–55 € €€€ über 55 €

CÁGLIARI

A. Porto €€
Die stimmungsvolle Trattoria liegt ihr Herzen des *centro storico*, der Alstadt Cágliaris. Ihrer beinahe unmittelbaren Nachbarschaft zum Hafen trägt die Seemannsnote der Einrichtung Rechnung, und auch die Speisekarte bietet erwartungsgemäß Leckereien aus dem Meer. Auch die Riesenauswahl an Antipasti verspricht Schlemmerfreuden. Eine Reservierung ist zu empfehlen.
🏠 167 F3 ✉ **Via Sardegna 44**
☎ **070 663131** 🕐 **Mo, zwei Wochen in Januar und Juli geschl.**

Dal Corsaro €€€
Ein Tempel der kulinarischen Freuden, der zudem mit stilvoller Umgebung besticht. In der Restaurantlandschaft Cágliaris ist dieses familiengeführte Lokal eine Institution – ein Ort für Gourmets wie für Szenegänger. Der Service sucht seinesgleichen, die Weinkarte ist lang.
🏠 170 C4 ✉ **Piazzale Regina Margherita 28** ☎ **070 664318**
🕐 **Mo–Sa; Mitte Aug. 2 Wochen geschl.**

Ristorante Flora €€€
Die Spezialität des renommierten Restaurants sind saisonale Gerichte und eine kultivierte Atmosphäre. Stellen Sie sich auf einen echten *salotto* (Salon) mit allen Schikanen und erstklassigem Service ein.
🏠 170 A4 ✉ **Via Sassari 47** ☎ **070 664735** 🕐 **Mo–Sa; Aug. geschl.**

Ristorante Marió €€
Auch wenn die Inneneinrichtung nicht gerade typisch sardisch ausfällt, die Spezialitäten aus der Küche sind es allemal. Hausgemachte Pasta wie *spaghetti alla spada* (Spaghetti mit Schwertfisch) und Lasagne mit Auberginen sind wunderbar, ebenso die Fleischgerichte und der himmlische, warme Schokokuchen.
🏠 170 B4 ✉ **Via Genovesi 16 (von der Bastione leicht per Aufzug zu erreichen), Castello** ☎ **070 6535364, www.decandia.esiti.net** 🕐 **Di–Sa 13–15, 20.30–23.30, Mo 20.30 bis 23.30 Uhr**

VILLASIMÍUS

Ristorante Carbonara €€
Riesige Portionen und leckerster Fisch machen das ansonsten farblose Interieur des traditionellen Lokals wett. Empfehlenswert sind die fangfrischen Delikatessen wie Hummer. Auch die Weinauswahl kann sich sehen lassen.
🏠 169 D1 ✉ **Via Umberto I 60**
☎ **070 791270** 🕐 **Do–Di 12.30 bis 14.30, 20–23 Uhr**

I Ginepri €€–€€€
Im Strandrestaurant des Sofitel Timi Ama serviert man mittags Leichtes, zum Abend traditionell sardisch-italienische Küche, v. a. köstlichen Fisch. *Tagliatelle ai frutti del mare* ist ein Gedicht. Trotz Strandnähe sollte man im Lokal nicht allzu leicht bekleidet erscheinen.
🏠 169 D1 ✉ **Sofitel Thalassa Timi Ama, Località Notteri** ☎ **070 79791; www.sofitel.com**

Café del Porto €
Im Hafenviertel ist dies das einzige Café, wo man einen Snack mit einer tollen Aussicht kombinieren kann. Auf der Karte finden Sie Gerichte wie *spaghetti alle vongole e bottarga*

Wohin zum ... 61

oder *gamberetti al prosecco*. Außerdem kann man hier WLAN nutzen. Zwischen 18.30 und 20.30 Uhr ist im Restaurant und der Pianobar Happy Hour angesagt, ab 22.30 Uhr brummt in der Saison die Discobar.

🏠 169 D1 ✉ **Porto di Villasimius**
☎ 070 797 80 36; www.cafedelporto.it
🕐 tägl. 7–2 Uhr

Stella Maris Hotel €€

Hier erwarten Sie gleich zwei elegante Restaurants am Meer, eines innen, das andere draußen. Auf der Terrasse des Letzteren sitzt man sehr schön, im Hintergrund rauschen sanft die Wellen und der Pinienhain. Der Fisch ist eine Spezialität und die Weinkarte umfangreich.

🏠 169 D1 ✉ **Località Campulongu**
☎ 070 797 100; Fax 070 797 367;
www.stella-maris.com

BARÚMINI

Sa Lolla Albergo Ristorante €€

Ein altes, saniertes Landhaus beherbergt dieses Restaurant und einige Zimmer für Übernachtungsgäste. In angenehmer rustikaler Umgebung haben Sie bei ausgezeichneten Gerichten – saisonal sardische und italienische Küche – einen grandiosen Blick über die Giara.

🏠 168 A5 ✉ **Via Cavour 49** ☎ 070 936 84 19; www.wels.it/salolla/
🕐 Do–Di Mittag- und Abendessen

ISOLA DI SAN PIETRO

Da Nicolò €€€

Die Familie Pomata besitzt und führt dieses bekannte Lokal, das sich einer treuen Anhängerschaft erfreut. Genießen Sie auf der schattigen Terrasse knusprigen Fisch oder eins der traditionsreichen Gerichte der Theabarkina-Küche (eine Mischung aus ligurischer, mediterraner und nordafrikanischer Kochkunst) wie *cashca'* (Couscous), Thunfisch-*bottarga* und gepökeltes Thunfischfilet.

🏠 166 A3 ✉ **Corso Cavour 32**
☎ 0781 85 40 48 🕐 Ostern–Sept. Di–So

Al Tonno di Corsa €€€

Im oberen Teil der Altstadt finden Sie nur wenige Gehminuten vom Meer entfernt dieses Fischrestaurant. Auf zwei Außenterrassen oder im Lokal werden außer Fisch auch leckere Pasta und andere mediterrane Gerichte serviert. Die Küche ist offen angelegt – somit haben Sie Ihr Gericht immer im Blick.

🏠 166 A3 ✉ **Via Marconi 47**
☎ 0781 855106 🕐 Juli–Aug. tägl.;
Sept.–Juni Di–So; 7. Jan.–Ende Feb. geschl.

BUGGERRU

Pizzeria San Nicolò €–€€

Der Ausblick von diesem Restaurant sucht seinesgleichen. An den endlosen weißen Sandstrand bricht eine Welle nach der anderen (im Juni findet hier der sardische Surfpokal statt). Auf der Karte stehen Fisch und Meeresfrüchte.

🏠 166 B4 ✉ **Località San Nicolò**
☎ 0781 543 59;
www.ristorantesannicolo.it

POETTO

Spinnaker €€€

Das Lokal im ersten Stock mit Balkon bietet erstklassigen Blick auf den Golfo degli Angeli. Zu den Spezialitäten gehören frischer Fisch und Meeresfrüchte – wie sein Schwesterlokal, Dal Corsaro (▶ 60), spielt es in der Oberliga der Restaurants. Im Erdgeschoss befindet sich eine gute und um Längen günstigere Pizzeria.

🏠 168 B2 ✉ **Località Marina Piccola**
☎ 070 37 02 95 🕐 Mai–Sept. Di–So

CHIA

Le Dune €

Einen Steinwurf vom Strand entfernt können Sie sich im Café in den Dünen einen Snack oder das Mittagessen schmecken lassen. Die Korbstühle oder die schattige Veranda versprechen Entspannung.

🏠 167 E7 ✉ **Le Meridien Chia Laguna**
☎ 070 923 91 🕐 Bar/Pizzeria tägl. 12.30–15 Uhr, Snackbar 15–18 Uhr

Cágliari und der Süden

Wohin zum ... Einkaufen?

Cágliari ist in der Region die beste Adresse für sämtliche Kaufgeliste. Die Läden haben in der Regel von 9–13 Uhr und nach einer langen Siesta von 17–20 Uhr geöffnet.

KLEIDUNG

Wenn Sie nach Kleidung und Boutiquen schauen möchten, nehmen Sie an der Bastione di San Remy die Via Manno hinunter zur Piazza Yenne. Auch auf der **Via Roma** gibt es einige Designerläden sowie das Kaufhaus **Rinascente** (durchgängig Mo–Fr 9–20.30, Sa 9–21, So 10 bis 21 Uhr). Auf der Hauptstraße, **Carlo Largo Felice**, finden Sie weitere Läden und afrikanische Stände mit Handtaschen, Sonnenbrillen und jeder Menge Accessoires – manches davon nicht gerade beste Qualität. In der Nähe gibt es bei **Jenna e Lua** (Corso Vittorio Emanuele 27; Tel. 070 68 21 61) sardische Leckereien: Käse, Salami, Wein und *dolci sardi*. Hier finden Sie auch gute Keramikware und hübsch verpackte Mitbringsel.

HANDWERK & ANTIQUITÄTEN

In der **Via La Marmora** an der Kathedrale im Castello-Viertel haben sich allerlei Antiquitätengeschäfte und Galerien angesiedelt. Im Hafenviertel gibt es Kunsthandwerk und Kuriositäten. Das Hauptgeschäft der **ISOLA-Kette** in der Via Bacaredda ist ein guter Ausgangspunkt, wenn Sie in qualitatives Kunsthandwerk investieren möchten. Antiquitäten und Nippes finden sich an den Morgenmärkten auf der **Piazza del Carmine** (1. So im Monat), der **Piazza Carlo Alberto** (2. und 4. So im Monat) und dem Flohmarkt an der **Bastione di San Remy** (So, außer Aug.)

Wohin zum ... Ausgehen?

THEATER & MUSIK

Die bedeutendsten Theaterbühnen in Cágliari sind das **Teatro Lirico** (Via Sant'Alenixedda, Tel. 070 408 22 30; www.teatroliricodicagliari.it), wo Opern, Ballett und klassische Musik geboten werden; das **Teatro Alfieri** (Via della Pineta 29, Tel. 070 30 13 78) für klassische Theaterstücke und das **Exma** (Via San Lucifero 71, Tel. 070 66 63 99), wo Konzerte und Vorträge stattfinden. Das **Anfiteatro Romano** (Karten beim Teatro Lirico) veranstaltet im Sommer Open-Air-Konzerte und Tanzaufführungen. Im **Fiera Campionaria** (Viale Diaz 221) treten im Sommer Rockbands auf. Bei der Touristeninformation gibt es einen kostenlosen Veranstaltungsführer.

NACHTLEBEN

In Cágliari gibt es einige Nachtbars und Cafés wie das **De Candia** in der Bastione San Remy, wo im Sommer ab 23 Uhr Livemusik gespielt wird. Außerdem das nahe gelegene **Caffè degli Spiriti** mit DJs sowie Livemusik. In der Hauptsaison ist am Poetto viel los und auch die Hotels an der Küste bieten allerlei Unterhaltung und Open-Air-Discos.

FESTE

Vier Tage dauert Anfang Mai die **Sagra di Sant'Efisio**, das größte religiöse Fest Sardiniens. In Erinnerung an die Erlösung der Stadt von der Pest wird die Statue des Schutzheiligen in einer Prozession nach Nora getragen.

Oristano und der Westen

Erste Orientierung 64
In drei Tagen 66
Nicht verpassen! 68
Nach Lust und Laune! 75
Wohin zum ... 77

Oristano und der Westen

Erste Orientierung

Wälder, Weizenfelder, wunderschöne Landschaften und eine unberührte Küste – abseits der Touristenmassen lernen Sie hier das echte Sardinien kennen. Das imposante archäologische Erbe der von der Landwirtschaft geprägten Provinz vereint prähistorische Siedlungen, Nuraghen und die stimmungsvollen Ruinen der punisch-römischen Stadt Thárros. Im Landesinnern sind Pferde allgegenwärtig, während die vielen Lagunen an der Küste von rosafarbenen Flamingos wimmeln.

Auch wenn Oristano und die Region bisher kein Topziel der Touristen sind, lohnt die Reise. Im »Wilden Westen« Sardiniens finden zum einen die aufregendsten Reiterspiele statt. Zum anderen stellt die kleine Stadt im hervorragenden Museum Antiquarium Arborense eine sehenswerte Kunstsammlung sowie archäologische Schätze aus. So wird den Besuchern die Bedeutung der nahe gelegenen Ausgrabungsstätte Thárros anschaulich vermittelt. Die Sínis-Halbinsel verbindet historische Höhepunkte mit schönen Stränden und bunter Vogelwelt.

Neben der Nuraghe Losa finden sich im Landesinnern noch viele weitere Spuren der nuraghischen Zivilisation. Das Land ist geprägt von Zitrusbäumen und Olivenhainen, aus deren Erträgen bestes natives Olivenöl gemacht wird. Die für die Rinderzucht bekannte Region ist der ideale Ort, um ein *bue rosso* zu kosten (erstklassiges Steak). An der Küste gibt es leckersten Fisch sowie das berühmte *bottarga* – »sardischen Kaviar« aus dem Rogen der Meeräsche. Landeinwärts erhebt sich im Hochland der erloschene Vulkan des Monte Ferru.

Seite 63: Turm der Kathedrale Santa Maria Assunta in Oristano
Oben: Endlose Weiten auf der Sínis-Halbinsel
Links: Vom Gras überwucherte Ruinen der Nuraghe Losa

Erste Orientierung 65

★ Nicht verpassen!
1. Oristano & Thárros ► 68
2. Marina di Torre Grande & die Sínis-Halbinsel ► 71
3. Nuraghe Losa ► 73

Nach Lust und Laune!
4. San Salvatore ► 75
5. Die Marktflecken beim Monte Ferru ► 75
6. San Leonardo de Siete Fuentes ► 75
7. Cúglieri & Santa Maria della Neve ► 76
8. Fordongiánus & die Thermen ► 76

Oristano und der Westen in drei Tagen

Erster Tag

Morgens
Der Tag beginnt in ❶ **Oristano** mit einem Besuch im Antiquarium Arborense (➤ 69). Auf der SS131 geht es anschließend zum Strand von ❷ **Marina di Torre Grande** (➤ 71).

Mittags
Das Coco Loco Caffe in Marina di Torre Grande serviert gute Küche.

Nachmittags und abends
Legen Sie auf Ihrer Tour über die ❷ **Sínis-Halbinsel** (➤ 71f) eine Pause am Stagno di Cábras (oben) ein, ehe Sie nach ❹ **San Salvatore** (➤ 75, 6 km westlich von Marina di Torre Grande) weiterfahren und in der Bar Abraxas Chiosco ein Glas trinken. Am Nachmittag steht ❶ **Thárros** (unten; ➤ 69f) an der Spitze der Halbinsel an. Nehmen Sie sich viel Zeit und versuchen Sie, den Sonnenuntergang zu erwischen, wenn die Farben sehr intensiv sind. Kehren Sie nach Oristano zurück und übernachten Sie in der Duomo Albergo (➤ 77).

Zweiter Tag

Morgens
Von Oristano aus fahren Sie auf der Carlo Felice (SS131) 35 km

In drei Tagen

gen Norden nach Abbasanta. Hier biegen Sie rechts auf die SP15, die nach Santu Lussúrgiu (15 km) ausgeschildert ist und durch wunderschöne Kastanienalleen, Olivenhaine und vorbei an zerklüfteten Felsen führt.

Mittags
Probieren Sie das Bellavista in Santu Lussúrgiu aus (Viale Azuni, 70, Tel. 0783 55 20 45).

Nachmittags
Die Landstraße nach Macomér bringt Sie Richtung Norden zum Zwischenhalt bei ❻ **San Leonardo de Siete Fuentes** (➤ 75f). Dann folgen Sie der landschaftlich schönen SP19 17 km nach Nordwesten bis Cúglieri. Übernachten Sie im Hotel La Baja (➤ 78) in Santa Caterina di Pittinuri.

Dritter Tag

Morgens
Von Cúglieri geht es die SS292 nach Norden bis Tresnuraghes und weiter nach Suni. Dort orientieren Sie sich nach Osten auf die SS129 bis nach Macomér und fahren dann auf der Carlo Felice (SS131) nach Süden bis Sie kurz vor Abbasanta die SS131 DCN nach Ghilarza nehmen.

Nachmittags
Besuchen Sie die ❸ **Nuraghe Losa, Abbasanta** (links; ➤ 73f). Nehmen Sie die Landstraße SS313 nach ❽ **Fordongiánus** (➤ 76) und besichtigen Sie die Terme Romane. Auf der SS388 folgen Sie dem Tirso 28 km nach Westen zurück bis Oristano.

Oristano und der Westen

Oristano & Thárros

Das Schild »*Città della ceramica*« begrüßt die Besucher in Oristano. Im Karneval findet hier zudem das farbenprächtige Sartiglia-Fest statt. Das Faszinierendste an der Stadt ist aber wohl ihre Lage an der Nordspitze der fruchtbaren Campidano-Ebene, umgeben von Lagunen und nur 5 km vom Meer entfernt. Auf der Sínis-Halbinsel in der Nähe befindet sich das antike, punisch-römische Thárros in schönster Umgebung.

Funde weisen darauf hin, dass schon seit dem 6. Jahrtausend v. Chr. Menschen in der Region lebten, noch ehe die Nuragherkultur sich ausbreitete. Im 9. Jh. v. Chr. landeten phönizische Kaufleute bei Thárros an der Küste von Sínis, der »Urahnin« von Oristano. Wegen der zunehmenden Sarazenenüberfälle wurde Thárros später verlassen, um eine neue Stadt in sichereren Gefilden zu bauen. Die Redensart »*Portant de Tharros sa perda a carros*« (»Auf Karren bringen Sie die Steine von Tharros«) geht auf diese Zeit zurück: Damals nannte man die neue Stadt aus alten Steinen Aristanis: »zwischen den Teichen«.

Den Höhepunkt seiner Macht erreichte Oristano im Mittelalter, als es bis auf Cágliari und Alghero fast die gesamte Insel kontrollierte. Im Kampf zwischen Pisa und Aragonien positionierte sich die Stadt auf Seiten der Katalanen und bezahlte dafür mit jahrhundertelangem wirtschaftlichen Niedergang. Als Provinzhauptstadt steht sie heute wieder in voller Blüte.

Das Herzstück der Stadt bildet die **Piazza Roma** mit ihrem mittelalterlichen Wehrturm Torre di Mariano II., auch als San Cristoforo bekannt. Der ungewöhnliche Turm war einst in die Stadt-

Oristano & Thárros

mauern integriert, die am Ende des 19. Jhs. zerstört wurden.

Archäologisches Museum

Ein Stück südöstlich der Piazza Roma befindet sich die Hauptattraktion der Stadt: das **Antiquarium Arborense**. Hier ist eine der hochkarätigsten archäologischen Sammlungen der Insel beheimatet, deren Exponate Kulturschätze aus nuraghischer, punischer sowie römischer Zeit umfassen. Im Erdgeschoss grüßt ein steinerner Löwe aus dem 4. Jh. v. Chr. aus Thárros die Besucher, ehe diese weiter zu winzigen Würfeln aus Elfenbein, einem Jaspisskarabäus aus dem 6. Jh. v. Chr. und zahllosen Figuren und Keramiken schlendern. Beeindruckend – und teils schlicht furchteinflößend – sind die apotropäischen (Unheil abwehrende) Masken aus Thárros, die zur Zeit der Punier z. B. als Grabbeigaben dienten. Auch die Menschenknochen (5.–1. Jh. v. Chr.) und Terrakotta-Urnen mit totgeborenen Babys stammen aus Thárros (4. Jh.). Im ersten Stock befindet sich eine Rekonstruktion von Thárros zu Zeiten der Römer im 4. Jh.

Oben: Der Strand bei Thárros

Gegenüber: Oristanos Duomo, Santa Maria Assunta

Der Duomo

Der Duomo Santa Maria Assunta von Oristano ist der größte Dom Sardiniens. Obwohl 1228 erbaut, geht das heutige barocke Erscheinungsbild auf einen Umbau im 18. Jh. zurück. Spuren der Gotik finden sich im Kreuzgewölbe der Capella del Rimedio im rechten Querschiff. Ebenfalls sehenswert sind eine bemalte Holzskulptur der Madonna (*Mariä Verkündigung*, 14. Jh.), die Nino Pisano zugeschrieben wird, und Fragmente einer mittelalterlichen Marmorkanzel, die Daniel in der Löwengrube zeigt. Der Zwiebelturm des Doms ist eines der Wahrzeichen der Stadt.

Thárros

Rund 20 km westlich von Oristano liegt eine der interessantesten Grabungsstätten der Insel. Ein Sarazenenturm bestimmt die stimmungsvolle Szenerie, die mit den zwei weißen Korinthersäulen wie eine Postkarte wirkt. Erst im Jahre 1956 begannen die Ausgrabungen, in deren Folge die wohlhabende Hafenstadt aus dem Jahr 730 v. Chr. ans Tageslicht kam. Obwohl die Ruinen größtenteils aus der Römerzeit stammen, gibt es noch einige Überreste der alten phönizischen Stadt wie

Oristano und der Westen

einen Tempel mit dorischen Halbsäulen. Etwas nördlich des »Stadtkerns« befindet sich ein Tofet, eine Brandopferstelle, wo man viele Kinderurnen fand – möglicherweise Gottesopfer.

Die römische Stadt verfügte über Geschäfte, Tavernen, Bäder und Amphitheater. Ein kleines Theater aus dem 2.–3. Jh. liegt am Nordende, zum Teil über dem Tofet. Es war Aufführungsort für Gladiatoren- und Tierkämpfe. Damals fanden hier bis zu 8000 Menschen Platz, heute werden auf einer provisorischen Bühne in der Hauptsaison Open-Air-Vorstellungen gegeben. Absolut magisch: der Sonnenuntergang in Thárros.

Der Hauptteil der heute in Thárros zu besichtigenden Ruinen geht auf die Römer zurück

KLEINE PAUSE
Kosten Sie den berühmten Vernaccia-Dessertwein aus Oristano.

Oristano 162 C3, Thárros 162 B3

Antiquarium Arborense ✉ Piazzetta Corrias ☎ 0783 79 12 62
🕐 tägl. 9–14, 15–20 Uhr 💶 mittel

Duomo ✉ Piazza Duomo
🕐 April–Okt. tägl. 8–13, 16–19 Uhr; Nov.–März 7–13, 15–18.30 Uhr

Thárros ☎ 0783 37 00 19
🕐 tägl. 9–18.30 Uhr; Hauptsaison bis Sonnenuntergang; Vorstellungsbeginn in der Regel 21.30 Uhr 💶 mittel (inkl. Eintritt zum Museo Cívico in Cábras)

ORISTANO & THÁRROS: INSIDER-INFO

Top-Tipps: Oristano selbst lohnt keinen längeren Aufenthalt, es liegt jedoch sehr günstig für Ausflüge zu Sehenswürdigkeiten der Umgebung. Während des Karnevals ist die **Sa Sartiglia** (➤ 15) allerdings den Umweg in die Stadt wert.
• Die Ausmaße der antiken Stadt Thárros erfasst man erst richtig, wenn man die Ausgrabungsstätte betreten hat, denn die **Ruinen fallen zum Meer hin ab**.

Geheimtipp: Vom Sarazenenturm **Torre di San Giovanni** (9 Uhr bis Sonnenuntergang) in Thárros hat man eine unglaublich tolle Sicht – die Besteigung ist jedoch nur bei günstigen Windverhältnissen erlaubt. Nicht umsonst heißt es, Thárros liege auf der »windumtosten Halbinsel«.

❷ Marina di Torre Grande & die Sínis-Halbinsel

Das Seebad Marina di Torre Grande liegt nur 8 km in westlicher Richtung von Oristano auf der SP1. Sie erreichen den beliebtesten Strand der Oristaneser, wenn Sie nach Cábras und dann rund 6 km bis Marina di Torre Grande fahren.

Der Strand der Ortschaft Putzu Idu auf der Sínis-Halbinsel

Das kleine Örtchen ist nach dem Sarazenenturm benannt, der gegen Ende des 16. Jhs. hier entstand und die Landschaft bestimmt. Er ist der mächtigste der Wehrtürme, die von den Spaniern zur Abwehr der zahlreichen Piratenüberfälle gebaut wurden. Die von Pinien und Palmen gesäumte Promenade grenzt an den über einen Kilometer langen feinen Sandstrand, der für kleine Kinder ideal ist, da er flach ins Meer abfällt.

Sonnenschirme und Liegen können für je 10 € ausgeliehen werden. Auch in Surferkreisen genießt der Strand einen fabelhaften Ruf und für ca. 15 € Leihgebühr pro Stunde bekommt man die nötige Ausrüstung. Wer lieber anderen beim Tanz auf den Wellen zusieht, suche in einer der vielen Bars und den Cafés an der Uferpromenade ein passendes Plätzchen. Nach der obligatorischen *passeggiata* über die Lungomare Eleonora d'Arborea erwacht der Urlaubsort nachts richtig zum Leben; in der Nebensaison wirkt er jedoch eher wie eine Geisterstadt.

Ein Stück weiter südlich an der Außenküste der Sínis-Halbinsel liegt die **Spiaggia di San Giovanni di Sínis**. Wegen der offenen Lage ist der Strand bei Surfern sehr beliebt und bekannt für sauberes, tiefes Meer und feinen, weißen Sand.

Die Sínis-Halbinsel
Die vorgelagerte Halbinsel westlich von Oristano ist ein Wasserparadies mit großen Lagunen, in denen sich Zugvögel und

Oristano und der Westen

rosafarbene Flamingos einfinden. Sie ist für ihren Fischreichtum und für die *fassoni*-Schilfboote bekannt, mit denen die einheimischen Fischer auch heute noch auf Meeräschen- und Aalfang gehen. Nur der Ruf der auf dem italienischen Festland bereits ausgestorbenen Rostgans durchdringt dann die Stille.

Blick über die Lagune Stagno di Cábras

Das etwas verschlafene **Cábras** ist die größte Stadt der Halbinsel und liegt auf der Ostseite der gleichnamigen Lagune Stagno di Cábras, die Sínis vom Rest Sardiniens trennt. Das beschauliche Fischerdorf kennt man als Zentrum der Meeräschenfischerei, deren Rogen in der Landesspezialität *bottarga* verarbeitet wird. Die mit 2000 ha riesige Lagune gehört zu den vielseitigsten Feuchtgebieten Europas.

Das städtische **Museo Cívico** stellt Fundstücke aus Tharros wie Urnen mit Kinder- und Tierknochen aus. Zudem zeigt es Funde, die Ende der 1990er-Jahre in einem Hypogäum beim 4 km entfernten Cuccuru S'Arrius gemacht wurden. Sie wurden auf die mittlere Jungsteinzeit (4. Jahrtausend v. Chr.) datiert – somit ist dies die älteste unterirdische Nekropole der Insel.

162 B3

Museo Cívico Cábras
Via Tharros 121   0783 29 06 36   Juni–Sept. Di–So 9–13, 16–20 Uhr; Okt.–Mai 9–13, 15–19 Uhr   preiswert

MARINA DI TORRE GRANDE & SÍNIS-HALBINSEL: INSIDER-INFO

Top-Tipps: In Marina di Torre gibt es keine Hotels, dafür aber **gut ausgestattete Campingplätze** (auch mit Bungalows) wie der Spinnaker am Strand (Tel. 0783 22074; www.campingspinnaker.com; Mitte April bis Mitte Oktober).
- Die Eintrittskarte zum **Museo Cívico Cábras** gilt auch für Tharros.
- Wer im engen Gassengewirr um die Kirche Santa Maria in Cábras mit dem **Auto unterwegs ist, kommt schnell ins Schwitzen**.
- Der **Barfuß-Wettlauf** (Corsa degli Scalzi) findet am ersten Septembersamstag statt. Es geht von Cábras nach San Salvatore und wieder zurück (▶ 75).
- Aus ganz Afrika und Europa kommen **Vögel in diese Lagunen.** Flamingos kann man zwar das ganze Jahr über leicht beobachten, doch im Herbst schwärmen Tausende von ihnen über den Stagno di Místras, westlich von Oristano.

Nuraghe Losa

Wenige Kilometer westlich der Carlo-Felice-Autobahn (SS131) taucht bei Abbasanta dieser riesige Megalithbau am Horizont auf. Er zählt zu den bedeutendsten und am besten erhaltenen Baudenkmälern der sardischen Nuraghenkultur.

Mitten auf einer Wiese und doch von der Straße aus gut zu erkennen, wirkt die Nuraghenfestung friedlich und zeitlos. Die aus Basaltblöcken gebaute Bastion ist von zwei großen Mauern umgeben – die innere verfügt über kleine Türme – und ist Schätzungen zufolge rund 3500 Jahre alt.

Die Form der Nuraghe erinnert an einen Kegelstumpf und wurde im für diese Architektur typischen Zyklopenstil erbaut. Dabei wurden keinerlei Mörtel oder andere Bindematerialien benutzt – die massiven Blöcke wurden einfach aufeinandergestapelt. Der Mittelturm ist 13 m hoch, 12,5 m breit, besaß einst drei Stockwerke und höchstwahrscheinlich eine Kragkuppel, die aber schon vor langer Zeit einstürzte.

Zwei der ursprünglich drei Etagen des nach oben offenen Mittelturms sind über einen engen Steinkorridor zu erreichen, ebenso einige Nebengebäude, die sich auf das Gelände verteilen. Der hohe, kegelförmige Innenraum wird von im Boden eingelassenen Lampen sowie vom durch die Nischen und Alkoven einfallenden Licht beleuchtet. Um den Nuraghenturm herum wurden später drei weitere errichtet, die mit einer Mauer zu einem Dreieck verbunden sind. Diese umgibt wiederum eine Festungsmauer, von der man annimmt, dass sie aus

Innenansicht der Nuraghe

74 Oristano und der Westen

dem 7. Jh. v. Chr. stammt. Auch sie verfügt über Türme und außerdem Schießscharten. Im Mittelturm führt eine steinerne Wendeltreppe zur Dachterasse, von wo aus der Blick über die Hochebene und an klaren Tagen nach Osten hin bis zum Gennargentu schweifen kann.

Wie so oft kann man den Ursprung und den Zweck dieser Monumente nicht mehr exakt bestimmen. Da das Wort *losa* auf Sardisch jedoch »Grab« bedeutet, ist eine Nutzung der Anlage als Mausoleum denkbar. Anhand von Überresten weiß man heute, dass vor den Befestigungsmauern ein prähistorisches Dorf lag und gleich hinter dem Eingang zur Festung fand man Urnen aus dem 1. und 2. Jh. Möglich ist auch, dass in der Folgezeit der Nurgaherzivilisation Phönizier, Römer und eventuell Byzantiner die Siedlung zur Festung ausbauten. Fest steht jedoch, dass das »Dorf« seit seiner Entstehung in der mittleren Bronzezeit bis ins 7. Jh. durchgängig bewohnt war.

Überreste von Graburnen

Ein kleines Museum zeigt Keramiken und Vasen, die hier gefunden wurden. Die interessantesten Fundstücke sind aber im Archäologischen Museum in Cágliari (▶ 47) zu sehen.

KLEINE PAUSE

Mittagessen bietet das **Al Marchi** in Ghilarza, nahe dem Geburtshaus Antonio Gramscis. Oder Sie picknicken am Lago Omodeo – Italiens größtem künstlichen See.

✚ 163 D4
✉ Parco Archeológico Nuraghe Losa, Abbasanta (ca. 30 km nordöstlich von Oristano) ☎ 0785 523 02; www.nuraghelosa.net
🕐 tägl. 9–17; im Sommer bis 19 Uhr 💶 mittel; Eintrittskarten am Museum oder im Café nebenan

NURAGHE LOSA: INSIDER-INFO

Geheimtipp: In Ghilarza, in der Nähe von Abbasanta wuchs **Antonio Gramsci** (1891–1937) auf. Der berühmte marxistisch geprägte Schriftsteller, Politiker und Philosoph war Mitbegründer der Kommunistischen Partei Italiens. Sein Geburtshaus befindet sich in der Innenstadt: Casa Museo di Antonio Gramsci (Tel. 0785 541 64; Sommer Fr–So 10–13, 16–19 Uhr; Winter 15.30 bis 18.30 Uhr; Zeiten unterliegen häufigen Änderungen, Eintritt. frei).

Nach Lust und Laune!

⁴ San Salvatore

An der Straße nach Thárros, 6 km westlich von Marina di Torre Grande, liegt eine andere Welt. In San Salvatore mit seiner urigen Bar, den verlassenen Häusern und staubigen Straßen fühlt man sich wie in einem »Italo-Western«. In den 1960er-Jahren verwandelte die Coronca Company den Ort für den Filmflop *Giarrettiera Colt* in ein mexikanisches Dorf. Berühmt geworden ist San Salvatore aber für das »Rennen der Barfüßigen« (Corsa degli Scalzi).

Mittelpunkt des Festes ist das Hypogäum San Salvatore, das zu den *chiese novenari* gehört: Kirchen, die nur neun Tage im Jahr öffnen. Als Höhepunkt wird die Rettung der Statue von San Salvatore aus den Händen der Sarazenen nachgespielt. Am ersten Samstag im September laufen dann Hunderte junge Männer morgens in Boxershorts und weißen Hemden die 8 km von Cábras nach San Salvatore und am nächsten Tag wieder zurück. Durch das Stampfen der Füße soll die Erde erweckt und ihre Fruchtbarkeit erneuert werden.
✚ 162 B3

San Salvatore liegt oft verlassen da

⁵ Die Marktflecken beim Monte Ferru

Nördlich von Oristano schlängelt sich die SS292 hinauf ins zerklüftete Hochland des Monte Ferru (Eisenberg). Die Communità Montana umfasst acht Gemeinden, alle eingebettet in dichte Steineichenwälder, wo Mufflons und anderes Wild umherstreifen. Auch das riesige rötliche Hochlandrind (*bue rosso*), dessen Fleisch eine Delikatesse ist, zupft hier sein Gras.

An der Kreuzung in Riola Sardo fahren Sie rechts nach Seneghe – in dieser Gegend wird das beste Olivenöl Sardiniens hergestellt. Bei L'Enogastronomia del Montiferru können Sie auch andere Spezialitäten erstehen.
✚ 162 C4
Enogastronomia del Montiferru
✉ Corso Umberto 141/b ☎ 0783 544 50 🕐 Mo–Fr 8.30–13, 15.30–19 Uhr

⁶ San Leonardo de Siete Fuentes

Die sieben Quellen, die dem Ort den Namen gaben, liegen in schönem Wald. Dem radonhaltigen Mineralwasser werden eine harntreibende Wirkung und angeblich große Heilkräfte zugeschrieben. Die romanische Chiesa di San Leonardo wurde im

Oristano und der Westen

12. Jh. von Rittern des Johanniterordens aus dunklem Trachyt errichtet. Daneben unterhielten die Mönche ein Hospital, in dem 1295 Guelfo, Sohn von Graf Ugolino della Gherardesca, nach einer Verwundung durch die Pisaner verstarb. Er liegt hier begraben.

Ein Stück weiter südlich schmiegt sich das mittelalterliche Dorf Santu Lussúrgiu an den Osthang im Krater des größten erloschenen Vulkans Sardiniens. Im Sommer ist es durch mediterrane Eichenwälder wunderbar kühl und eine phantastische Sicht hat man obendrein.

✠ 162 C5

7 Cúglieri & Santa Maria della Neve

Wenden Sie sich von San Leonardo in Richtung Süden und dann gen Westen nach Cúglieri. Das Dorf an den Hängen des Monte Ferru ist ein wichtiges Zentrum der Landwirtschaft und neben Seneghe Hauptproduzent von bestem Olivenöl. Schon von Weitem schimmert silbern die Kuppel der Kathedrale Santa Maria della Neve aus dem 15. Jh. Vom Friedhof der Kirche aus hat man eine grandiose Sicht auf die Küste, an klaren Tagen bis zu den Klippen von Porto Conte bei Alghero. Auch das Umland bietet Sehenswertes: *nuraghi*, *domus de janas* und *tombe dei giganti*.

✠ 162 C5

8 Fordongiánus & die Thermen

Südlich vom Lago Omodeo liegt am Tirso das Dorf Fordongiánus. Die Römer bauten hier im 1. Jh. am Ufer einen Thermenkomplex, der noch immer besichtigt werden kann. Das Wasser der Quelle ist 54° C heiß, sodass Dampfschwaden über dem Fluss hängen. In einem später angelegten Becken nutzen die Anwohner das heiße Wasser zum Wäsche waschen.

Das Dorf ist völlig aus dem regionalen roten Trachytgestein erbaut. Sehenswert ist v. a. das Casa Aragonese, ein Adelspalazzo aus dem 16. Jh., in dem häufig Ausstellungen stattfinden.

✠ 163 D3

Bagni Termali
🕓 Sommer Mo–Sa 8–10, 14.30 bis 18.30 Uhr; Winter 8–10, 14.30 bis 16.30 Uhr 💰 mittel

Terme Romane ☎ 0783 601 57
🕓 Sommer tägl. 9–13, 15–19 Uhr; Winter 9–13, 14.30–17 Uhr 💰 mittel

Casa Aragonese
🕓 April–Sept. Di–So 9.30–13, 15 bis 19.30 Uhr; Okt.–März 9.30–13, 15–17.30 Uhr 💰 mittel

In San Leonardo de Siete Fuentes

Wohin zum … Übernachten?

Preise
Für ein Doppelzimmer gelten pro Nacht folgende Preise:
€ unter 90 €   €€ 90–155 €   €€€ 155–250 €   €€€€ über 250 €

ORISTANO

Duomo Albergo €-€€
Wie der Name schon vermuten lässt, liegt das Haus aus dem 17. Jh. direkt beim Duomo in der Altstadt. Es gibt zehn geräumige, helle Zimmer, die schönsten davon umgeben einen hübschen Innenhof. Bei der traditionell sardisch gestalteten Einrichtung wurde viel mit Spitze gearbeitet. Ein gutes Restaurant und eine Bar sind vorhanden.
⊞ 162 C3 ⊠ **Via Vittorio Emanuele 34**
☏ **0783 77 80 61**; **www.hotelduomo.net**

Mistral 2 €-€€
Mitten in der Innenstadt liegt dieses moderne Hotel mit 132 funktional, aber gemütlich eingerichteten Zimmern. Das Haus bietet einen Swimmingpool und ein gutes Restaurant.
⊞ 162 C3 ⊠ **Via XX Settembre 34**
☏ **0783 210389**; Fax **0783 211000**

SINIS-HALBINSEL

Agriturismo Su Lau €
Ein herzliches Willkommen erwartet die Gäste dieses ländlichen Idylls. Die sechs schönen Zimmer liegen inmitten von Obstgärten und im Bauernhaus gibt es Abendessen aus frischen saisonalen Zutaten (muss im Voraus mitgebucht werden).
⊞ 162 B3 ⊠ **Via Luigino Bellu 24, Riola Sardo** ☏ **0783 41 08 97**;
www.tribu.it/sulau

Hotel Lucrezia €€
Nicht weit von der Küste und nordwestlich von Oristano, finden Sie im Herzen des Dorfes dieses historische Hotel. Dem Innenhof spenden uralte Bäume Schatten: Hier können Sie ein traditionelles Vernaccia-Fasslager, einen restaurierten Brunnen und alten Brotofen bestaunen. Die sieben Zimmer sind äußerst stilvoll mit sardischen Antikmöbeln ausgestattet, bieten aber alle Annehmlichkeiten der Moderne wie z. B. Internetanschluss.
⊞ 162 B3 ⊠ **Via Roma 14a, Riola Sardo** ☏ **0783 41 20 78**; Fax **0783 41 23 03**; **www.hotellucrezia.it**

Sa Pedrera €-€€
Dieses *casa coloniale campidanese* liegt ca. 8 km außerhalb von Cabras, auf dem Weg nach San Giovanni di Sinis. Das im typisch sardischen Landhausstil gebaute Steinhaus ist eine kühle Oase und die einfachen, aber gemütlichen Zimmer liegen in einem schönen Garten. Ganz in der Nähe befinden sich tolle Strände.
⊞ 162 B3 ⊠ **SP Cabras–S Giovanni Sinis Km 7,5** ☏ **0783 370040**; Fax **0783 370040**; **www.sapedrera.it**

Spinnaker €-€€
Der gut ausgestattete Campingplatz breitet sich in einem Pinienwäldchen am Meeresufer aus. Man kann auch komfortable Bungalows mieten, manche sogar mit Küche. Ansonsten sind ein Privatstrand, Pool, eine Pizzeria, Waschsalon, Waschräume sowie im Shop geboten.
⊞ 162 B3 ⊠ **Strada Torre Grande Pontile–Oristano** ☏ **0783 22 0 74**;
Fax **0783 22 0 71**;
E-Mail: **info@campingspinnaker.com**

NURAGHE LOSA

Mandera Edera Farm €€
Bis 2004 wurde das Mandera Edera als Agriturismo-Restaurant betrieben, dann auch als Hotel ausgebaut. In der Wohnküche essen die Gäste zusammen an langen Tischen. Zur Farm gehört ein Gestüt, aus dem fünf Pferde für Ausritte zur Verfü-

78 Oristano und der Westen

gung stehen. Vier weitere sind sardische Anglo-Araber – Zuchtpferde, die die Ausdauer der Araber mit der Schnelligkeit und dem Temperament der Vollblüter vereinen. Chef Daniele besitzt zudem 20 Rennpferde. Den Gästen werden auch Ausflüge mit dem Jeep in die Umgebung geboten. Es gibt vier Doppelzimmer und acht Bungalows mit Hydromassageduschen.

+ 163 D4 ⊠ **Via Dante 20, Abbasanta** ☎ 0785 52 71 10;
www.mandraedera.it

CUGLIERI

Anica Dimora del Gruccione €–€€

Das reizende Herrenhaus aus dem 17. Jh. ist im spanischen Stil erbaut und steckt voller Antiquitäten. Die Besizerin Gabriella Belloni wählte den *gruccione* (Bienenfresser) als Namenspatron, denn jeden Sommer, wenn sie vom Studium in Rom zum Haus ihrer Großeltern zurückkehrte, begrüßte sie einer dieser tropischen Zugvögel. Das Hotel ist ein *albergo diffuso*, d. h. es besteht aus einem Haupthaus und mehreren Gebäuden in der Nachbarschaft. Jedes Zimmer ist individuell eingerichtet, manche nach einem Farbthema wie die »Camera Rossa« (rot) oder die »Suite Limone« (gelb). Des Weiteren gibt es ein sehr gutes Restaurant.

+ 162 C5 ⊠ **Via Michele Obinu 31, Santu Lussúrgiu** ☎ 0783 55 20 35;
Fax 0783 55 20 36;
www.anticadimora.com

Hotel La Baja €€–€€€

Das 4-Sterne-Hotel liegt einen Katzensprung der Sinis-Halbinsel am Fuß des Monte Ferru, ca. 20 km von Oristano, entfernt. Fast alle der 29 Zimmer besitzen einen Balkon mit Meerblick. Besonders vom Pool hat man eine schöne Aussicht aufs Meer, wie auch von der Veranda des guten Restaurants.

+ 162 C5 ⊠ **Via Scirocco 20, Santa Caterina di Pittinuri, Cúglieri** ☎ 0785 38 91 49; Fax 0785 38 90 03;
www.hotellabaja.it

Hotel Desogos €

Wer die Gegend um Cúglieri erkunden möchte, findet in diesem kleinen Hotel mitten in der Altstadt eine gute Anlaufstelle. Es ist gemütlich, aber schlicht eingerichtet, die Zimmer verfügen über eigene oder Gemeinschaftsbäder. Das Lokal bietet gute Qualität, wie man an den hier speisenden Einheimischen ablesen kann. Das familiengeführte *ristorante/albergo* (»Restaurant mit Zimmern«) ist preisgünstig.

+ 162 C5 ⊠ **Vico Cugia 6 (an der Hauptstraße Via Cugia, einer Einbahnstraße durch die Altstadt), Cúglieri** ☎ 0785 396 60

FORDONGIANUS

Terme Sardegna €€

Die Zimmer des modernen Kurhotels sind leger, klimatisiert und haben einen Balkon. Gegen Gebühr kann man verschiedene Behandlungen in Anspruch nehmen: ayurvedische und Reflexzonenmassagen, Schlammpackungen, und Mineralienbäder. Auf der anderen Flussseite befinden sich die Terme Romane.

+ 163 D3 ⊠ **Strada Provinciale 48, n.1** ☎ 0783 60 03 7;
www.termesardegna.it

PROVINZ ORISTANO

Funtana Lidone €€

Das 3-Sterne-Ökohotel liegt an der SP31, nordöstlich von Oristano in der Nähe des Lago Omodeo. Die Häuser im Bauernstil sind aus regionalem Stein gebaut, verfügen über gefliesste Böden und stehen mitten im Grünen. Bei der Einrichtung der 12 großzügigen Schlafzimmer wurde auf Naturmaterialien Wert gelegt. Auch umweltfreundliche Räume lassen keinen Komfort vermissen, sondern bieten Telefon, Fernsehen, Internet und eigene Bäder. Im Restaurant kommen regionale Traditionsgerichte aus lokalen Zutaten auf den Tisch.

+ 163 E4 ⊠ **Via Giovanni XXIII, Neoneli** ☎ 0783 192 53 10;
Fax 0783 192 01 10

Wohin zum ...
Essen und Trinken?

Preise
Für ein Drei-Gänge-Menü pro Person, ohne Getränke und Service, gelten diese Preise:
€ unter 26 € €€ 26–55 € €€€ über 55 €

ORISTANO

Cocco & Dessì €€
In farbenfroher Umgebung bietet das angesagte, extravagante Lokal innovative Küche in verschiedensten Räumen – darunter auch ein Gartenpavillon. Die Karte wechselt mit den Jahreszeiten, abends gehört Pizza zum Standardprogramm.
🗺 162 C3 ✉ Via Tirso 31 ☎ 0783 30 07 20 ⏰ Di–So; So abends und drei Wochen im Jan. geschl.

Craf €€
Der überwölbte Speisesaal war im 17. Jh. ein Kornspeicher und verbreitet eine stimmungsvolle, einladende Atmosphäre. Die Karte ist abwechslungsreich und greift auf Produkte der Saison zurück. Für Fleisch- und Fischfans sind einige Leckerbissen dabei (u. a. Pferd und Esel). Manche Suppen wie die *panne frattau* aus herzhaftem sardischen Brot sind eine Mahlzeit für sich.
🗺 162 C3 ✉ Via de Castro 34 ☎ 078 370 06 69 ⏰ Mo–Sa

Il Faro €€–€€€
Die Verbindung von traditionell sardischen Spezialitäten und elegant schicker und doch legerer Umgebung gelingt in diesem Restaurant bravourös. Saisonal bestimmte Gerichte, eine gute Weinkarte mit lokalen und regionalen Weinen sowie der erstklassige Service überzeugen.
🗺 162 C3 ✉ Via Bellini 25 ☎ 0783 700 02 ⏰ So und dritte Dezemberwoche bis dritte Januarwoche geschl.

SÍNIS-HALBINSEL

Il Caminetto €€
Einheimische wie Touristen lassen sich hier gern Fisch und Meeresfrüchte schmecken. Meeräschen, nicht nur als *bottarga*, sondern auch als *sa merca* (gesalzen, in Kräutern gekocht) oder *mrecca* (in Teichgras gekocht) sind der Favorit.
🗺 162 B3 ✉ Via Cesare Battisti 8, Càbras ☎ 0783 39 11 39 ⏰ Di–So

Sa Funtà €€
Die Holztische und das Angelgerät verleihen dem Restaurant eine Seemannsnote. Die Spezialitäten sind fischig und authentisch sardisch: *burrida* (marinierter Dornhai), *anguilla con carciofi* (Aal an Artischocken) und *seppiette alla vernaccia* (Tintenfisch in Weißwein).
🗺 162 B3 ✉ Via Garibaldi 25, Càbras ☎ 0783 29 06 85 ⏰ Mo–Sa; Mitte Dez.–Feb. geschl.

Maestrale €€
Mit einer hübschen Terrasse direkt am Meer ist das Lokal verdientermaßen sehr beliebt. Frischer Fisch und Meeresfrüchte sind die etwas teuren Spezialitäten dieser Topadresse im Urlaubsgebiet.
🗺 162 B3 ✉ Lungomare Torre Grande, Marina di Torre Grande ☎ 0783 22121 ⏰ Di–So

MONTE FERRU

Il Bue Rosso €€
Der Name ist Programm im nach dem sardischen Hochlandrind benannten »Roten Ochsen«. Andere lokale Delikatessen sind *casiz olu* (Kuhmilchkäse). Vor allem am Wochenende sollte man reservieren.
🗺 162 C4 ✉ Piazzale Montiferru 3/4, Seneghe ☎ 0783 54384 ⏰ Di–So

Oristano und der Westen

Wohin zum ... Einkaufen?

In **Oristano** finden in der **Via Mazzini** und der **Via Costa** (Mo–Sa) Morgenmärkte statt, am ersten Samstag im Monat gibt es einen Antik- und Trödelmarkt auf der **Piazza Eleonora**. Die Gegend ist für ihren Weißwein Vernaccia berühmt; die **Cantina Sociale della Vernaccia** (in der Via Oristano 149, Rimedio (Tel. 0783 33155; www.vinovernaccia.com; Sommer Mo–Fr 8–13, 16 bis 13.30 Uhr; Winter 8–13, 15.30 bis 13 Uhr) ist dafür eine gute Adresse. Weinbauern aus der Gegend lassen ihre Trauben hier pressen, ihre Weine bekommen Sie in der Cantina. Einen **ISOLA**-Laden mit Traditionshandwerk gibt es auf der Piazza Eleonora 18 (Tel. 0783 779025).

In **Seneghe** sollten Sie der Metzgerei **Macelleria il Bue Rosso** einen Besuch abstatten (Vicolo Angioy 4; Tel. 078 354171; Di–Sa, Mi nachmittags geschl.). Hier finden Sie Steak vom *bue rosso* in Hülle und Fülle. In der **Enogastronomia del Monteferru** am Corso Umberto 141/b (Tel. 078 354450) werden Produkte der Region, darunter namhafte Olivenöle und Berghonig vertrieben.

»Sardischer Kaviar«, der getrocknete Rogen der Meeräsche, ist die Spezialität in **Cábras**. Viele Geschäfte haben ihn im Angebot und auch seine Vorräte an Vernaccia kann man hier auffüllen.

Santu Lussurgiu ist für Handwerkskünste bekannt, v. a. Messer und traditionelle Eisen- und Holzverarbeitung. Die ganze Stadt hat sich zudem der Reitkunst verschrieben, sodass man sich in vielen Läden mit Reitzubehör versorgen kann.

Zehn Monate im Jahr werden in **Milis**, dem Obstmekka Sardiniens, beste Orangen geerntet. Anfang November gibt es beim Weinfest das entsprechende Tröpfchen dazu.

Wohin zum ... Ausgehen?

TOUREN & AUSFLÜGE

Die Gegend bietet viele Wanderungen, Touren und Reitausflüge. Detaillierte Informationen bekommen Sie bei der **Touristeninformation** an der Piazza Eleonora d'Arborea 19 (Tel. 0783 36831; Mo–Fr 8–14, 16–19 Uhr).

NACHTLEBEN

Ausgehfreudige werden in **Oristano** am ehesten fündig, hier gibt es eine gute Auswahl an Bars, die bis spätnachts offen haben. Zu den besten zählt das Café **Lola Mundo** (Piazzetta Corrias 14; Fr/Sa bis 1 Uhr, wochentags bis 21 Uhr). Auf der Via Ghilarza liegen ein paar Clubs, die aber nur im Winter öffnen, z. B. das **Ovest** (Via Ghilarza 5; Fr/Sa abends). Im **Lux Club** erklingen oft karibische und lateinamerikanische Klänge, manchmal sogar live. Nebenan (Via Ghilarza 9; Fr/Sa abends) wird im **Neo-geo** Charts und Techno aufgelegt; auch hier treten hin und wieder Bands auf. The **Old Town Pub** (Vico Antonio Garau) ist ein Irish Pub mit einem süßen kleinen Garten. Wenn die **Sa Sartiglia** (▶ 15) gefeiert wird, dreht die Stadt richtig auf – inklusive Trachten und Reitkunststücken.

In Marina di Torre Grande an der Küste reihen sich im Sommer die Bars und Cafés an der Promenade aneinander. Außerhalb der Saison ist es aber wie ausgestorben.

Núoro und der Osten

Erste Orientierung 82
In vier Tagen 84
Nicht verpassen! 86
Nach Lust und Laune! 92
Wohin zum … 95

Núoro und der Osten

Erste Orientierung

Im Herzen der Insel liegen die höchsten Gipfel des Gennargentu. Keinem der vielen Eroberer gelang es, in die heutige Barbágia vorzustoßen. Es ist ein Hirtenland mit idyllischen Bauerngehöften und Landstrichen von dramatischer Schönheit. Die von alten Traditionen geprägten Dörfer sind rar gesät und weit verstreut, die wilde Küste dominieren einsame Buchten, Grotten und Höhlen sowie unberührte Traumstrände.

Núoro mag zwar nicht übermäßig mit Attraktionen gesegnet sein, aber ein zweiter Blick lohnt sich; zumindest um einige der besten Museen der Insel zu entdecken. Darüber hinaus eignet es sich bestens als »Basislager« für Ausflüge zur »Stadt der Wandmalereien«, Orgosolo, oder zum Karneval von Mamoiada. Der Monte Ortobene und das Gennargentumassiv liegen ebenfalls ganz in der Nähe und so manche Tourismusbroschüre spinnt noch immer gerne Geschichten über Gebirgsräuber. Fakt ist, dass Straßenbau und moderne Kommunikationsmittel diesem Treiben längst eine Ende bereiteten. Schafdiebstähle und Blutrache gibt jedoch immer noch – zumindest im Verborgenen.

Die eindrucksvolle Küste des Golfo di Orosei im Osten ist völlig unverbaut. In der Grotta di Ispingoli bei Dorgali steht Europas höchster Stalagmit, während an der Küste die Grotta del Bue Marino *die* Sensation ist. Der Küstenbadeort Cala Gonone breitet sich am Fuß der grandiosen Kulisse bewaldeter Berghänge aus und hat sich trotz Touristenmassen eine legere Atmosphäre bewahrt. In der Gegend kann man herrlich wandern und klettern: z. B. in der Schlucht Gola Su Gorruppu oder zum Nuragherdorf Tiscali, das sich in einer Bergspalte verbirgt.

Seite 81: Eine Steinskulptur auf der Piazza Sebastiano in Núoro

Unten links: Schafe im Gennargentu

Unten rechts: Der Strand von Marina di Orosei

Erste Orientierung 83

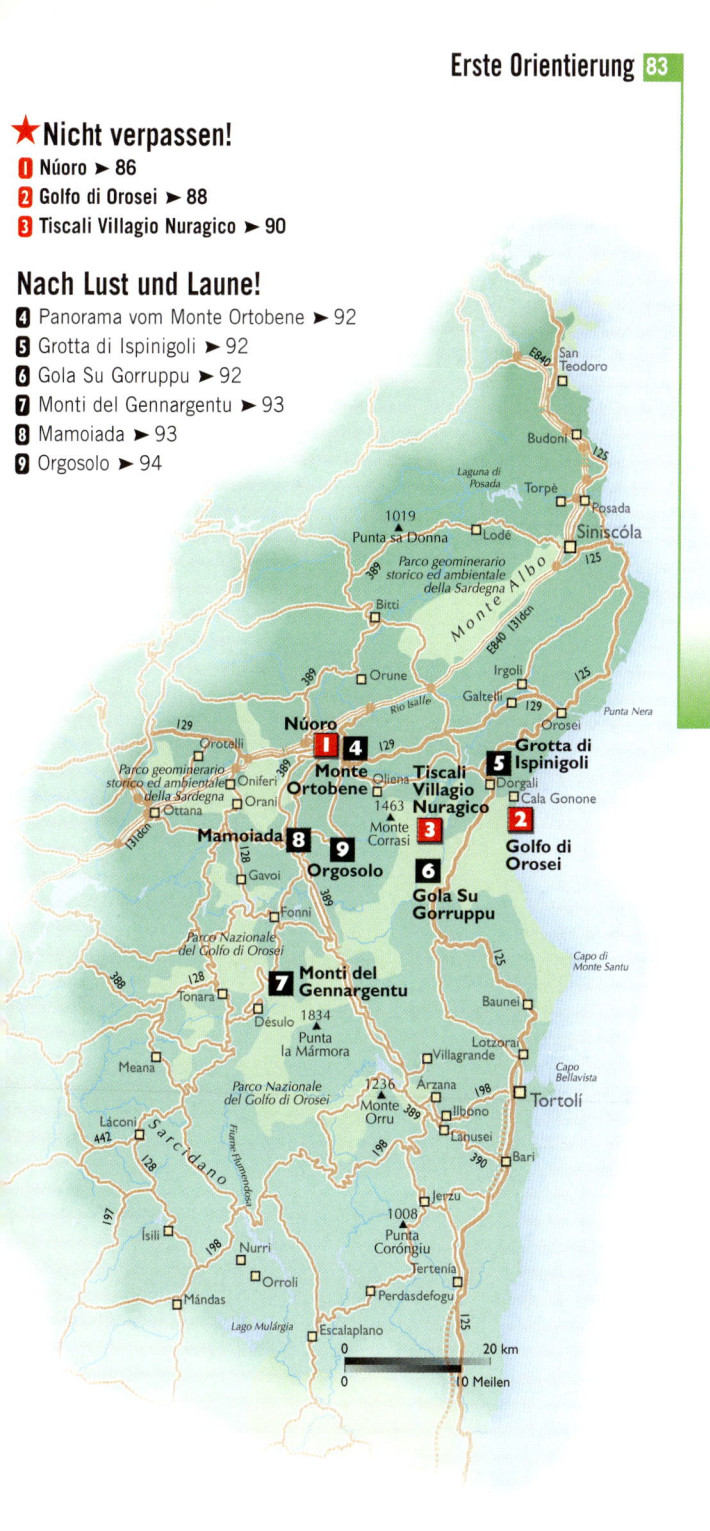

★ Nicht verpassen!
1. Núoro ➤ 86
2. Golfo di Orosei ➤ 88
3. Tiscali Villagio Nuragico ➤ 90

Nach Lust und Laune!
4. Panorama vom Monte Ortobene ➤ 92
5. Grotta di Ispinigoli ➤ 92
6. Gola Su Gorruppu ➤ 92
7. Monti del Gennargentu ➤ 93
8. Mamoiada ➤ 93
9. Orgosolo ➤ 94

Núoro und der Osten in vier Tagen

Erster Tag

Morgens
Fahren Sie nach **Núoro** (➤ 86f), falls Sie nicht schon dort übernachtet haben. Besuchen Sie die Touristeninformation und bummeln Sie dann durch die Altstadt zum Museo Deleddiano (rechts). Am Corso Garibaldi gibt es anschließend einen Kaffee in der Bar Majore. In östlicher Richtung, gleich in der Nähe, liegt die Piazza Santa Maria della Neve mit der gleichnamigen Kirche.

Mittags
Essen Sie im Il Rifugio (➤ 96) zu Mittag.

Nachmittags
Das südlich davon gelegene Museo della Vita e delle Tradizioni Sarde (links) ist das beste volkskundliche Museum auf ganz Sardinien. Wenn am späten Nachmittag die Sonne etwas nachgelassen hat, fahren Sie (mit dem Auto oder Nahverkehr) zum **Monte Ortobene** (➤ 92), wo Sie eine beispiellose Sicht über das Land genießen.

Zweiter Tag

Morgens
Auf geht's zum **Golfo di Orosei** (➤ 88f). Trinken Sie im Restaurant Ispinigoli (unterhalb der Grotte) etwas, während Sie auf die Führung in die **Grotta di Ispinigoli** (➤ 92) warten (zur vollen Stunde).

Mittags
Für das Mittagessen bietet sich das Ristorante Albergo Sant'Elene (➤ 96) in Dorgali an.

Nachmittags und abends
Das Ziel heißt Cala Gonone. Sonnen Sie sich am Strand oder nehmen Sie ein Ausflugsboot zur Grotta del Bue Marino (➤ 88f), das auf der Fahrt bei einigen anderen Stränden ankert. Übernachten Sie in Cala Gonone.

Dritter Tag

Morgens
Von Cala Gonone aus steht eine Tour nach ❸ **Tiscali** (➤ 90f) und/oder zur ❻ **Gola Su Gorruppu** (➤ 92f) an. Sie können auf eigene Faust losgehen oder sich einer Gruppe anschließen. Bei Letzterem ist ein Mittagessen inbegriffen, andernfalls packen Sie sich ein Lunchpaket für ein Picknick.

Abends
Speisen Sie im Ristorante Al Porto (gehört zum Hotel Pop, ➤ 96).

Vierter Tag

Morgens
Die Fahrt geht durch den ❼ **Gennargentu** (➤ 93) nach ❾ **Orgosolo** (➤ 94), wo Sie in Ruhe durch die »Stadt der Wandmalereien« bummeln können.

Mittags
Im Ai Monti del Gennargentu (5 km außerhalb Orgosolos in südlicher Richtung, bergauf nach Montes; ➤ 97) können Sie zu Mittag essen.

Nachmittags
Vor der Rückkehr nach Núoro lohnt der Halt in ❽ **Mamoiada** (➤ 93). Hier gibt es u. a. das Museo delle Maschere Mediterranee zu sehen.

Núoro

Núoro liegt im Herzen Sardiniens und seiner alten Traditionen. Obwohl das Städtchen aus ästhetischer Sicht keine Augenweide ist, hat es einige hochkarätige Künstler hervorgebracht, deren Leben und Werk unauflöslich mit dem überwucherten Bergstädtchen verquickt sind. D. H. Lawrence konnte nichts an der Stadt aus Granit finden, räumte jedoch ein: »Ich bin nicht Baedeker«. Schließlich war er aber auch kein Nobelpreisträger wie die Autorin Grazia Deledda.

Im Nordosten Núoros breitet sich um die Piazza San Giovanni und den Corso Garibaldi die charmante Altstadt aus. Hier steht das **Museo Deleddiano**, das Geburtshaus von Grazia Deledda (1871–1936), in dem sie 29 Jahre lang lebte. Sie gehört zu den bedeutendsten Autoren des italienischen Realismus im frühen 20. Jh. und gewann 1926 als erste Italienerin den Nobelpreis für Literatur. In ihren Werken beschreibt sie sehr tiefgründig und mit großer Nähe zum Sujet den Alltag in ihrer Heimat und behandelt auch allgemeinmenschliche Probleme. Das Museum gibt Einblick in ein typisches Nuoreser Haus, zeigt Erstausgaben, Zeitungsausschnitte sowie alte Fotos der Autorin.

Fassade der Santa Maria della Neve

Die Kathedrale

An der **Piazza Santa Maria della Neve** thront die größte neoklassizistische Kathedrale von Núoro. Die 1854 vollendete Kirche hat aber weniger zu bieten, als ihr Erscheinungsbild vermuten lässt. Unter den Gemälden im Innern, die meisten aus dem 20. Jh., findet sich jedoch die *Disputa de Gesù Fra i Dottori* aus dem 17. Jh., die der Werkstatt Luca Giordanos in Neapel zugeschrieben wird. Hinter der Kathedrale haben Sie eine tolle Sicht über das Tal zum Monte Ortobene.

Núoro 87

Volkskundemuseum

Südlich der Kathedrale liegt die größte Attraktion der Stadt – das **Museo della Vita e delle Tradizioni Sarde** –, das oft einfach »Museo del Costume« genannt wird. Das Museum ist wie ein sardisches Dorf gestaltet und zeigt in mehreren Häusern über 7000 Exponate: Prächtige Trachten, Hochzeitsgewänder und -geschenke, wie ein *isprugadente*, dessen eines Ende zum Ohren, das andere zum Zähne putzen gedacht war. Schmuckstücke aus edelster Silberfiligranarbeit bis hin zu Wildschweinhauern sind ebenso ausgestellt wie 600 verschiedene Brotvariationen und Naschwerk – beides eng mit Festtagen verknüpft. Ein Highlight sind die gruseligen Masken und Fellkostüme, die teils heute noch bei Prozessionen getragen werden.

KLEINE PAUSE

Die **Bar Majore** (▶ 96) ist das älteste und plüschigste Café in Núoro.

Eine Tracht aus dem frühen 20. Jh. im Volkskundemuseum

✠ 164 C4

Museo Deleddiano
✉ Via Grazia Deledda 53　☎ 0784 25 80 88　⏰ Mitte Juni–Sept. Di–Sa 9–20, So 9–13 Uhr; Okt.–Mitte Juni 9–13, 15–19 Uhr　💰 mittel

Duomo Santa Maria della Neve
✉ Piazza Santa Maria della Neve　⏰ tägl. 8–13, 16–19 Uhr

Museo della Vita e delle Tradizioni Sarde
✉ Via A Mereu 56　☎ 0784 25 70 35　⏰ Mitte Juni–Sept. tägl. 9–20 Uhr; Okt.–Mitte Juni 9–13, 15–19 Uhr　💰 mittel

---

NÚORO: INSIDER-INFO

Außerdem Núoro kann sich einiger bekannter Autoren rühmen, so des Dichters Sebastiano Satta (1867–1914) und des Romanciers Salvatore Satta (1902–75), die jedoch nicht verwandt sind. Letzterer hielt das vielfältige Inselleben im Buch ***Il Giorno del Giudizio*** (*Der Tag des Gerichts*) fest.

2 Golfo di Orosei

Der Golf von Orosei erstreckt sich über 40 km Länge und ist damit die längste unverbaute Küste im Mittelmeerraum. Die Steilküsten aus Kalkstein mit kuriosen Felsformationen werden von hübschen Buchten, abgeschiedenen Grotten und zauberhaften, versteckt gelegenen Stränden unterbrochen.

Die sichelförmige Einbuchtung des Golfs reicht vom Capo Nero im Norden bis zum Capo Monte Santo im Süden. Die faszinierende Steilküste bildet den östlichen Ausläufer des **Supramontemassivs** mit seinen bis ans Meer reichenden Steineichenwäldern, jahrhundertealten Wacholderbäumen und wilder Macchia. Königsadler, Eleonorenfalken und Gänsegeier fühlen sich hier heimisch und oft sieht man diese Raubvögel aus ihren Horsten in den Spalten der Felsklippen lugen.

Ausflugsboot auf dem Weg zur Bue-Marino-Höhle

Orosei

Das spanisch geprägte Stadtbild zeugt von den einstigen aragonesischen Besatzern. Ein kurzweiliger Bummel beginnt am besten an der **Piazza del Popolo**, wo auch die aus dem 13. Jh. stammende **Cattedrale di San Giácomo** steht, deren neoklassizistische Fassade aus dem 18. Jh. ist. Das goldreiche Innere ist ebenso einen Blick wert wie die Klosterkirche **Sant'Antonio Abate** aus dem 15. Jh. im Westen der Stadt. Prunkstück der umfangreich restaurierten Anlage ist ein pisanesischer Wachturm.

Der Marina di Orosei an der Küste bietet 6 km goldenen Sandstrand unter Pinien und an türkisblauem Meer.

Grotta del Bue Marino

Etwas südlicher liegt der Hafenort **Cala Gonone** in einer grandiosen Kulisse von ringsum hoch aufragenden Bergen. Zum Touristenmekka mutierte das frühere Fischerdorf nach der Eröffnung der Grotta del Bue Marino in den 1950ern.

Von den vielen Höhlen an der Ostküste ist diese nicht nur die größte, sondern auch

Golfo di Orosei

Der Strand von Cala di Luna genießt eine phantastische Lage

die schönste. Der Name *bue marino* (»Meerochse«) leitet sich vom einheimischen Namen der Mönchsrobbe ab, die hier bis vor einem Jahrhundert noch lebte, nun aber zu den bedrohten Säugetieren zählt. Die Grotte war einer der letzten Rückzugsgebiete der Tiere, die allerdings 1992 das letzte Mal gesichtet wurden. Von einem Steg aus kann man rosafarbene und weiße Stalaktiten und Stalagmiten sowie die Stelle, wo sich das Süßwasser der Höhle mit dem salzigen Meerwasser vereint, bewundern. Eine Zeichnung tanzender Figuren am Eingang der Höhle konnte als jungsteinzeitlich bestimmt werden.

Traumstrände

In Cala Gonone stehen drei schöne Strände zur Wahl, alle nur ein paar Gehminuten vom Hafen entfernt. Weitere Strände sind die wenige Kilometer entfernten Cala Fuili, Cala Cartoe und der wunderschöne **Cala di Luna**. Im kristallklaren Wasser der Buchten, die man teils nur per Boot erreicht, kann man herrlich schwimmen und schnorcheln. Nehmen Sie im Hafen ein Ausflugsboot oder die Fähre zum Sandstrand Cala di Luna.

KLEINE PAUSE

Im **Hotel Pop** (➤ 95) in Cala Gonone kann man gut essen.

✚ 165 E3

Grotta del Bue Marino
☎ 078 49 62 43 ⊙ je nach Wetterlage, Aug. 9, 10, 11, 12, 15, 16 und 17 Uhr; Juli 9, 10, 11, 12 und 15 Uhr; Ostern–Juni, Sept., Okt. 11 und 15 Uhr 💰 teuer

GOLFO DI OROSEI: INSIDER-INFO

Top-Tipp: Auch die **Cala di Luna** kann man von der Straße nach Cala Fuili aus **zu Fuß** erreichen – dafür geht es steil abfallende 4 km buchstäblich über Stock und Stein. Der letzte Abstieg ist sehr abschüssig und eine ziemliche Kletterpartie. Zurück ist eines der nach Cala Gonone fahrenden Boote eine Option.

3 Tiscali Villagio Nuragico

Der Präsident Sardiniens und Gründer des Internetproviders Tiscali, Renato Soru, gab seinem Unternehmen den Namen einer uralten Nuraghersiedlung. Das Dorf liegt in einer verborgenen Höhle auf der Spitze des Monte Tiscali im Herzen der Insel. Der Werbeslogan der Firma hieß: »Tiscali. Aus einer Welt der Stille kommt eine neue Art der Kommunikation.«

Mitten im Supramonte birgt der Tiscali die Ruinen eines Dorfes aus den letzten Tagen der Nuraghenkultur. Ganz in der Nähe liegt auch die Gola Su Gorruppu, eine der tiefsten und spektakulärsten Schluchten Europas.

Der **Monte Tiscali** erreicht eine Höhe von 515 m. In einer Doline im Berginnern bauten die Nuragher ihr ursprünglich aus 60 Rundhütten bestehendes Dorf, von denen heute die meisten in Trümmern liegen. Man nimmt an, dass die Bewohner der spätnuraghischen Ära vor den römischen Besatzern Schutz suchten – wofür sie angesichts des schroffen Geländes und der hohen Wände des Kraters den idealen Ort wählten. Bis ins Mittelalter war das Dorf bewohnt, wurde aber erst im 19. Jh. entdeckt. Die Lage in der Höhle im Berg, die Stalaktiten, riesigen Bäume und die Überreste der *nuraghi* verleihen dem Ort eine sehr eigene und besondere Atmosphäre.

Der Monte Tiscali ist eine dramatische Kulisse für die Überreste des Tiscali Villagio Nuragico

Eine Tagestour nach Tiscali

Es empfiehlt sich, diesen Tagesausflug in Begleitung eines Guides zu machen, wie sie die Touristeninformation in Oliena (▶ 91) vermittelt. Wer dennoch lieber in Eigenregie wandert, startet am besten an der Sorgente Su Gologone neben dem Hotel Su Gologone an der Straße Oliena–Dorgali. Von der Quelle ist ein größtenteils unbefestigter Weg ins Valle di Lanaittu ausgeschildert, den man entweder mit einem Jeep oder direkt zu Fuß bewältigt. Nach ca. 6 km folgen Sie dem Hinweis nach rechts zur Grotta Sa Oche (Höhle der Stimme).

Tiscali Villagio Nuragico

Direkt nördlich von hier liegt **Sa Sedda 'e Sos Carros**, wo bereits 150 Nuraghen freigelegt wurden und die Ausgrabungen noch andauern. Halten Sie sich links auf dem Hauptweg, der an der Grotta Sa Oche vorbeiführt, und klettern Sie einen steilen Trampelpfad hinauf. Ein Pfeil auf einem Felsblock weist den Weg nach Tiscali, dem Sie links auf einen äußerst steilen Eselspfad folgen, bis Sie einen breiten Felsvorsprung erreichen. Hier eröffnet sich eine umwerfende Sicht übers Valle Lanaittu. Nach weiteren 20–25 Minuten geht es linker Hand über den steilsten, überhängenden Teil des Berges zu einem Pfad nach rechts. Dieser führt über Felsen zur riesigen *dolina* (Höhle) und dem Eingang von Tiscali. Im Halbdunkel ist der Anblick des verlassenen Dorfs fast unheimlich, aber auch sehr rührend.

KLEINE PAUSE
Genießen Sie ein Getränk oder das Mittagessen auf der Terrasse des **Ristorante/Albergo Sant'Elene** (➤ 96).

---

165 D3 | Mai–Sept. tägl. 9–19 Uhr; Okt.–April 9–17 Uhr | mittel
Touren ab Dorgali; Coop. Ghivine (Via Montebello 5, Dorgali; Tel. 0784 967 21; www.ghivine.com) Start 9 Uhr, Rückkehr ca. 16.30 Uhr; Preis 40 €, inkl. Eintritt zu Tiscali

Nuraghische Ausgrabungsstätte bei Sa Sedda 'e Sos Carros

Touristeninformation
Via Deledda, Oliena | Juni–Aug. Mo–Sa 9–13, 16–19, So 9–13 Uhr

Sa Sedda 'e Sos Carros
9.30–18.30 Uhr | mittel

TISCALI VILLAGIO NURAGICO: INSIDER-INFO

Top-Tipps: Ganz wichtig ist es, **festes Schuhwerk** zu tragen. Am besten rutschfeste Schuhe, die bis über die Knöchel gehen.
• Falls Sie alleine unterwegs sind, sollten Sie zur Sicherheit **jemanden darüber informieren, welche Strecke Sie gehen wollen** und wann Sie voraussichtlich zurückkehren werden.
• Zur Grundausrüstung gehören eine **Kopfbedeckung und Sonnenschutz** sowie **ausreichend Trinkwasser** (mindestens ein Liter pro Person).

Nach Lust und Laune!

❹ Panorama vom Monte Ortobene

8 km östlich von Núoro schlängelt sich die Straße den Monte Ortobene hinauf. Oben wartet eine sagenhafte Fernsicht über das Tal und das Supramontemassiv. Ein unbefestigter Pfad führt zu den 49 Stufen, die Sie auf 955 m Höhe zur gewaltigen Bronzestatue des Il Redentore (Der Erlöser) führen. Die Statue zeigt einen den Teufel unter sich zertrampelnden Christus. Der beliebte Wallfahrtsort ist Mittelpunkt der Sagra del Redentore – das bedeutendste Fest Núoros –, das alljährlich im späten August stattfindet. Mit dem Festumzug von der Kathedrale zur Erlöserstatue erreicht es am 29. August seinen Höhepunkt.

Die Wälder auf dem Berg werden gerne zum Picknick genutzt, es gibt aber auch Bars, Restaurants und Kioske für Getränke und Souvenirs.

✛ 164 C4 ✉ No 8 von der Piazza Vittorio Emanuele in Núoro

❺ Grotta di Ispinigoli

Vom Eingang aus führen 280 Stufen über 60 m in die Tiefen dieser verwunschen wirkenden Höhle. Direkt ins Auge fällt der mit 38 m höchste Stalagmit Europas, der die Mitte der Höhle beherrscht. Neun Flussläufe durchqueren die Mondlandschaft, in der die Temperatur konstant bei 16–17°C liegt. Mit einem geschätzten Alter von 180 Millionen Jahren gab es einige aufsehenerregende Funde zu vermelden, als man 1927 auf die Höhle stieß: Fossilien aus der Eiszeit sowie Ketten und Armbänder aus Bronze und Silber. Derartige Gegenstände wurden auch in punischen Grabstätten gefunden, in denen sie böse Geister verjagen sollten. Als man am Grund des Abisso delle Vergini (»Jungfrauenschlund«) menschliche Knochen fand, kamen Spekulationen über Menschenopfer auf. Der Abgrund führt weitere 40 m in die Tiefe, in die zahllosen Theorien zufolge reich mit Schmuck versehene junge Frauen als Opfer hinabgestoßen wurden. Die Guides werden Ihnen jedoch erzählen, dass es sich mit höherer Wahrscheinlichkeit »nur« um eine uralte Begräbnisstätte handelt. Eines ist sicher – der gespenstischen und beinahe sakralen Atmosphäre dieser stillen (Unter-)Welt kann man sich kaum entziehen.

✛ 165 E4 ✉ an der Straße von Orosei nach Dorgali ☎ 078 496 24 31 ⏰ März–Nov. tägl. 9–17 Uhr; Aug. 9 bis 18 Uhr; 45-minütige Führungen zur vollen Stunde 💶 teuer

❻ Gola Su Gorruppu

Die Su Gorruppu gehört zu den faszinierendsten Schluchten Europas. Die vom Fluss Flumineddu ausgewaschenen Kalksteinwände ragen bis zu 500 m steil in die Höhe. Ihre Farbe und das Mikroklima in der 8 km langen Schlucht machen eine Tour zu einem unvergesslichen Erlebnis. Diese sollten Sie mit guter Ausrüstung und einem Führer bestreiten.

Von Dorgali aus nehmen Sie die Umgehungsstraße (SS125) nach Westen und folgen der Beschilderung zum Sant' Elene Hotel. Hinter dem

Nach Lust und Laune! 93

Das bewaldete Bergland des Gennargentu

Hotel orientieren Sie sich nach Tiscali und nach ca. 4 km auf einer holprigen, unbefestigten Straße fahren Sie am Schild nach Gorruppu links zu einem Parkplatz. Von hier sind es ca. zwei Stunden zu Fuß zur Schlucht.
✚ 165 D3

Cooperativa Gorropu
✉ Via Sa Preda Lada 2, Urzulei
☎ 0782 64 92 82; www.gorropu.com

7 Monti del Gennargentu
Der Name des höchsten Bergmassivs auf Sardinien, des Gennargentu, bedeutet »Silberpass«. Im Winter sind die wilden Berg- und Küstenregionen des Parco del Gennargentu und Parco del Golfo di Orosei mit einer Fläche von 73 935 ha schneebedeckt. Die zahlreichen Dörfchen sind an sich keine Attraktion, eignen sich jedoch gut als Ausgangsorte für Wanderungen. Sardiniens höchstes Dorf, Fonni, liegt 1000 m über dem Meeresspiegel und ist ein Sprungbrett zu den höchsten Gipfeln: Bruncu Spina (1829 m) und Punta La Marmora (1834 m). Letztere belohnt die Mühen des Aufstiegs mit einem tollen Panoramablick über die gesamte Insel. Alternativ fährt man den Großteil der Strecke mit dem Auto zum auf 1500 m Höhe gelegenen *rifugio* (Berghütte) S'Arena auf der Bruncu Spina und legt den recht einfachen Rest zu Fuß zurück.

Die Landschaft ist mit dichten Steineichenwäldern und Macchia bewachsen. Die unteren Hänge bedecken Weinberge mit Cannonau-Trauben, aus denen der berühmte Rotwein gekeltert wird. Bekannt ist die Gegend v. a. auch für ihren Pecorino-Käse. An der Küste gedeihen im warmen Klima Oliven- und Johannisbrotbäume sowie Wacholder.
✚ 164 82

8 Mamoiada
Das 14 km südlich von Núoro gelegene Mamoiada ist eher unscheinbar, erlebt aber jedes Jahr an Karneval eine radikale Verwandlung: Männer in dunklen Schaffellen, dämonischen, schwarzen Masken und mit schweren Kuhglocken behangen ziehen dann durch die Straßen. Die traditionell kostümierten Gestalten, *mamuthones*, sind Teil eines heidnischen Rituals, das die Dämonen des Winters austreiben soll. Schweren Schrittes schleppen sie sich dahin und rasseln ihre Glocken. Für die Sarden stehen sie für die besiegten Einheimischen, bezwungen von den *issokadores*, rot und weiß gekleidete Männer, die sie mit Lassos verfolgen. Auch zur Festa di Sant'Antonio am 17. Januar ist dieses Schauspiel zu sehen; der Legende nach stahl Sant'Antonio das Höllenfeuer, um es der Menschheit zu schenken. Daher werden zum Fest überall Leuchtfeuer entzündet. Das **Museo delle Maschere Mediterrane** zeigt eine interessante Ausstellung von Masken und Trachten (das beste Museum ist jedoch in Núoro; ► 87).
✚ 164 C3

Museo delle Maschere Mediterranee
✉ Piazza Europa 15 ☎ 0784 56 90 18;
www.museodellemaschere.it ⏲ Di–So 9–13, 15–19 Uhr 💶 mittel

Núoro und der Osten

Oben: Maske eines *mamuthone*

Wandbild in Orgosolo

9 Orgosolo

Ein mit dem Bild der »gierigen Grundbesitzer Orgosolos« bemalter Stein begrüßt Sie am Eingang zur »Stadt der *murales*«. Über 150 dieser Wandmalereien schmücken die Straßen der Stadt, eine Tradition, die auf die späten 1960er-Jahre zurückgeht. 1975 malten der Lehrer Francesco del Casino und seine Schüler anlässlich des 30. Jahrestages der Befreiung und des Widerstands Bilder mit politischen und satirischen Botschaften auf die Wände. Heute werden moderne Alltagsprobleme, Politik, aber auch folkloristische Traditionen wie die *mamuthones* oder aktuelle Anlässe wie die Anschläge am 11.9.2001 thematisiert. Auch Anspielungen auf Viehdiebstähle und Entführungsfälle, für die die »Hauptstadt der Barbágia« einst berüchtigt war, fehlen nicht. In Orgosolo versteckten sich in der ersten Hälfte des 20. Jhs. – als noch alle zwei Monate mindestens ein Mord geschah – angeblich legendäre Banditen.

Am 15. August kann man in Orgosolo mit der Festa dell'Assunta einen der schönsten und farbgewaltigsten Umzüge der Barbágia erleben.

✚ 164 C3

Wohin zum ... Übernachten?

Preise
Für ein Doppelzimmer gelten pro Nacht folgende Preise:
€ unter 90 € €€ 90–155 € €€€ 155–250 € €€€€ über 250 €

GOLFO DI OROSEI

Hotel Su Barchile €€
Dieses sehr einladende 3-Sterne-Hotel ist in einer ehemaligen Molkerei untergebracht. Die zehn Zimmer sind sehr modern und gemütlich eingerichtet sowie klimatisiert. Das hoteleigene Restaurant genießt einen erstklassigen Ruf (▶ 96).
🞤 165 E4 ⊠ Via Mannu 5, Orosei
☎ 0784 988 79; www.subarchile.it

Hotel Costa Dorada €€–€€€
In einem bezaubernden Ferienort zwischen Bergen und Meer liegt dieses kleine Kleinod. Das kleine familiengeführte Hotel verfügt über 23 behagliche Zimmer, die mit traditionell sardischer Note eingerichtet sind. Von der weinumrankten Terrasse genießen Sie eine tolle Sicht auf den Golf von Orosei. Der Strand ist direkt angrenzend, es werden aber auch viele Ausflüge angeboten, z. B. mit der exklusiven 16 m langen Yacht *The Marlin* (gegen Aufpreis, Hauptsaison) zu den versteckten Buchten und Stränden des Golfs.
🞤 165 E4 ⊠ Lungomare Palmasera 45, Cala Gonone ☎ 0784 933 32; www.hotelcostadorada.it ⓘ April–Okt.

Hotel Pop €–€€
Das freundliche 3-Sterne-Hotel gegenüber vom Hafen ist ein beliebter Treffpunkt der Einheimischen. Der charismatische Besitzer Simone Spanu und seine Familie bieten ausgezeichneten Service und vermitteln gerne jegliche Art von Ausflug. Die Zimmer sind modern und sauber und das Restaurant Al Porto (▶ 96) zählt zu den besten am Ort.
🞤 165 E4 ⊠ Via Marco Polo 2, Cala Gonone ☎ 0784 93185

Hotel Il Querceto €
Das 3-Sterne-Haus im Südwesten der Stadt ist im für die Berge typischen Stil gehalten. Die geräumigen, luftigen Zimmer besitzen alle Balkon mit Blick auf den Wald. Es gibt einen schönen Garten und Tennisplätze.
🞤 165 D4 ⊠ Via Lamarmora 4, Dorgali ☎ 0784 965 09; www.ilquerceto.com ⓘ April–Okt.

OLIENA

Hotel Su Gologone €€€
Dieses Hotel und Restaurant (▶ 97) kann mit Fug und Recht als eines der schönsten der Insel bezeichnet werden. 7 km nordöstlich von Oliena inmitten des wunderschönen Valle di Lanaittu gelegen, genießt man hier eine Topaussicht. Die 68 Räume und Suiten sind stimmig mit regionaler (Handwerks-)Kunst eingerichtet und verfügen meist über einen Balkon. Es gibt einen Pool, ein Beauty- und Entspannungs-Center sowie Ausflüge per Jeep in die Umgebung.
🞤 164 C4 ⊠ Località Su Gologone
☎ 0784 28 7512; www.sugologone.it
ⓘ Mitte März–5. Nov.

MONTE ORTOBENE

Fratelli Sacchi €–€€
Fast auf dem Gipfel des Monte Ortobene ist dies der richtige Ort, um sich ganz der Betrachtung der Landschaft zu überlassen. Die 22 Zimmer sind gemütlich und sauber, aber teils altmodisch und sehr urig, alle mit Balkon. Das Lokal serviert nuoresische Küche und Pizzen.
🞤 164 C4 ⊠ Monte Ortobene
☎ 0784 312 00; Fax 0784 34 0 30
ⓘ April–Okt.

Núoro und der Osten

Wohin zum ...
Essen und Trinken?

Preise
Für ein Drei-Gänge-Menü ohne Getränke und Service gelten pro Person diese Preise:
€ unter 26 € €€ 26–55 € €€€ über 55 €

NÚORO

Ba· Majore €
Das älteste Café von Núoro ist eine feste Institution der Stadt. Das mit Deckenfresken, vergoldetem Stuck und Antikmöbeln üppig ausgestattete Interieur ist ein idealer Ort, um ein Stück Lokalkolorit zu genießen.
🆔 164 C4 ✉ Corso Garibaldi 71

Il Rifugio €–€€
Diese lebendige Trattoria/Pizzeria in der Nähe der Kirche Madonna delle Grazie ist bei den Einheimischen sehr beliebt. Zu den Spezialitäten gehören hausgemachte Pasta und Pizzen ergeben mit gutem Wein und nettem Service eine runde Sache. Pizza. Die Pizzabäcker (*pizzaioli*) in Aktion zu sehen, ist ein Erlebnis.
🆔 164 C4 ✉ Via Antonio Mereu 28/36 ☎ 0784 23 23 55 🕐 Do–Di

GOLFO DI OROSEI

Ristorante Albergo Sant'Elene €€
Rund 3 km außerhalb von Dorgali, etwas abseits der SS125 schmiegt sich das Lokal an einen Berghang. Der Blick von der Terrasse ist ebenso phantastisch wie die typisch regionale Küche: Spanferkel, Lamm, Seebarsch und hausgemachte Pasteten. Aber auch die ausgezeichneten auf traditionelle Speisen und natürliche Aromen gelegt. Fleischesser kommen bei Gerichten wie *porcetto* mit Myrte auf ihre Kosten, mit 44 Fisch- und Meeresfrüchtevariationen, von Spaghetti mit Hummer hin zu schlicht frischem Grillfisch, liegt hier jedoch die wahre Stärke. Kosten Sie die himmlischen Desserts mit dem lokaleigenen Dessertwein *moscato*. Im Sommer ist es auf der Außenterrasse am schönsten.
🆔 165 E4 ✉ Via Mannu 5, Orosei ☎ 0784 98 879

Bue Marino €€–€€€
Das Restaurant bietet unvergessliche Blicke auf den gesamten Golf von Orosei. Von den Landes- und regionalen Spezialitäten empfehlen sich Fisch und die Nachspeisen.
🆔 165 E4 ✉ Via Vespucci 8, Cala Gonone ☎ 0784 92 00 78 🕐 März–Jan.

Colibrì €€
In herzlicher Atmosphäre kann man in diesem familiengeführten Lokal
🆔 165 D4 ✉ Località Sant'Elene, Dorgali ☎ 0784 94 572 🕐 Sommer tägl.; Winter Di–So; Jan. geschl.

Ristorante Al Porto €€
Die Einheimischen lieben dieses Restaurant mit Blick auf den Hafen, wo der liebevoll Pop gerufene Wirt Simone Spanu tollale Leckereien zaubert. Seine Begeisterung für Meeresfrüchte steckt an und bereits am Kai holt er sich von den Fischern Tipps zum Tagesfang. Schwert- und Tintenfisch, saftige Hummerkrabben und kaninchengroße Hummer sind Stammgäste auf der Karte. Perfekt zubereiteter »sardischer Kaviar« (*bottarga*) wird auf Spaghetti aufgetischt; es wird auch Fleischiges serviert.
🆔 165 E4 ✉ Hotel Pop, Via Marco Polo 2, Cala Gonone ☎ 0784 93 1 85; www.hotelpop.com

Su Barchile €€
In diesem exzellenten Lokal, das zum Hotel gehört, wird viel Wert

Wohin zum ... 97

sardische Spezialitäten wie *cinghiale* (Wildschwein) und *porceddu* (Spanferkel) genießen. Auch die Fischgerichte sind von allererster Güte.

☐ 165 D4 ☒ Via Gramsci 14 (Ecke Via Floris), Dorgali ☎ 0784 960 54
◐ Juli-Aug. tägl.; Sept.-Juni Mo-Sa

Costa Dorada €€

Von der weinüberrankten Terrasse dieses hübschen Restaurants blickt man auf den Golf von Orosei. Die Fischspecials (Tagesfang) und Fleischgerichte orientieren sich an traditionell sardischen Rezepten.

☐ 165 E4 ☒ Lungomare Palmasera 45, Cala Gonone ☎ 0784 49 33 32
◐ April-Okt.

Da Filippo Pizzeria €

Die beliebte Pizzeria lockt mit 100 verschiedenen Kreationen, z. B. mit Auberginencreme (Oroseina), einheimischem Pecorino und Pilzen (Gennargentu) oder Ricotta und Honig (Nuragica). Mittags steht ein *menu del giorno* mit *antipasti di terra e mare* (Fleisch, Käse und Meeresfrüchte) zur Auswahl. Auch Kinder kommen nicht zu kurz, die Kinderkarte bietet u. a. Topolino-Pizzen in Mäuseform.

☐ 165 E4 ☒ Via Nazionale 195, Orosei ☎ 0784 99 81 59

OLIENA

Su Gologone €€€

Die sardische Küche dieses beliebten Restaurants beruht auf Rezepten, die von Generation zu Generation weitergegeben wurden. Köstliche Vorspeisen und hausgemachte Pasta sowie die Spezialität *porceddu* gehören dazu. Der riesige Weinkeller birgt u. a. Schätze regionaler Weine aus Oliena – ein Höhepunkt. Im Sommer genießt man von der Terrasse zudem die tolle Aussicht.

☐ 164 C4 ☒ Hotel Su Gologone, Località Su Gologone,
☎ 0784 28 75 12; www.sugologone.it

Ristorante Masiloghi €€

Das gute, rustikale Lokal liegt etwas östlich außerhalb der Stadt. Es gibt eine schöne Veranda, auf der Spezialitäten wie *maccarrones a boccia* (handgemachte sardische Gnocchi) und *malloreddus* (mit Schafskäse oder Ricotta gefüllte Ravioli) aufgetischt werden. Bei den Hauptgängen ist Fleisch Trumpf: Ferkel vom Grill oder am Spieß, mit aromatischen Kräutern zubereitetes Reh, Lamm oder Wildschwein. Die gute Weinkarte wird von Myrtelikör und dem berühmten Branntwein (*file ferru*) ergänzt.

☐ 164 C4 ☒ Via Galiani 68, Oliena
☎ 0784 28 56 96

GROTTA DI ISPINIGOLI

Hotel/Restaurant Ispinigoli €-€€

Unterhalb des Eingangs zur Grotte liegt das Restaurant geradezu ideal, um sich auf der Panoramaterrasse die Zeit bis zur nächsten Führung zu vertreiben (jeweils zur vollen Stunde). Für jeden Geschmack ist gesorgt: Wählen Sie à la carte oder eines der Menüs mit Schwerpunkt auf Vegetarischem, Fisch, Meeresfrüchten oder Fleisch. Für die Kleinen gibt es eine Kinderkarte.

☐ 165 E4 ☒ Grotta di Ispinigoli
☎ 0784 952 68;
www.hotelispinigoli.com

ORGOSOLO

Restaurant/Hotel Ai Monti del Gennargentu €€

Das schön unter Eichen gelegene, rustikale Lokal bietet auch Unterkunft. Nur 5 km von Orgosolo entfernt ist es somit eine ideale Ausgangsbasis für Ausflüge in die Bergwelt der Umgebung. Die Küche ist regional ausgerichtet und von sardischen Fleischsorten dominiert.

☐ 164 C3 ☒ Località Setties
☎ 0784 40 23 74

Bar Podda €

Die Bar vereinigt gleich mehrere Pluspunkte: erschwingliche Preise, Internetzugang und Kontakt zu Einheimischen, die gern herkommen.

☐ 164 C3 ☒ Via Nuoro 7
☎ 0784 40 21 65

Núoro und der Osten

Wohin zum ... Einkaufen?

Wer authentisches, handgefertigtes Kunsthandwerk sucht, wird im **ISOLA**-Laden in Núoro fündig (Corso Garibaldi 58; Tel. 0784 35581; Mo–Sa 9–13, 16–20 Uhr). Feinschmecker können sich in Núoro bei **Tavola degli Antichi** in der Via Trieste 70 (Tel. 0784 355 01) mit Spezialitäten aus der Barbagia w e *aranzada di Nuoro* (kandierte Orangenschalen) und den als *s'aranzata* bekannten Mandelkeksen eindecken.

Die familiengeführte Konditorei **Esca Dolciaria** (Viale Kennedy, Tel. 0784 944 72) in Dorgali bietet süße Gourmetleckereien von höchster Qualität. Das Angebot reicht von typischen Backwaren aus der Region um Dorgali bis hin zu eher traditionellem sardischen Konfekt.

Wohin zum ... Ausgehen?

OUTDOOR-AKTIVITÄTEN

Die hügelige Landschaft um Núoro ist sehr schön und wild. Viele Vogelarten, Jagd- wie Raubvögel fühlen sich hier heimisch. Entlang der alten Hirtenwege sind Sie Wildschweinen, Wieseln, Mardern und Füchsen auf den Fersen. Die Bergwelt rund um Oliena ist voller Höhlen und Schluchten, in denen man ausgezeichnet klettern und wandern kann. Sportbegeisterten bietet **Consortium Atlantica** (Via Lamarmora 195, Dorgali; Tel. 328 972 97 19) diverse Trekkingausflüge in Schluchten, Höhlen und per Fahrrad oder Jeep an. Auch Tauchtouren und archäologische Entdeckungstouren sind möglich. Mit **Barbagia Insolita** (Corso Vittorio Emanuele 48, Oliena; Tel. 0784 28 60) wird die Gegend per Quad erkundet.

Wer die Küste lieber alleine vom Boot aus entdecken möchte, leiht sich an einem der Kioske am Hafen von Cala Gonone einfach ein **Motorboot**. Alternativ stehen die schnellen Motorschlauchboote von **Malu** (Tel. 348 765 35 03/349878 33 17) zur Wahl.

Cala Gonone ist auch als **Tauchspot** bekannt und so gibt es hier etliche Clubs wie z. B. Argonauta, Via dei Lecci 10 (Tel. 0784 930 46; www.argonauta.it). Zum Angebot gehören Schnorcheln mit professionellen Guides, Tauchgänge zu Wracks aus dem Zweiten Weltkrieg und in Höhlen sowie PADI-zertifizierte Tauchkurse für alle Levels. Highlight: Nächtliche Tauchgänge.

NACHTLEBEN

In puncto Nachtleben stößt man in diesem Teil der Insel schnell an Grenzen. Núoro hat einige Bars und einen Club in der Via Mughina 94 (Tel. 329 312 00 10) zu bieten: Das im mexikanischen Stil gehaltene **Boca Chica** spielt Latino-Musik.

Im Sommer erwachen in Cala Gonone gleich mehrere Diskos auf der Spiaggia Palmasera am Südrand des Ortes zum Leben. Darüber hinaus gibt es etliche Bars wie das **Roadhouse Blues** (Lungomare Palmasera) am Meer oder die beliebte Cocktailbar im Hotel Bue Marino (Via Vespucci 8, ▶ 96). Die Sommerdisko **Lo Skrittiore** (Località Iscrittiore; Tel. 339 330 37 08) außerhalb der Stadt bietet ein breitgefächertes Musikangebot von Charts bis zu lateinamerikanischen Klängen. In Monte Ortobene kann man sich im Sommer bei einigen Veranstaltungen diverser Bars gut die Zeit vertreiben.

Sássari und der Nordwesten

Erste Orientierung 100
In drei Tagen 102
Nicht verpassen! 104
Nach Lust und Laune! 110
Wohin zum … 113

Sássari und der Nordwesten

Erste Orientierung

Der Nordwesten gibt sich völlig anders als der Rest der Insel. Zwar versammeln sich auch hier aparte Badeorte, Traumstrände, sehenswerte Kirchen, Naturreservate und zahlreiche übers Land verstreute *nuraghi*. Hier liegen auch Sardiniens zweitgrößte Stadt und das malerische Alghero mit seinem katalanischen Erbe. Insgesamt ist das Bild aber weniger ländlich und teils wähnt man sich gar in Italien oder Spanien.

Das Naturreservat Parco Nazionale dell'Asinara an der Nordspitze der Insel ist die Heimat der seltenen weißen Esel. Zu einem Ausflug auf die Insel startet man am besten vom kleinen Küstenort Stintino aus, in dessen Nähe auch der Traumstrand Spiaggia della Pelosa liegt. Vom alten Glanz als wichtigste Hafenstadt zur Zeit der Römer zeugt in Porto Tórres heute nur noch wenig, denn leider verschandeln Chemiewerke und Ölraffinerien die Landschaft. Die Stadt ist jedoch durch die Carlo-Felice-Autobahn gut ans Umland und Stintino angebunden und die meisterhafte pisanische Basilica di San Gavino, die größte romanische Kirche Sardiniens, ist den Besuch wert.

Im Landesinnern liegt die lebendige Universitätsstadt Sássari mit ihrer hübschen mittelalterlichen Altstadt – nach Cágliari ist sie die wichtigste Stadt der Insel. Mittelalterliches Gassengewirr findet sich auch im stolzen Alghero mit seinen schönen Stränden an der Spitze der Riviera del Corallo (Korallen-Riviera). Mit dem Boot kommt man von hier aus gut zur Neptun-Grotte (Grotta di Nettuno), einer der Topattraktionen der Insel. Auf der Fahrt ins südliche Bosa locken immer wieder Strände am Rande der Küstenpanoramastraße. Landeinwärts kann man alternativ den »Weg der Kirchen«, das Valle dei Nuraghi und die Nuraghe Santu Antíne – eine der größten und faszinierendsten Nuraghen – entdecken.

Seite 99: Fassadendetail am Duomo di San Nicola in Sássari

Unten: Der mit Säulen versehene Eingang zum Sanna Museum, Sássari

Gegenüber, oben: Spiaggia della Pelosa

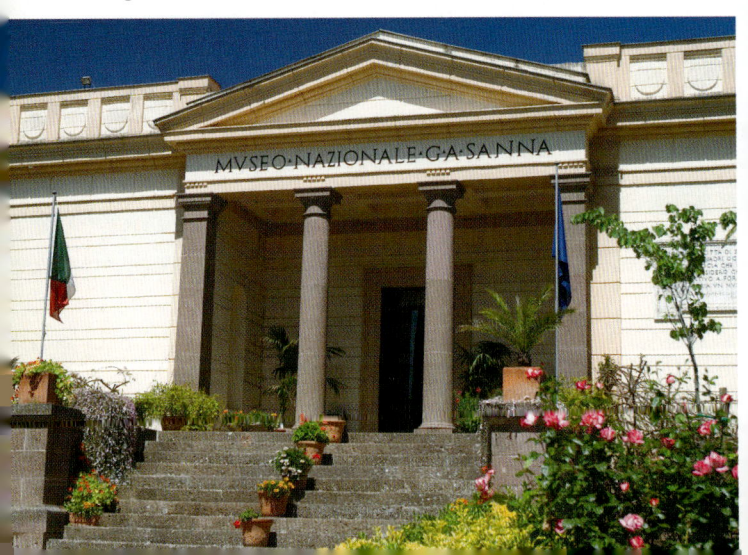

Erste Orientierung 101

★ Nicht verpassen!
1. Sássari ➤ 104
2. Alghero ➤ 106
3. Capo Cáccia & die Grotta di Nettuno ➤ 108

Nach Lust und Laune!
4. Spiaggia della Pelosa ➤ 110
5. Ísola Asinara ➤ 110
6. Die »Straße der Kirchen« & San Pietro de Sórres ➤ 110
7. Valle dei Nuraghi & die Nuraghe Santu Antíne ➤ 111
8. Bosa ➤ 112
9. Castelsardo ➤ 112

Sássari und der Nordwesten in drei Tagen

Erster Tag

Morgens
❶ **Sássari** (➤ 104f) steht auf dem Plan: Als Erstes lockt der barocke Duomo an der gleichnamigen Piazza mitten in der Altstadt. Ein kleines Stück weiter südlich in Richtung Piazza S. Maria stoßen Sie auf Santa Maria di Betlem und die *candelieri* – die Kerzen aus Holz. Nach einem Kaffee im Florian, Via Roma, gehen Sie über die Piazza Italia (wird gerade saniert) in den Corso Vittorio Emanuele II. Schlendern Sie durch die Läden und bewundern Sie das Teatro Cívico.

Mittags
Essen Sie im Liberty/Piano Bar (➤ 114).

Nachmittags
Von Sássari geht es 36 km nach ❷ **Alghero** (unten; ➤ 106f) und direkt an den Strand. Der schönste ist Spiaggia Le Bombarde westlich von Fertilia. Bei einem Bummel durchs *centro storico* können Sie der hervorragenden Touristeninformation einen Besuch abstatten. Im Café Latino (➤ 115) mundet der Kaffee beim Blick auf den Hafen. Nach einem Streifzug durch die Shops und einer *passeggiata* am Abend ist es Zeit für ein Essen in Angedras Restaurant (➤ 114) am Hafen.

… In drei Tagen

Zweiter Tag

Morgens
Fahren Sie von Alghero entlang der Riviera del Corallo nach Capo Cáccia – vorbei an der kuriosen Stadt Fertilia, die Mussolini am Reißbrett plante, und der lieblichen Bucht Porto Conte. Nach einem Willkommensdrink am oberen Ende der Treppen geht es diese hinab in die 3 **Grotta di Nettuno** (➤ 108). Anschließend nehmen Sie die Autobahn SS131 Carlo Felice an Porto Tórres vorbei zur 4 **Spiaggia della Pelosa** (➤ 110) kurz vor Stintino.

Mittags
In Stintino isst man bei The Skipper gut oder in der Strandbar I Genepi am La Pelosa (tagsüber Snacks; abends Livemusik).

Nachmittags
Es geht weiter Richtung Osten nach 9 **Castelsardo** (➤ 112). Spazieren Sie durch die engen Gassen, die zum Castello hinaufführen, und verbringen Sie hier die Nacht. (Alternativ übernachten Sie in Stintino, von wo Sie am nächsten Morgen zum Tagesausflug zur 5 **Ísola Asinara**, ➤ 110, aufbrechen.)

Dritter Tag

Morgens
Fahren Sie gen Süden nach 6 **San Pietro de Sórres** (➤ 110f) und der nahe gelegenen 7 **Nuraghe Santu Antíne** (➤ 111). Am Eingang der Nuraghe können Sie an der Bar noch einen Kaffee nehmen.

Mittags
In Bosa im Westen gibt es mehrere gute Restaurants für ein Lunch.

Nachmittags
Die Küstenpanoramastraße (oben) von 8 **Bosa nach Alghero** (➤ 112) erschließt Ihnen wunderschöne Aussichten und Zwischenstopps an idyllischen kleinen Stränden. Übernachten Sie in Alghero.

… Sássari und der Nordwesten

Sássari

Sássari ist nach Cágliari die zweitwichtigste Stadt auf Sardinien – auch wenn ihre Bewohner das umgekehrt sehen. Sie hat Stil, eine lebendige Cafészene, mit dem *centro storico* einen interessanten historischen Stadtkern und steckt voller Lebensfreude. An der inselältesten Universität studierten Politiker wie Antonio Segni, Francesco Cossiga und Enrico Berlinguer.

Die mittelalterliche Stadt

Der **Duomo di San Nicola** im Herzen des *centro storico* geht aufs 15. Jh. zurück, besticht aber v. a. durch die üppige Barockfassade aus dem 18. Jh. Im Vergleich dazu fällt das Innere eher schlicht aus, beeindruckt aber dennoch mit allerlei Kunstschätzen wie dem Hochaltarbild *Madonna del Bosco* aus dem 16. Jh. und dem Chorgestühl aus Walnussholz.

Ein Spaziergang durch die quirligen Gassen der mittelalterlichen Altstadt führt Sie früher oder später zum **Corso Vittorio Emanuele II**. Hier reihen sich wunderschöne Palazzi mit schmiedeeisernen Balkonen aneinander. Einige verfallen mehr und mehr, andere wurden bereits restauriert wie z. B. das **Teatro Cívico** im neoklassizistischen Stil. Äußerlich am Turiner Teatro Carignano orientiert, ist das erlesene Interieur eine Miniversion der Scala in Mailand.

Etwas nördlich stoßen Sie am Corso Trinità auf Reste der **mittelalterlichen Stadtmauer** und den nahen Renaissancebrunnen **Fontana di Rosello** aus weißem und dunklem Marmor. Jede Ecke schmückt eine Figur der vier Jahreszeiten, das Wasser läuft aus vier Delphinköpfen und acht Löwenmäulern.

Unweit der Stelle, wo einst die alte Stadtmauer verlief, erhebt sich an der Piazza di Santa Maria die 1106 gegründete **Chiesa di Santa Maria di Betlem**. Ihre schöne Fassade ist ro-

Die kunstvoll verzierte Fassade von San Nicola

Sássari

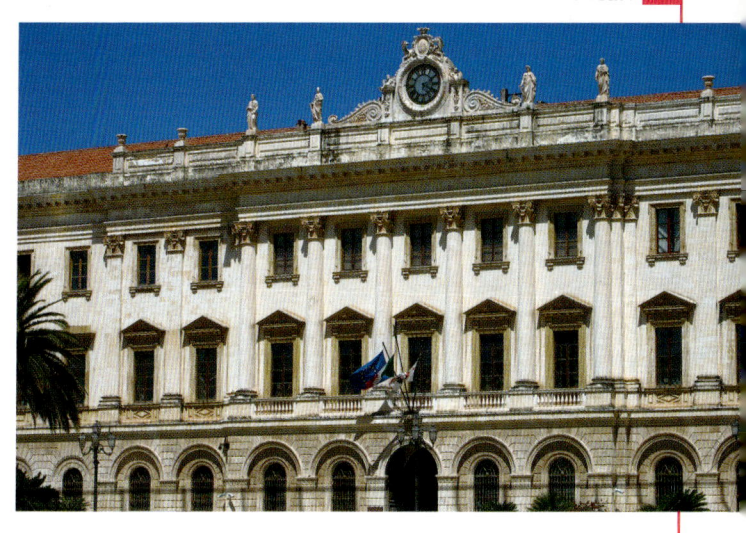

Der Palazzo della Provincia an der Piazza Italia, dem vornehmsten Platz in Sássari

manisch, im Innern bestimmt prächtiger Barock das Bild. In den Seitenkapellen werden die riesigen Holzkerzen *i candelieri* der mittelalterlichen Zünfte der Stadt aufbewahrt. Am 14. August kommen die rund 420 cm hohen und 310 kg schweren Kolosse aus bunt bemaltem Holz beim I-Candelieri-Fest zum Einsatz.

Die Umgebung der Piazza Italia

Alle Wege führen zur **Piazza Italia** im Herzen der Stadt. Noch bis 2009 wird hier gebaut, ein Spaziergang über die vom Platz abgehende **Via Roma**, das Epizentrum der lebendigen Cafékultur der Stadt, ist dennoch sehr zu empfehlen.

KLEINE PAUSE

Trinken Sie ein Glas im **Florian** an der Piazza Italia (➤ 114).

✚ 158 C4

Duomo di San Nicola
✉ Piazza Duomo   🕐 tägl. 9–12, 16–19 Uhr   🎫 frei

Chiesa di Santa Maria di Betlem
✉ Piazza di Santa Maria   🕐 tägl. 7.15–12, 17–20 Uhr

SÁSSARI: INSIDER-INFO

Außerdem Beim **I-Candelieri-Fest** tragen bis zu 12 Männer einen *candeliero*. Die Würdenträger der Stadt beobachten sie vom Balkon des Teatro Cívico aus und bekunden ihr Urteil über die Deko der Kerze durch Beifall oder Buhrufe.

Muss nicht sein! In der Nähe des Doms liegt der wohl hässlichste Platz auf Sardinien – die **Piazza Mazzotti**. Das einst berüchtigte Rotlichtviertel wurde abgerissen, um einer charakterlosen Neubebauung Platz zu machen. Der einzige Grund hierherzukommen ist die phantastische Pizzeria Da Bruno (➤ 114).

② Alghero

»Willkommen in Alghero, der ›Riviera del Corallo‹« begrüßt Sie das Schild am Eingang der Stadtmauer des malerischen Mittelalterstädtchens. Die Türme und Mauern des Orts auf der kleinen Landzunge schimmern in warmen Korallentönen. Im 14. Jh. war die Hafenstadt spanische Kolonie und noch heute verströmt sie katalanisches Flair. Der Touristenmagnet lockt mit einer hübschen Altstadt, in deren schmalen Gassen sich viele Bars, Restaurants und Geschäfte versammeln.

Auf Entdeckungstour in der Altstadt

Die gute Touristeninformation an der Piazza Porta Terra, einst das Haupttor in die Stadt, eignet sich prima als Ausgangspunkt. In der Nähe liegt die **Torre di Porta Terra**, in der ein Multimedia-Museum untergebracht ist und von deren Aussichtsterrasse der Blick über die Stadt und die mit Keramikkacheln versehene Kuppel der **Chiesa di San Michele** gleitet.

Beim Bummel durch die Altstadt landet man immer wieder an winzigen Piazzas. Über die von Läden gesäumten Gassen spannen sich elegante spanische Bogen, die die Bewohner auch gerne mal als »Wäscheleine« nutzen. Die Auslagen bieten allerlei Korallenschmuck, der Alghero berühmt gemacht hat.

Mit ihren vielen Geschäften und Bars ist die **Via Carlo Alberto** die lebhafteste Straße der Altstadt. Kulturellen Genuss anderer Art bieten die beiden Kirchen **San Michele** und **San Francesco**. Das Innere der Ersteren, der wohl opulentesten Barockkirche der Jesuiten auf der ganzen Insel, ist reich mit Stuck verziert und besitzt wertvolle Altarbilder. San Francesco in der Mitte der Via Carlo Alberto ist mit seinem stattlichen aragonesischen Turm das zweite Wahrzeichen der Stadt. An lauen Sommerabenden kann man hier Konzerten lauschen.

Blick auf die Boote im Hafen von Alghero

Alghero 107

Eine weitere Berühmtheit Algheros ist die **Cattedrale**, deren neoklassische Fassade von vier großen Säulen getragen wird. Im Innern mischen sich verschiedenste Architekturstile, die beeindruckende Kuppel stammt aus dem 18. Jh.

Am Meer

Die *bastoni* (Stadtmauern), die das Meeresufer säumen, eignen sich bestens für eine *passegiata*. In der Umgebung glitzern weiße Sandstrände, oft mindern aber Algen das Badevergnügen. Ein wohl altbekanntes Problem, so geht der Name Alghero auf die hier häufig vorkommenden Algen (*alghe*) zurück. Die schönsten Strände liegen nördlich der Stadt und am Lido Richtung Fertilia.

Manche Teile des Klosters der Kirche San Francesco gehen auf das 13. Jh. zurück

KLEINE PAUSE

Il Ghiotto (di Roberto Peana) an der Piazza Cívica (➤ 114) ist prima für einen Aperitif oder Snack über Mittag.

🞤 158 B3

Torre di Porta Terra
🞤 170 C2 ✉ Piazza Porta Terra ☎ 079 973 40 45 🕙 Sommer tägl. 9–13, 17–21 Uhr 💶 preiswert ❓ Infoschilder nur in italienischer Sprache

Chiesa di San Michele
🞤 170 B1 ✉ Via Carlo Alberto 🕙 tägl. 20 Minuten vor der Messe

Chiesa di San Francesco
🞤 170 B2 ✉ Via Carlo Alberto 🕙 Mo–Sa 9.30–12, 17–19.30, So 17–19.30 Uhr

Cattedrale
🞤 170 B2 ✉ Piazza Duomo 🕙 tägl. 7–12, 17–19.30 Uhr; Turm Di, Do, Sa 19–21.30 Uhr; außerhalb dieser Zeit rufen Sie 079 973 30 41 an

---

ALGHERO: INSIDER-INFO

Top-Tipps: Etwas außerhalb der Stadt und in der Nähe des Flughafens liegt das **Weingut Sella & Mosca**, das einige der besten Weine Sardiniens produziert. Täglich finden Führungen statt und im Shop des Gutes können Sie sich mit jeder Menge fabelhaftem Wein versorgen (Tel. 079 99 77 00; Juni–Sept.).

# 3 Capo Cáccia & Grotta di Nettuno

Direkt westlich von Alghero liegt eine der Topattraktionen der ganzen Insel. Über 135 Millionen Jahre haben Wind und Wasser die Kalksteinfelsen der Klippen am Capo Cáccia in Form geschliffen. Vom Aussichtspunkt an der Spitze eröffnet sich ein grandioses Panorama über die Landzunge und die Ísola Foradada, während die schwindelerregende Escala del Cabirol (auf Katalan »Ziegenstiege«) über 654 Stufen um den Felsvorsprung herum in die Tiefe zur Grotta di Nettuno führt.

Diese faszinierende, tiefe Tropfsteinhöhle mit einem See wird der mythischen Behausung der Wassernymphen nach **Neptunsgrotte** genannt. Und tatsächlich gleicht sie mit ihren zahllosen Stalaktiten und Stalagmiten in den bizarrsten Formen einem unterirdischen Märchenwald, bevölkert von allerlei Fabelwesen in Menschen-, Baum- und Tiergestalt. Das Ganze ist ins grünblau, weiß, gelb und orange schimmernde Licht der phosphoreszierenden Felskristalle getaucht.

Mit einer Führung gelangen Sie 200 m weit in die Grotte und umrunden das Ufer des Salzwassersees Lamarmora (»Acquasantiera« – das heilige Wasserbecken), vor dem sich ein 2 m hoher Stalagmit erhebt. Im Übergang des schwindenden Tageslichts und dem Dunkel der Höhle wirken Formen wie die Tropfsteinorgel von einem unheimlichen Leben beseelt. Die Fremdenführer erinnern sich gerne an die Zeit, als die Besucher noch über den mit Tausenden von schwimmenden Kerzen erleuchteten See rudern durften. Lassen Sie Ihrer Phantasie freien Lauf und stellen Sie sich diese magische

Schon am Eingang zur Grotta di Nettuno erwarten Sie skurril geformte Kalksteinfelsen

Capo Cáccia & Grotta di Nettuno   109

Atmosphäre in der großen Kammer vor, in der die winzigen Lichter tanzende Schatten an die Wände und das ruhige Wasser malten.

Anreise

Von Alghero gibt es zwei Möglichkeiten, zur Grotte zu gelangen. Am Hafen können Sie ein Boot nehmen, das Sie in ca. einer Stunde vorbei am Kap Galera, den Klippen des Punto Giglio und um das Capo Cáccia herum direkt zum Eingang der Höhle am Fuße des senkrecht aufragenden Kliffs bringt – ein unvergesslicher Anblick.

Alternativ fahren Sie 24 km mit dem Auto von Alghero über die Panoramastraße SS127, die sich über das Cáccia-Kap schlängelt und reizvolle Blicke auf die Bucht von Porto Conte, Alghero und die Küste bis hinab nach Bosa eröffnet. Am Capo Cáccia kann man parken.

KLEINE PAUSE

Am oberen Ende der Treppe, die zur Grotta di Nettuno führt, serviert eine **Bar** Erfrischungen und Eis.

Die Stufen zur Grotte hinunter »klammern« sich ans Kliff

☰ 158 A3 ✉ Capo Cáccia ☎ 079 94 65 40 ⏰ Führungen zur vollen Stunde: April–Sept. tägl. 9 bis 19 Uhr; Okt. 9–17 Uhr; Jan.–März, Nov.–Dez. 9–16 Uhr 💰 teuer
🚢 Juni–Sept. ab Alghero 9.15, 15.10, 17.10 Uhr; ab Capo Cáccia 12, 16.05, 18.05 Uhr; Okt.–Mai nur 9.15 und 12 Uhr

---

CAPO CÁCCIA & GROTTA DI NETTUNO: INSIDER-INFO

Top-Tipps: Die Führungen durch die Höhle starten jede volle Stunde – wenn Sie nicht unnötig warten wollen, sollten Sie versuchen, die Zeit abzupassen. Im Gänsemarsch leitet ein Guide seine Gruppe in 45 Minuten durch die Höhle.

• Wer unter Höhenangst oder Gleichgewichtsproblemen leidet, sollte vom Abstieg über die steile **Escala del Cabirol** die Finger lassen. Sie sind in 15 Minuten unten – in umgekehrter Richtung dauert es um einiges länger.

• Das **Meer** um das Capo Cáccia ist bisweilen sehr aufgewühlt, sodass die Grotte geschlossen bleibt. In solchen Fällen legt das Boot eine Pause in der schönen Bucht von Porto Conte ein, wo Sie sich im Meer erfrischen können.

Sássari und der Nordwesten

Nach Lust und Laune!

❹ Spiaggia della Pelosa
Zuckerstrand und klares, seichtes Wasser in sämtlichen Blautönen: Der Pelosa ist einer der idyllischsten Strände der Insel. Am Nordende wacht der einstige Sarazenenturm Torre Falcone auf seinem kleinen Eiland über die Szenerie. Die sanften Sanddünen sind ein idealer Kontrast zum dunklen Fels der Capo-Falcone-Halbinsel im Hintergrund.

Der Strand liegt nur 2 km nördlich von Stintino, an der Nordwestspitze der Insel, dem Capo Falcone. Im Sommer muss man eine Parkgebühr entrichten, zudem füllt es sich im Juli und August sehr schnell.
✚ 158 A5

❺ Ísola Asinara
Im Jahr 1997 wurde die »Insel der Esel« zum Nationalpark erklärt. Doch in ihrer bewegten Vergangenheit diente sie auch schon als Hochsicherheitsgefängnis – bis in die 1970er-Jahre hinein. Ihren Namen verdankt sie den einzigartigen weißen Eseln, die hier zusammen mit Schweinen und Mufflons leben. Das Meer ist kobaltblau und seicht, die schönen Sandstrände angenehm leer – denn auf die Insel kommt man nur mit einer der Führungen, die in Stintino starten. Transportmöglichkeiten bestehen mit Bus, *trenino* oder Jeep, Erfrischungen müssen selbst mitgebracht werden.
✚ 158 A2 (Ausschnitt)

❻ Die »Straße der Kirchen« und San Pietro de Sórres
Der Logudoro (»Ort des Goldes«) südlich und östlich von Sássari ist eine anmutige Hügellandschaft mit so vielen romanisch-pisanischen Kirchen, dass die SS597, die hier nach Ólbia abzweigt, auch »Straße der Kirchen« genannt wird. Rund

Spiaggia della Pelosa

Nach Lust und Laune!

16 km südöstlich von Sássari fängt die Basilica della SS Trinità di Saccargia aus dem 12. Jh. mit ihrem über 40 m hohen Campanile den Blick ein. Das Gotteshaus mit dem Streifenmuster aus dunklen Basaltsteinen und hellem Kalkstein ist ein Vertreter des romanisch-pisanischen Stils wie aus dem Lehrbuch. Ca. 16 km weiter östlich kommt die majestätisch auf einer Anhöhe thronende Sant' Antíoco di Bisarcio in Sicht. Die Kirche aus dem 11. Jh. vereint pisanische und französische Einflüsse und hinterlässt trotz des durch Blitzschlag beschädigten Turms einen starken Eindruck bei den Besuchern.

Weiter südlich liegt an der SS131 eine der besterhaltenen romanischen Kirchen Sardiniens: San Pietro de Sórres. Vor allem die gestreifte Fassade aus hellem Kalkstein und schwarzem Trachyt ist sehenswert, aber auch ihre Lage mit Blick auf das Tal der Nuraghen (▶ 111). Heute leben hier Benediktiner, die alte Bücher und Manuskripte restaurieren.

Basilica della SS Trinità di Saccargia
159 D3 April–Okt. tägl. 9 Uhr bis Sonnenuntergang preiswert

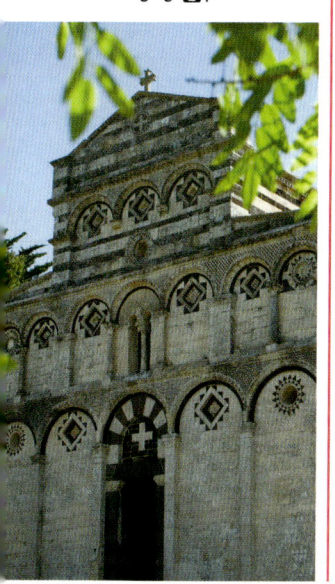

Sant'Antíoco di Bisarcio
159 E3 tägl. 9–13, 16–19 Uhr (variiert) preiswert

San Pietro de Sórres
159 D2 tägl. 9.30–12, 15.30–19.30 Uhr

7 Valle dei Nuraghi & die Nuraghe Santu Antíne

Torralba bildet den Eingang zum Valle dei Nuraghi (Tal der Nuraghen), ca. 30 km südlich von Sássari. Im ganzen Tal sind die Spuren der Nuraghen allgegenwärtig, der größte Komplex ist aber die Nuraghe Santu Antíne. Der Mittelturm aus Basaltsteinen hat heute eine Höhe von 17 m, zur Entstehungszeit, um 1500 v. Chr., war er vermutlich an die 21 m hoch. Der Grund für die verloren gegangenen Höhenmeter kommt einem Sakrileg gleich: Im 19. Jh. wurde er teilweise abgetragen, um – noch dazu mit Mörtel! – den Dorfbrunnen von Torralba zu bauen. Später wurden dem Hauptturm drei weitere hinzugefügt und durch Wälle und Korridore miteinander verbunden. Im Mittelturm führt eine Art Wendeltreppe ins obere Stockwerk. Die Sarden nannten die gigantische Anlage »Sa Domo de Su Rei« – »Königshaus«.

Nuraghe Santu Antíne
159 E2 ca. 4 km südlich von Torralba April–Okt. tägl. 9 Uhr bis bis Sonnenuntergang; Nov.–März 9 bis 17 Uhr mittel

Die Fassade von San Pietro de Sórres

112 Sássari und der Nordwesten

8 Bosa

Die 42 km von Alghero nach Bosa (SP105) verlaufen malerisch an der hügeligen Küste entlang, vorbei an kleinen Buchten und Sandstränden, die als Drehort eines Bacardi-Werbespots fungieren könnten. Das charmante Bosa schmiegt sich ans Ufer des Temo, der vom Ponte Vecchio überspannt wird. Über der Stadt wacht ein Kastell, in dessen Kapelle Nostra Signora di Regnos Altos man einen schönen Heiligen-Freskenzyklus aus dem 14. Jh. bewundern kann. Außerdem gibt es eine Kathedrale und die mittelalterliche Altstadt Sa Costa zu sehen. Bis ins 16. Jh. war die von den Karthagern gegründete Stadt äußerst wohlhabend. Nach schweren Zeiten geht es heute scheinbar wieder bergauf, wie viele restaurierte Häuser beweisen.

✚ 158 C7
Castello Malaspina & Chiesa di Nostra Signora di Regnos Altos
☎ 0785 37 32 86 ⏱ aufgrund andauernder Restaurierung unterschiedlich

9 Castelsardo

Das stattliche mittelalterliche Kastell von Castelsardo sitzt auf einem Fels, um dessen Fuß sich die Häuser der Stadt wild gruppieren. Im 12. Jh. als Castelgenovese, Mitte des 15. Jhs. als Castelaragonese bekannt, gehören die Tage seiner strategischen Bedeutsamkeit heute lange der Vergangenheit an. Seiner Rolle als Wahrzeichen der Stadt tat dies aber keinen Abbruch. Außer dem Kastell lohnt sich der Weg über die steilen Treppen und Straßen der Altstadt, wo es Sehenswertes wie die Cattedrale di Sant'Antonio Abate zu entdecken gibt. Eine phantastische Sicht hat man von der Burg aus – an klaren Tagen sogar bis Korsika. Ansonsten ist die Stadt für ihre Handwerkskunst berühmt: die Korbflechterei (*l'intreccio*) – im Kastell gibt es dazu ein Museum –, die Töpferei und die Masken aus Kork und Holz.

✚ 159 D5
Cattedrale di Sant'Antonio Abate
⏱ Sommer tägl. 7–20 Uhr; Winter 7–17.30 Uhr

Bosa duckt sich Schutz suchend unter der gebieterisch thronenden Burg

Wohin zum ... Übernachten?

Preise
Für ein Doppelzimmer gelten pro Nacht folgende Preise:
€ unter 90 €   €€ 90–155 €   €€€ 155–250 €   €€€€ über 250 €

SÁSSARI

Casa Chiara €
In einer Seitenstraße nahe der Universität nimmt dieses hippieske B&B die zweite Etage eines charaktervollen Gebäudes aus dem 18. Jh. ein. Die Gäste teilen sich zwei Bäder; die drei geräumigen Zimmer sind ebenso bunt wie das süße Gebäck, das zum reichhaltigen Frühstück gehört.
✚ 158 C4 ◧ Vicolo Bertolinis 7 (Piazza Azuni) ☎ 079 20 05 52; www.casachiara.net

Hotel Vittorio Emanuele €–€€
Der frühere Palazzo im Herzen der Stadt wurde gründlich renoviert und das Ergebnis überzeugt: Die Zimmer sind ausgewählt und komfortabel in modern reduziertem Stil eingerichtet, der mit den vielen Bildern an den Wänden gut harmoniert. Das Restaurant Platha de Cothinas ist gut und der rustikale Keller perfekt für eine Weinprobe.
✚ 158 C4 ◧ Corso Vittorio Emanuele II 100/102 ☎ 079 23 55 38; Fax 079 200 66 96; www.hotelvittorioemanuele.ss.it

ALGHERO

Hotel San Francesco €€
Das ehemalige Kloster ist das einzige Hotel in der Altstadt Algheros und eine Oase der Ruhe. Von den schönsten Zimmern geht der Blick auf den alten Kreuzgang der Chiesa di San Francesco, wo auch das Frühstück (im Preis inkl.) serviert wird. Es gibt keinen Parkplatz, aber eine nahe Tiefgarage für 5 €/Nacht.
✚ 170 B2 ◧ Via Ambrogio Machin 2 ☎ 079 98 03 30; www.sanfrancesco hotel.com

Agriturismo Vessus €
Umgeben von Olivenhainen und einem schönen Garten bietet der Familienbetrieb Zimmer mit traditionellem Charme. Die Anlage ist um den Swimmingpool herum angelegt. Das wunderbare Restaurant konzentriert sich auf die einheimische Küche; selbst angebautes Obst, Gemüse und natürlich Oliven und Olivenöl. Das Lokal hat nur von Juni bis September geöffnet.
✚ 158 B2 ◧ SS292 durch Villanova Monteleone Km 1,85 (3 km südlich von Alghero) ☎ 079 973 50 18; www.vessus.it

Hotel Villa Las Tronas €€€€
Dieses Luxushotel war früher das Ferienhaus des italienischen Königshauses. Dementsprechend exklusiv ist die Lage auf einer privaten Landzunge mit unverstelltem Meerblick. Der kleine Palast vom Ende des 19. Jhs. steckt voller Antiquitäten, Marmor, Lüster und dickem Brokat. Zudem gibt es einen Meerwasserpool, Fitness- und Beautycenter.
✚ 158 B3 ◧ Lungomare Valencia 1 ☎ 079 98 18 18; Fax 079 98 10 44; www.hotelvillalastronas.it

BOSA

Corte Fiorita €–€€
Das Hotel besteht aus drei zusammengehörenden historischen Gebäuden im Herzen von Bosa. Die großen Zimmer sind rustikal und hell gehalten, mit Fliesenboden, Natursteinwänden und stilvollen Stoffen. Für Balkon oder Blick auf den Fluss wird Aufpreis verlangt. Das Frühstück wird im Innenhof des Haupthauses Le Palme serviert.
✚ 158 C1 ◧ Lungo Temo De Gasperi 45 ☎ 078 537 70 58; Fax 078 537 20 78; www.albergo-diffuso.it

114 Sássari und der Nordwesten

Wohin zum ...
Essen und Trinken?

Preise
Für ein Drei-Gänge-Menü ohne Getränke und Service gelten pro Person diese Preise:
€ unter 26 € €€ 26–55 € €€€ über 55 €

SÁSSARI

Ristorante Pizzeria da Bruno €
Dieses ausgezeichnete Restaurant stellt die Ehrenrettung der einmalig hässlichen Piazza Mazzotti dar, wo einfallslose Nachkriegs- und mittelalterliche Altstadtbauten aufeinanderprallen. Leckere Pizzen und Pasta werden auf der Terrasse mit Blick auf die Dächer der Altstadt serviert.
🏠 158 C4 ⊠ Piazza Mazzotti 12
☎ 079 23 55 73

Florian €€
Sowohl das Bar-Caffè Florian als auch das Restaurant nebenan bieten nicht nur eine elegante Umgebung, sondern auch gutes Essen. Im Innern der Bar, deren Stil an Toulouse Lautrec erinnert, oder an einem der Tische im Freien mundet der preiswerte *spremuta di arancia* (frisch gepresster Blutorangensaft) oder Cappuccino bestens. Das Restaurant ist teurer, aber zu empfehlen.
🏠 158 C4 ⊠ Bar Caffè Florian, Via Roma 6 ☎ 079 200 80 56
⊠ Florian, Via Capitano Bellieni 27 ☎ 079 200 80 56
🕒 Mo–Sa

Ristorante Liberty €€
An einer kleinen Piazza direkt am Corso Vittorio Emanuele im Stadtzentrum wurde ein ehemaliger Jugendstil-Palazzo zum eleganten Fischrestaurant umgebaut. Sie können in der Sala Afrodite oder der Sala Apollo speisen, die sich lediglich in der Wandbemalung unterscheiden. Daneben befindet sich die stimmungsvolle Wein- und Pianobar, von der ein kleines Bächlein über Steinstufen in den Keller plätschert, in dem Weinproben stattfinden. Dort gibt es eine gute Auswahl an Snacks sowie Käse und kalte Platten (je 6 €) zum Wein.
🏠 158 C4 ⊠ Piazza N Sauro 3
☎ 079 23 63 61 🕒 Di–So

Bar Ristorante Mokador €
Das quirlige kleine Lokal ist bei Einheimischen sehr beliebt, denn hier gibt es eine breite Palette preiswerter Gerichte und Getränke. Während der Happy Hour am Freitag (19–21 Uhr) gibt es *antipasti all'italiana* satt für insgesamt 5 €.
🏠 158 C4 ⊠ Largo Cavalotti 2, bei der Piazza Castello, nahe der Via Roma ☎ 079 235 736

ALGHERO

Angedras Restaurant €€
In seinem neuen Restaurant mit minimalistischem Touch kreiert Chefkoch Alessandro Tesi kurze, klug kombinierte Menüs mit Meeresfrüchten-Probiertellern (*degustazione di mare*), hausgemachter Pasta wie *spaghetti alla chitarra con vongole e fiori du zucca* (Spaghetti mit Venusmuscheln und Zucchiniblüten), frischem Fisch sowie Fleischgerichten. Die traditionellen sardischen Süßspeisen sind köstlich: z. B. *tortino al cioccolato con gelato alla banana* (Schokokuchen mit selbstgemachtem Bananeneis). Die Portionen sind eher Nouvelle Cuisine als All-you-can-eat und es gibt Tische im Freien mit Hafenblick.
🏠 170 A2 ⊠ Via Cavour 31, Ecke Bastioni Marco Polo ☎ 079 073 50 78

Il Ghiotto (di Roberto Peana) €
In dieser »Snackeria« dreht sich alles um *prodotti tipici* – Fleisch-, Salami- oder Käse-Aufschnitt, Pizza,

Wohin zum ... 115

Salate und Sandwiches. Es wird ein Mittagsbuffet angeboten, Sie können aber auch einfach einen Aperitif bestellen und einige Leckereien gratis verkosten. Der angeschlossene Shop versorgt Gourmets mit allerlei sardischen Spezialitäten.

Café Latino €-€€
🏠 170 B2 ⌂ Piazza Civica 23
☎ 079 97 48 20 ⏰ tägl.; Mittagsbuffet 12.30–15.30 Uhr

Mit Blick auf das Treiben im Hafen lässt es sich hier unter weißen Sonnenschirmen oder im kühlen Innern gut aushalten. Dazu stehen Panini, Pizzen oder leckeres Eis zur Auswahl, alternativ oder im Anschluss ist auch ein kühles Blondes oder ein Cocktail zu haben.

Bella Napoli €-€€
🏠 170 B2 ⌂ Bastioni Magellano 10
☎ 079 97 65 41 ⏰ Juli–Aug. tägl. 9–23 Uhr; Sept.–Juni Mi–Mo

Die neapolitanischen Besitzer servieren üppig portionierte Pastagerichte und Pizzen. Wählen Sie zwischen dem lebhaften Gastraum und der Terrasse. Ravioli mit Ricottakäse und die scharfen *penne alla siciliana* sind zu empfehlen.

Trattoria Al Refettorio €€
🏠 170 B2 ⌂ Piazza Civica 29
☎ 079 98 30 14 ⏰ Do–Di

Eine schicke Weinbar mit Atmosphäre, die fabelhafte Snacks zum Aperitif bietet. Das Essen im Restaurant ist ebenfalls gut – z. B. Fisch und Meeresfrüchte, Wildschwein oder anderes hochwertiges Fleisch – zudem sitzt man auf der überdachten Terrasse sehr schön. Auch die Weinkarte ist erwartungsgemäß umfangreich und exzellent.

🏠 170 B2 ⌂ Carreró del Porxo (Vicolo Adami) 47, an der Via Roma
☎ 079 973 11 26; www.alrefettorio.it ⏰ Mi–Mo

BOSA

Ristorante da Antonio €€
Das familiengeführte Lokal, das v. a. Fisch und Meeresfrüchte serviert, heißt seine Gäste herzlich willkommen. Die »Notenblätter« (▶ 23, 38) sind ebenso ein Gedicht wie der gegrillte frische Thunfisch. Dazu passt hervorragend der in Alghero produzierte Roséwein Sella & Mosca. Die Portionen sind großzügig und der Service gibt sich Mühe.

🏠 158 B5 ⌂ Via Marco Polo 16
☎ 079 52 30 77

BOSA

Borgo Sant'Ignazio €€
Schilder dirigieren die Gäste durch das Gassengewirr der Altstadt hinauf zu diesem stimmungsvollen Bistro. Dort kann man sich dann an Spezialitäten wie *aragosta* (Hummer) oder einheimischen Fleischgerichten laben. Da es an den *strada della malvasia di Bosa* liegt, gibt es eine breite Auswahl an Malvasia-Dessertweinen, dazu darf es ein typisch sardischer Nachtisch sein.

🏠 158 C1 ⌂ Via Sant'Ignazio 33
☎ 0785 37 46 62 ⏰ Di–So 13–15, 19.30–23 Uhr

Sa Pischedda €€
Das Restaurant gehört denselben Eigentümern wie das Hotel gleichen Namens und ist Anhänger der Slow-Food-Bewegung. Machen Sie sich also bereit für ein Genuss hochqualitativer, saisonal bestimmter Köstlichkeiten. Das Hotel betreibt außerdem das Seafood-Restaurant Ponte Vecchio an einem Kai am Fluss – der Tipp für romantische Momente.

🏠 158 C1 ⌂ Via Roma 8 ☎ 0785 37 30 65 ⏰ April–Sept tägl.; Okt.–März Mi–Mo

CASTELSARDO

La Guardiola €€
Ein Toprestaurant in einer Toplocation in der Altstadt direkt unterhalb des Castello. Die Spezialität sind Meeresfrüchte, die auf der schönen Terrasse mit Meerblick gleich noch mal so gut schmecken.

🏠 159 C5 ⌂ Piazza Bastione 4
☎ 079 47 07 55 ⏰ Juni–Sept. tägl.; Okt.–Mai Di–So

STINTINO

Sássari und der Nordwesten

Wohin zum … Einkaufen?

In **Alghero** gibt es viele Boutiquen, in denen man sich mit Kleidung, Schuhen und Lederwaren versorgen kann. Daneben verkaufen viele Läden lokal hergestellte Keramik- und Töpferware sowie handgeflochtene Körbe. Die zahlreichen Schmuckgeschäfte haben zumeist Korallenschmuck im Angebot. (Die Einfuhr in Deutschland ist laut Artenschutzabkommen verboten.) Ab der **Via XX Settembre** zeigt die Stadt ihr modernes Gesicht mit den üblichen großen Läden. In der Via Sassari gibt es täglich einen Markt mit Frischwaren, mittwochs einen großen Straßenmarkt und am letzten Sonntag im Monat einen Sammlermarkt.

Bosa liegt mitten in Weinanbaugebieten an der Strada della Malvasia di Bosa und ist bekannt für seine Malvasia-Weine. Sardisches Kunsthandwerk wie Filigranarbeit, Keramiken, Hirtenmesser, Spitzen und Tischtücher bekommt man bei **Deriu** (Artiginiato Sardo e Souvenir) in der Via Gioberti 14 (Tel. 0785 37 50 37).

In **Sássari** gibt es gleich mehrere Märkte, z. B. den überdachten Fischmarkt (Mo geschl.), wo aber auch Gemüse und Fleisch zu haben sind, und einen Markt mit sardischem Kunsthandwerk vor der Garibaldi-Statue (Mo geschl.). Eines der ältesten Geschäfte der Stadt ist **Bagella** am Corso Vittorio Emanuele 20 (Tel. 079 23 50 33; www.bagella.it), ein Fachgeschäft für authentische, traditionell sardische Kleidungsstücke wie Samthosen, Hemden, Lederwaren und Stiefel. Im **Casa di Rienzo**, einem gotisch-katalanischen Palazzo aus dem 15. Jh., ist heute ein Dessousladen von Goldenpoint. Der schöne Geschenkeshop **Mura** (di Elisabetta e Luisa Branca) in der Via Roma 12 (Tel. 079 23 53 32) hält für jeden Geldbeutel etwas bereit.

Wohin zum … Ausgehen?

An der Piazza Vittorio Emanuele in der Altstadt von **Alghero** befindet sich das **Teatro Civico** (Tel. 079 99 78 00).

Livemusik und Bowling gibt es im **Poco Loco**, Via Gramsci 8 (Tel. 079 973 10 34), direkt neben der Uferpromenade öffnen jede Menge Clubs und Diskos, die besten Adressen finden sich (momentan) südlich des Zentrums am Lungomare – die Szene ist jedoch sehr kurzlebig. Ein Stück nördlich der Stadt liegt an der Straße nach Olmedo das **Ruscello**. Hier kann man im Freien tanzen oder Live-Acts bejubeln (Tel. 339 235 07 55; Juli-Aug. jede Nacht).

Sássari bietet eine lebendige Kulturszene mit vielen Theatern wie das **Teatro Civico** am Corso Vittorio Emanuele (Tel. 079 23 21 82) und das **Teatro Ferroviario** am Corso Vico 14 (Tel. 079 263 30 49). Über Veranstaltungen informiert die Touristeninformation. Als Universitätsstadt bietet Sássari eine bunte Kneipenszene, v. a. in der Via Roma und an der Piazza Castello.

WASSERSPORT

Die **Azienda Mare e Natura**, Via Sássari 77 (Tel. 079 52 00 97) organisiert u. a. Ausflüge mit Jeeps von Stintino zum Parco Nazional dell'Asinara. Einen Segeltörn ab Alghero an Bord der **Andrea Jensen**, mit Segelverzurren und Steuern unter Anleitung sowie Schwimmen und Schnorcheln buchen Sie unter 33390 70 81 39; www.ajsailing.com

Der Nordosten

Erste Orientierung 118
In vier Tagen 120
Nicht verpassen! 122
Nach Lust und Laune! 128
Wohin zum ... 131

Der Nordosten

Erste Orientierung

Phantastische, von Meer und Wind geformte Granitfelsen, prähistorische Behausungen aus Stein und eine schöne, unverfälscht friedliche Küstenlandschaft mit Inselchen und verträumten Buchten – willkommen in der Gallura. Das Meer funkelt wie Diamanten und die glitzernde Costa Smeralda – die »Smaragdküste« – wird darin nur von den Stars und Sternchen überstrahlt, die sich hier bevorzugt tummeln.

Ólbia ist die Drehscheibe dieser wunderschönen Region und somit das Ziel vieler Flugzeuge, Schiffe, Züge und Busse. Da es der Stadt leider scheinbar nie an Baustellen mangelt, kann es zu einer regelrechten Anstrengung ausarten, sich hier aufzuhalten – auch wenn einige gute Lokale durchaus zum Verweilen einladen. Besteigen Sie lieber eines der regelmäßigen Boote zur Ísola Tavolara, die imposant die Bucht für sich einnimmt.

Nur ein kleines Stück von Ólbia entfernt beginnen die viel gerühmte Costa Smeralda und die herrlichen weißen Sandstrände des Pevero-Golfs mit türkis glitzerndem Wasser. In der Nähe liegen Urlaubsorte wie Cannigione und Santa Teresa di Gallura – nicht ganz so glamourös, aber in idyllischer Küstenszenerie.

Das Hafenörtchen Palau ist das Tor zu den sieben Inseln des Arcipélago de La Maddalena: Auf der Insel Caprera lebte der Revolutionär Giuseppe Garibaldi, der hier auch begraben liegt.

Im Landesinnern zeigt die Gallura ihre andere Seite. So kann man in Arzachena ein Stück authentisches Sardinien gepaart mit beeindruckenden prähistorischen Ausgrabungsstätten erleben. Die alte Hauptstadt der Gallura, Témpio Pausánia, liegt nur eine Autostunde entfernt mitten in schöner Berglandschaft. Auf dem Weg zum höchsten Gipfel, Monte Limbara, passiert man Seen und Wasserfälle. Diese Region voller Kontraste zeigt die vielen Gesichter der Insel.

Erste Orientierung 119

★ Nicht verpassen!

1. Ólbia & Ísola Tavolara ➤ 122
2. Costa Smeralda ➤ 124
3. Arcipélago de La Maddalena ➤ 126

Seite 117:
Windsurfer vorm
Capo Testa

Gegenüber: Die
Maddalena-Inseln
sind bekannt für
ihre zerklüftete
Felsenküste

Unten: Die Dächer
von Porto Cervo

Nach Lust und Laune!

4. Porto Cervos Piazzetta ➤ 128
5. Museo Garibaldino, Ísola Caprera ➤ 128
6. Santa Teresa di Gallura ➤ 129
7. Témpio Pausánia & Ággius ➤ 129
8. Archäologische Stätten um Arzachena ➤ 129

Der Nordosten in vier Tagen

Erster Tag

Morgens
In **❶ Ólbia** (rechts; ➤ 122) angekommen, führt Ihr Weg hinauf in die Altstadt und zum Corso Umberto. Besichtigen Sie die Basilica di San Simplicio (hinter dem Bahnhof und Bahnübergang), bevor Sie am Porto San Paolo ein Ausflugsboot zur Ísola Tavolara nehmen.

Mittags
Das Ristorante da Tonino (➤ 133) auf der Ísola Tavolara bietet sich fürs Essen an. Danach lockt der Strand.

Nachmittags
Falls Sie zeitig nach Ólbia zurückkehren, fahren Sie nach Cannigione weiter, wo Sie übernachten. Nach einem Essen im l'Ancora (➤ 133) lohnt der Besuch des Nachtmarkts (nur im Sommer geöffnet).

Zweiter Tag

Morgens
Es geht zur **❷ Costa Smeralda** (➤ 124f). Fahren Sie nach Porto Cervo, wo es im Hafen schicke Boote und in den Schaufenstern der **❹ Piazzetta** (rechts; ➤ 128) schicke Auslagen zu bewundern gibt.

Mittags
Genießen Sie das süße Strandleben. In Cala di Volpe serviert die Bar Baretto Pizzeria ausgezeichnete Pizzen und Salate zu fairen Preisen auf einer Terrasse im Freien.

Nachmittags

Ein Bootsausflug oder entspannte Sonnenstunden am Strand stehen zur Wahl. Übernachten Sie in Palau oder Santa Teresa.

Dritter Tag

Morgens

Machen Sie sich auf den Weg zum ❸ **Arcipélago de La Maddalena** (▶ 126f). Von Palau verkehren in regelmäßigen Abständen Fähren (Fußgänger und Autos) zur Hauptinsel La Maddalena. Entdecken Sie bei einem Spaziergang die Altstadt von La-Maddalena-Stadt und trinken Sie an der Piazza Garibaldi einen Kaffee. Alternativ können Sie ein Boot zu einer der anderen Inseln nehmen und an Bord zu Mittag essen.

Nachmittags

Besuchen Sie die anderen Inseln, z. B. Caprera (auch über eine Straße zu erreichen), wo das ❺ **Museo Garibaldino**, das frühere Wohnhaus (▶ 128) Garibaldis, eine Besichtigung lohnt. Kehren Sie abends aufs Festland zurück.

Vierter Tag

Morgens

Fahren Sie ins Landesinnere der Gallura nach ❽ **Arzachena** (▶ 129f). In der Umgebung gibt es den pilzförmigen Fels Il Fungo, die Gigantengräber Coddu Vecchiu und Tomba dei Giganti di Li Lolghi sowie die Nekropole Li Muri zu sehen. Danach geht es nach ❼ **Témpio Pausánia** (▶ 129), wo jede Menge Auswahl an guten Restaurants fürs Mittagessen besteht.

Nachmittags

Westlich von Témpio liegt das Bergdörfchen ❼ **Ággius** (▶ 129), das wegen seines Museo Etnográfico und der berühmten Handwerkskunst einen Besuch wert ist. Vor der Stadt liegt die außergewöhnliche »Mondlandschaft« des Valle della Luna. Anschließend geht es zurück zur Küste.

Ólbia & die Ísola Tavolara

Von den Puniern gegründet, kam Ólbia als römischer Handelsort zu Wohlstand und ist heute der bedeutendste Passagierhafen Sardiniens. Vom Glanz vergangener Tage zeugt heute nicht mehr viel außer der Basilica di San Simplicio, der wichtigsten mittelalterlichen Kirche der Gallura. Die riesige Felsinsel Tavolara, die die Bucht bestimmt, ist Zufluchtsort vieler Wanderfalken und das wohl kleinste Königreich der Welt.

Wer bei der Ankunft in Ólbia schon Fluchtgedanken hegt, dem sei angesichts der hektischen, vom Verkehr und Baustellen verstopften Stadt verziehen. Die Gässchen der Altstadt um den **Corso Umberto** mit ihrem Kopfsteinpflaster bergen jedoch gute Restaurants und hübsche Piazzas, wo man gerne auf ein Glas bleibt. Von hier geht es, am Bahnhof vorbei, zur Hauptattraktion der Stadt, der **Basilica di San Simplicio** aus dem 11./12. Jh. Im Innern der aus galluresischem Stein erbauten pisanisch-romanischen Kirche sehen Sie Säulen und andere Steinmetzarbeiten aus phönizischen und römischen Tempeln. Die Apsis beherbergt zwei Fresken aus dem 13. Jh., das linke zeigt San Simplicio, den Schutzpatron Ólbias.

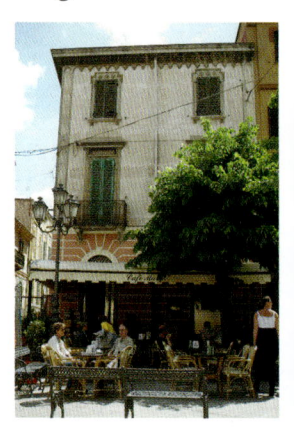

Ísola Tavolara

Die direkt südlich von Ólbia gelegene Insel ist gerade mal 4 km lang und 1 km breit und wird völlig von dem 564 m hohen Felsplateau in ihrer Mitte bestimmt. Die Insel gehört zu einem geschützten Meerpark. Die Ostseite Tavolaras ist militärisches Sperrgebiet, frei bewegen darf man sich im Westen, wo man auf einen Friedhof mit Gräbern der Könige von Tavolara stößt: Die Insel ist doch tatsächlich ein Königreich!

Als König Carlo Alberto von Sardinien 1833 zur Ziegenjagd die Insel besuchte, dankte er seinem Gastgeber Giuseppe Bertoleoni seine Gastfreundschaft, indem er ihn zum souveränen Herrscher über die Insel erhob. Seitdem stammen alle »Könige« der Insel in direkter Linie von ihm ab. Das aktuelle Inseloberhaupt, Carlo II., betreibt das Restaurant Da Tonino.

Die Insel ist ein Vogelparadies und auch wilde Ziegen, Adler und Wanderfalken fühlen sich hier heimisch. An der Südspitze liegt der schöne Strand **Spalmatore di Terra**.

KLEINE PAUSE

Herrschaftlich tafeln können Sie im Restaurant **Tonino** auf der Ísola Tavolara – verköstigt vom König der Insel (➤ 133).

Oben: Café an der Piazza Margherita in Ólbia

Gegenüber: Schlicht, aber schön – die Fassade der Kirche San Simplicio

Ólbia & die Ísola Tavolara

Ólbia 161 D3, Ísola Tavolara 161 E3

ÓLBIA & DIE ÍSOLA TAVOLARA: INSIDER-INFO

Top-Tipps: Am 15. Mai findet in Ólbia das **Fest von San Simplicio** statt.
• Auf der Insel Tavolara wird Mitte Juli über vier bis fünf Abende ein **Filmfestival** veranstaltet, bei dem unter freiem Himmel am Strand italienische Arthouse-Filme gezeigt werden. Nähere Informationen bekommen Sie bei der Touristeninformation in Ólbia und auf www.cinematavolara.it

Costa Smeralda

Wie kostbare Edelsteine glitzert das Meer der Smaragdküste – und ebenso funkeln die Diamanten des internationalen Jetsets dieses exklusiven Urlauberparadieses. Seine Existenz verdankt es Aga Khan, der sich in den 1960er-Jahren auf der Stelle in die Sandstrände und einsamen Buchten dieses 10 km langen Küstenabschnitts verliebte. Die Küste hat aber längst nicht nur an der »Smeralda« solche Schönheiten zu bieten.

Die 56 km lange, schöne Küste der Costa Smeralda beginnt ca. 12 km nördlich von Olbia und erstreckt sich über 10 km vom Golfo di Cugnana zum Golfo di Arzachena. Bei der Bebauung hatte man stets den Anspruch, dass diese mit der Landschaft harmonieren müsse. So gibt es hier keine Hochhäuser und Telefon- oder Stromkabel müssen unterirdisch verlegt werden. Die Gebäude wurden im sogenannten »neosardischen« Stil, einer Mischung von Architekturformen aus verschiedenen Mittelmeerländern, erbaut.

Porto Cervo

Die »Hauptstadt« der Region ist zugleich ihre einzige wirkliche Stadt. Im als mediterranes Fischerdorf gestalteten Ort kann man herrlich bummeln, Leute gucken – und sich die Nase an Schaufenstern reiben (➤ 128). Tagsüber ist es meist ruhig, denn alle huldigen auf Booten, in Villen oder am Strand der Sonne. Am schönsten ist es zum Sonnenuntergang.

Weitere Orte

An der Küste des Golfs von **Pevero** reihen sich schöne Strände und Buchten, die man über von der Straße nach Porto Cervo abgehende Pisten erreicht. Im Westen der Bucht Cala di Volpe lohnen sich der Capriccioli und Romazzino.

Costa Smeralda

Oben: Die Häuser von Porto Cervo fügen sich harmonisch in die Hügellandschaft ein

Gegenüber: Die Küste bei Romazzino

Auf der Ostseite des Golfo di Cugnana liegt das mondäne **Porto Rotondo**. In einem Ort, wo Silvio Berlusconis 40-Zimmer-Villa La Certosa (▶ 26) steht, darf ein Yachthafen mit Luxusbooten nicht fehlen. Später als die Costa Smeralda erbaut, gehört der Ort zwar nicht dazu, ist aber genauso reich mit Stränden gesegnet und vor allem kein billiges Pflaster.

Auf der Spitze des Capo Figari weiter südlich liegt der Ferienort **Golfo Aranci**. Hier fühlen sich v. a. Familien wohl, die schönen Strände sind praktischerweise nummeriert – Nummer drei, »La Terza Spiaggia«, ist der attraktivste.

Ebenfalls im Dunstkreis der Costa Smeralda ist **Cannigione** am Golf von Arzachena – ein süßes, quirliges Hafenstädtchen. Auch hier geht es schick zu, doch werden Sie sich weniger als anderswo genötigt sehen, Ihre Kreditkarte zu überziehen. Auf dem Gipfel des **Capo d'Orso** thront ein riesiger Fels in Bärenform. Aus einer Höhe von 122 m hat man eine umwerfende Sicht über Korsika und das Maddalena-Archipel.

KLEINE PAUSE

Das **L'Ancora** in La Conia in den Hügeln nördlich der Stadt ist auf Familien eingestellt und serviert alles von Pasta bis Seafood.

✚ 161 E4

COSTA SMERALDA: INSIDER-INFO

Top-Tipps: Der Yachthafen in **Porto Cervo** richtet viele Regatten und Yachtrennen aus, z. B. die Settimana delle Bocche Ende August, den Sardegna Cup für Yachten und das Premio für Rennboote.
• Leihen oder mieten Sie sich ein **Boot**, um zu den versteckten Buchten und Stränden der Küste zu kommen.

Geheimtipp: Leider ist der Weg zum reizenden **Portu Li Coggi** (auch Spiaggia del Principe, Fürstenstrand) schlecht ausgeschildert, aber den Versuch ist es wert. Sie starten in Cala di Volpe, lassen das berühmte gleichnamige Hotel rechter Hand liegen und gehen ca. 2,5 km Richtung Süden. Vor Capriccioli gehen Sie an der Kreuzung links in Richtung Romazzino. Rund 1,4 km vor dem Ort biegen Sie rechts zum Meer ab und stoßen nach ca. 300 m auf eine Autoschranke. Von hier leitet Sie ein kleiner Trampelpfad zum Strand.

Der Nordosten

3 Arcipélago de La Maddalena

Das Archipel im Norden der Costa Smeralda besteht aus sieben verträumten Hauptinseln, umspült von karibisch blauem Meer. Nur La Maddalena ist bewohnt und von hier gelangt man über einen Damm zur Garibaldi-Insel Caprera. Um die anderen Inseln wie Spargi und Budellis blassroten Strand Spiaggia Rosa zu sehen, müssen Sie schon ein Boot besteigen.

Die Landschaft der Gallura prägen Felsen, denen die Naturgewalten in Tausenden von Jahren ihr Gesicht verliehen. Auf La Maddalena gibt es rund 150 solcher Brocken, deren Form ihnen Spitznamen wie Hasenberg, Adlerschnabel, De Gaulle, Dinosaurier und gar Il Mostro di Lochness (Nessie) bescherten.

La-Maddalena-Stadt

Die bei vielen favorisierte Anreisemöglichkeit besteht in der 20-minütigen Überfahrt mit der Fähre von Palau nach La-Maddalena-Stadt. Diese ist ein lebendiges Städtchen mit kopfsteingepflasterten Gassen und Piazzas sowie der ansehnlichen *passeggiata* Via Garibaldi, der Hauptstraße, die die Piazza Umberto I. mit der Piazza Garibaldi verbindet. Um die Plätze gruppieren sich außerdem einige gute Lokale und schicke Bars, in denen man wunderbar Leute beobachten kann.

Das **Museo Diocesano**, das einige Geschenke von Lord Horatio Nelson ausstellt, gehört zu den wenigen Sehenswürdigkeiten. Als Kommandeur der Britischen Flotte besuchte er an Bord der *Victory* von 1803 bis 1805 immer wieder die Insel, um die in Toulon ankernden napoleonischen Soldaten im Auge zu behalten. Da er sich v. a. mit dem Hafenkapitän

Boote im Hafen von La-Maddalena-Stadt

Arcipélago de La Maddalena

von La Maddalena, Agostino Millelire, sehr gut verstand, stiftete er bei seiner Abreise der Kirche **Chiesa di S. Maria Maddalena** zwei silberne Leuchter und ein Kruzifix. Ein weiterer Schatz des Museums ist Nelsons Brief vom 18. Oktober 1804, in dem er den Einwohnern für ihre freundliche Aufnahme seiner Mannen dankt. Die riesige Sammlung an Votivgaben zeigt u. a. 500 Ringe – von sehr schlicht bis edel.

Auf der Straße nach Cala Spalmatore stoßen Sie nach ca. 1 km in der Via Panoramica auf das **Museo Archeológico Navale**. Die Hauptattraktion ist ein römisches Handelsschiff, das um 120 v. Chr. vor der Küste der Inselgruppe sank. Zu sehen sind ein rekonstruierter Querschnitt des Schiffsrumpfs und viele Amphoren.

La Caprera
Im Osten der Insel führt ein Damm zur mit Pinien bestandenen La Caprera, wo man herrlich wandern und radeln (➤ 147f) kann oder das Garibaldi-Museum (➤ 128) besucht.

Strände
Die schönsten Strände auf La Maddalena sind die Cala Maiore Spiaggia di Bassa Trinità und Stagno Torto im Westen sowie die Cala Lunga im Nordosten. Auf Caprera lohnen die beiden Strände Due Mari im Süden, im Osten Cala Brigantino und Cala Colticcio. Die anderen Inseln sind per Boot erreichbar.

Die Küste ist sehr felsenreich

KLEINE PAUSE
Ein Drink oder Snack in der **Osteria Enoteca da Liò**, Corso Vittorio Emanuele 2/6 (Tel. 0789 73 75 07) in La Maddalena.

🗺 161 D5 ⛴ regelmäßig Fähren von Palau, in der Saison auch von Cannigione und Santa Teresa

Museo Diocesano
✉ Chiesa di S. Maria Maddalena, Via Baron Manno ☎ 0789 73 74 00 🕐 Di–So 10–13, 15–20 Uhr

Museo Archeológico Navale
✉ Via Panoramica ☎ 0789 79 06 60 🕐 Mai–Sept. Di–So 10.30–12.30, 15.30–19 Uhr; Okt.–April 10.30–12.30 Uhr

---

ARCIPÉLAGO DE LA MADDALENA: INSIDER-INFO

Außerdem 1996 wurde die Inselgruppe zum Nationalpark erklärt. Die kontrovers diskutierte **Atom-U-Boot-Basis**, die die US-Marine 1973 während des Kalten Krieges auf der Ísola Santo Stefano eingerichtet hatte, wurde 2008 auf Geheiß Renato Sorus geschlossen.

• Bei den Römern wurden die Inseln »Cuniculariae« genannt – die »**Haseninseln**« – und auch heute noch hopsen muntere Kaninchen über die Insel. Die überall gegenwärtigen Schilder »*vietato dar da mangiare ai cinghiali*« ermahnen die Besucher, die ebenfalls hier lebenden Wildschweine nicht zu füttern.

Nach Lust und Laune!

4 Porto Cervos Piazzetta

Schöne Torbögen, Loggias, Bars und Shops bestimmen das Bild der Piazetta. An den Schaufenstern der zahlreichen Designerboutiquen wie Bulgari, Dolce & Gabbana oder Valentino stehen Touristen ebenso staunend wie die vielen Vertreter des Jetsets. Letzteren tun die Preise von geschätzten 1000 € pro Paar Schuhe freilich weniger weh. Die Pianobar und Terrasse des Cervo Hotel mit Blick über die Piazzetta ist ein beliebter Treffpunkt, um den Sonnenuntergang zu genießen. Kosten Sie einen *fragolino*, ein leckerer *aperitivo* aus Erdbeeren mit Wodka und Sekt.

161 D4

5 Das Museo Garibaldino auf der Ísola Caprera

Schon oft wurde der Revolutionär Giuseppe Garibaldi (1807–82), der sich 1855 auf Caprera niederließ, der »italienische Che Guevara« genannt. Nach seinem Kampf für die Vereinigung Italiens fand er Trost in der Ruhe und wilden Natur der Insel. Im Innenhof wächst die riesige Pinie, die Garibaldi am Tag der Geburt seiner Tochter Celia pflanzte (er hatte sieben Kinder mit drei Ehefrauen und einer Gouvernante). In seinem Haus, Casa Bianca, hat sich seit seinem Tod wenig verändert: Zu den ausgestellten persönlichen Dingen gehört das berühmte rote Hemd (*camicia rossa*), dem seine Getreuen ihren Namen – »die Rothemden« – verdankten, und zwei bestickte Fes-Mützen. Die Zimmer sind klein und schlicht, nur das Sterbezimmer, in dem der Kalender noch immer seinen Todestag, Freitag, den 2. Juni 1882, zeigt, ist etwas geräumiger. Seine Frau Francesca ließ es so anlegen, dass der Blick auf die Meerenge von Bonifacio und in Richtung Nizza, seiner Geburtsstadt, geht. Sein Grab im Garten ist aus rauem Granit, im Gegensatz zu den pompösen Marmorgräbern von fünf seiner Kinder und seiner letzten Frau.

161 D5 Museo Garibaldino di Caprera Juni–Sept. Di–So 9–13.30, 16–18.30 Uhr; Okt.–Mai 9–13.30 Uhr mittel

Garibaldi-Museum auf der Ísola Caprera

Spiaggia Rena Bianca bei Santa Teresa

Nach Lust und Laune!

6 Santa Teresa di Gallura

Das Städtchen an der nördlichsten Spitze der Insel hat sich zum beliebten Ferienort gemausert. Die Via del Mare führt vom Hauptplatz, der Piazza Vittorio Emanuele, zur Torre di Longosardo, einem Sarazenenturm aus dem 16. Jh. Von dessen Spitze kann man sich am Blick über die Meerenge Bonifacio nach Korsika kaum sattsehen. Westlich vom Turm führt ein Pfad hinunter zur Spiaggia Rena Bianca, dem Stadtstrand. Wer Lust auf einen französischen Tag hat, besteigt die Fähre ins 50 Minuten entfernte Bonifacio auf Korsika. Es starten auch Ausflugsboote zu den Maddalena-Inseln.

Die granitene Landzunge des Capo Testa liegt 4 km westlich und bietet zwei Strände: Linker Hand locken kristallklares Wasser und sanft ins Meer abfallender Sand, rechter Hand liegen zudem skurril geformte Felsen.

✚ 160 B5

Torre di Longosardo
Juni–Sept. tägl. 10–12.30, 16 bis 19 Uhr preiswert

7 Témpio Pausánia & Ággius

Témpio Pausánia liegt eingebettet in dichte Korkeichenwälder auf einer Höhe von 550 m im Herzen der Gallura. Die aus Granit erbaute Bergstadt ist eine der beiden Hauptstädte der Provinz Ólbia-Témpio. Zudem ist sie die Hochburg der Korkverarbeitung und der Weinherstellung (v. a. Vermentino). Viele Kirchen werden Ihnen hier auffallen, die bedeutendste ist die Cattedrale di San Pietro aus dem 15. Jh., die im 19. Jh. aber stark umgebaut wurde. Gleich daneben gibt es im mittelalterlichen Oratorio del Rosario einen kunstvoll mit Gold verzierten Barockaltar zu sehen. Die Kirche wurde von den Katalanen erbaut und im 18. Jh. umgestaltet.

Das 10 km westlich von Témpio in den Hügeln gelegene Dorf Ággius ist für seine Handwerksarbeiten wie die Webteppiche bekannt. Im Museo Etnográfico erfahren Besucher mehr über diese Kunst und die Traditionen des galluresischen Hinterlands. Ein Stück weiter nördlich kommt man im Valle della Luna (Tal des Mondes) durch ein Tal, das übersät ist mit grotesk geformten Granitfelsen.

✚ 160 B3

Museo Etnográfico
✉ Via Monti di Lizu ☎ 079 62 10 29; www.aggius.net Mitte Mai–Mitte Okt. tägl. 10–13, 16–20.30 Uhr; Mitte Okt. bis Mitte Mai Di–So 10–13, 15.30–19 Uhr

8 Archäologische Stätten um Arzachena

Die Wälder und Felder um Arzachena im Landesinnern bergen die Ruinen prähistorischer Gigantengräber und

Der Nordosten

megalithischer Steinkreise. Nicht weit von Ólbia und 2 km südöstlich von Arzachena liegt in Olivenhainen die Nuraghe Albucciu. Sie gehört zu den besterhaltenen Nuraghen der Gallura und fällt durch das ungewöhnliche, flache Granitdach statt einer Kragkuppel auf. Rund 4 km südlich von Arzachena liegt das fast völlig erhaltene Gigantengrab Coddu Vecchiu. Man glaubt, dass das ursprüngliche Ganggrab im 18.–16. Jh. v. Chr. errichtet und dann in der nuraghischen Epoche um den Vorplatz mit Steinkreis erweitert wurde.

In der Nähe befinden sich das Tomba dei Giganti di Li Lolghi auf einem Hügel und die Necropoli di Li Muri. Ersteres ähnelt stark Coddu Vecchiu, bis auf die fast doppelt so lange Grabkammer. Zur Nekropole von Li Muri kommen Sie, wenn Sie zur Straße nach Luogosanto zurückkehren und den dort links nach Westen abgehenden Weg nehmen. Die Grabstätte stammt angeblich von 3500 v. Chr. und besteht aus mehreren rechteckigen Gräbern mit Steinplatten, die von kleineren Steinen umgeben werden. In fünf zentralen Kreisen fand man in Hockstellung bestattete Tote, deren Gräber durch – heute teils umgestürzte – stehende Steine und kleine Steinkisten mit Opfergaben markiert waren.

Arzachena macht sich zwar gut als Ausgangsposition für die umliegenden Attraktionen, bietet selbst aber außer dem (natürlichen) Fels Roccia Il Fungo (»Pilzfels«) am Ende der Via Limbara nicht viel.

✚ 161 D4

Nuraghe Albucciu
🕒 Juli–Sept. tägl. 9–20 Uhr; Ostern bis Juni, Okt. 9–13, 15–19 Uhr 💶 preiswert

Coddu Vecchiu
🕒 Juli–Sept. tägl. 9–20 Uhr; Ostern bis Juni, Okt. 9–13, 15–19 Uhr 💶 preiswert

Tomba dei Giganti di Li Lolghi & Necropoli di Li Muri
☎ 340 820 97 49 🕒 Ostern–Okt. tägl. 9–19 Uhr; Nov.–Ostern Zeiten telefonisch erfragen 💶 mittel

Der »Pilzfelsen« in Arzachena

Wohin zum ... Übernachten?

Preise

Für ein Doppelzimmer gelten pro Nacht folgende Preise:
€ unter 90 €   €€ 90–155 €   €€€ 155–250 €   €€€€ über 250 €

ÖLBIA

Hotel Cavour €-€€

Das kleine Hotel (21 Zimmer) liegt mitten in Olbias Altstadt. Im geschmackvoll renovierten Haus geben kühle Weiß- und Pastelltöne den Ton an. Auf der hübschen Terrasse wird im Sommer das Frühstück serviert. Parkplatz vorhanden.

🏠 161 D3 ✉ Via Cavour 22
☎ 0789 20 40 33; Fax 0789 20 10 96;
www.cavourhotel.it

Hotel Centrale €€

Das sehr zentral gelegene Hotel wurde Ende 2006 komplett renoviert. Es macht einen sauberen und einladenden Eindruck, setzt auf Marmorakzente und klare Linien. Die Zimmer sind komfortabel.

🏠 161 D3 ✉ Corso Umberto 85
☎ 0789 230 17; Fax 0789 264 64;
E-Mail: info@hotel-olbia.it

Hotel Gallura €€

Das familiengeführte Hotel im traditionell sardischen Stil liegt nahe des (Bus-)Bahnhofs. Das gefeierte Lokal (▶ 133) bietet tolles Frühstück.

🏠 161 D3 ✉ Corso Umberto 145
☎ 0789 246 48; Fax 0789 246 29

COSTA SMERALDA

Hotel Abi d'Oru €€€-€€€€

In einer schönen Bucht am Golfo di Marinella liegt 6 km außerhalb von Porto Rotondo dieses lachsfarbene resortähnliche Hotel. Die großen Zimmer sind gemütlich, ordentlich und die meisten verfügen über Meerblick. Auf dem Gelände befinden sich ein großer Pool, aber auch ein See, der gerne von allerlei Vögeln und quakenden Fröschen besucht wird. Pfade führen hinunter zum Strand, wo eine Pizzeria ihre Gäste erwartet. Des Weiteren gibt es zwei Bars und zwei Restaurants, einen Kinderclub und Tennisplätze.

🏠 161 E4 ✉ Golfo di Marinella,
Porto Rotondo ☎ 0789 30 90 19; Fax 0789 320 44; www.alpitourworld hotels.com 🕒 April–Okt.

Hotel Baja €€€

Im Jahre 2006 wurde das Hotel von Grund auf renoviert und darf sich nun an 4 Sternen erfreuen. Das Innere der 200 m vom Strand entfernten Kreation eines französischen Architekten wird von der Farbe Weiß und minimalistischem Stil beherrscht. Es gibt 61 große, gemütliche Zimmer sowie eine Penthouse-Suite mit Terrasse und Jacuzzi. Das Restaurant ist gut, der Swimmingpool sehr einladend und das umfassend ausgestattete Spa inklusive Wellness- und Fitnessstudio bietet alles, was Sport- und Schönheitsjünger begehren.

🏠 161 D4 ✉ Via Nazionale,
Cannigione ☎ 0789 89 20 41;
www.hotelbaja.it 🕒 April–Sept.

Cala di Volpe €€€€

Das prächtigste Hotel der Starwood-Gruppe ist neosardischer Stil pur, ganz im Sinne der Erfinder, der französischen Architekten Michele Busiri Vici und Jacques Couelle. Das einem Fischerdorf nachempfundene Resort verfügt über einen privaten Hafen mit eigenem Kai, der in die gleichnamige Bucht hinausragt. Das Erscheinungsbild wirkt mit den grob verputzten Wänden und traditionellen Möbeln rustikal, die modernen Badezimmer sind jedoch mit sardischem Marmor und handgefertigter Keramik ausgestattet. Die Gäste sind glamourös,

Der Nordosten

reich und berühmt, wie man spätestens beim legendären Pool-Buffet feststellen wird. Weitere Pluspunkte: ein Meerwasserpool, ein 9-Loch-Golfplatz, Sauna und Fitnessstudio.

+ 131 D4 ⌂ **Porto Cervo** ☎ 0789 97 61 11; www.starwoodhotels.com
◷ März–Okt.

Li Capanni €€€

Die Ruineoase liegt auf einem 5 ha großen Privatgrundstück zwischen Cannigione und Palau und verfügt über einen lauschigen Strand. Der Besitzer ist der Musiker Peter Gabriel, der den Bau der sechs terrakotafarbenen Hütten höchstpersönlich betreute. Von der Terrasse aus werden private Restaurants, das sardische Küche serviert, hat man eine unverstellte Sicht auf La Maddalena. Das kleine freundliche Team hilft gern beim Planen von Ausflügen zu den anderen Inseln, Weingütern oder Ausgrabungsstätten.

+ 16 ⌂ **Località Li Capanni, Arzachena** ☎ 0789 86041;
www.licapanni.com ◷ Mai–Sept.

Cervo Hotel €€€€

Direkt an Porto Cervos Piazzetta mit Blick auf den Hafen liegt dieses Starwood-Hotel. Sie haben die Wahl zwischen zwei Flügeln – den 16 Zimmern des Tennis Clubs und den hochpreisigeren Zimmern des Cervo-Flügels. Die Räumlichkeiten sind rustikal, aber elegant. Die meisten Zimmer haben eine Terrasse oder einen Balkon mit Blick auf den Hafen, den Pool oder die Piazzetta. Fünf schicke Restaurants sorgen fürs leibliche Wohl und die exklusiven Boutiquen sind auch gleich um die Ecke.

+ 161 D4 ⌂ **Piazzetta, Porto Cervo**
☎ 0789 93 11 11; www.sheraton.com

Hotel Pitrizza €€€€

Die kleine Villa ist der Inbegriff von Exklusivität und perfekt für Paare. Im teuersten 5-Sterne-Hotel an der Costa Smeralda geht es mondän, aber dezent zu. Es gibt einen privaten Strand und der aus dem Granitfelsen geschlagene Pool geht ins Meer über. Die 55 eleganten Zimmer sind im traditionell sardischen Stil eingerichtet, dazu genießt man erwartungsgemäß tadellosen Service. Vom Pitrizza Restaurant and Grill am Pool hat man einen wunderschönen Blick und auf der geräumigen Terrasse neben der Bar des Pitrizza sitzt man fabelhaft.

+ 161 D4 ⌂ **Porto Cervo** ☎ 0789
93 01 11; www.starwoodhotels.com
◷ Mai–Sept.

Hotel Romazzino €€€€

Das 5-Sterne-Luxushotel ist eins der schönsten und teuersten der Insel. Das im neosardischen Stil gebaute Haus mit seinen gewölbten, weiß getünchten Wänden liegt inmitten eines Blumengartens inklusive Privatstrand. Die Inneneinrichtung und farbigen Fliesen bestehen alle aus natürlichen Materialien aus der Gegend und die gut ausgestatteten Zimmer haben Terrasse oder Balkon. Von den drei Starwood-Hotels an der Costa Smeralda ist dieses für Familien am besten geeignet, denn der »Toy Club« bietet Spielplatz, Kinderspeisesäle und Babysitter. Weitere Annehmlichkeiten: Restaurant Romazzino, Bar Ginepro, Grillplatz, Meerwasser-Swimmingpool, Tennis, Wassersport und Fitnesscenter.

+ 161 D4 ⌂ **Porto Cervo** ☎ 0789
97 11 11; www.starwoodhotels.com
◷ April–Okt.

SANTA TERESA DI GALLURA

Marinaro €€

Das angenehme 3-Sterne-Hotel liegt in einer ruhigen Straße in der Innenstadt, ist aber nicht weit vom Strand entfernt. Im Innern finden sich überall grün-weiße Streifen als Farbthema. Von den bodenlangen Fenstern der stilsicher renovierten Schlafzimmer tritt man auf den Balkon. Vom obersten Stock hat man eine phantastische Sicht. Außerdem gibt es ein gutes Restaurant. Die Angestellten sind sehr freundlich.

+ 160 B5 ⌂ **Via Angioy 48** ☎ 0789
75 41 12; Fax 0789 75 81 17;
www.hotelmarinaro.it

Wohin zum …
Essen und Trinken?

Preise
Für ein Drei-Gänge-Menü ohne Getränke und Service gelten pro Person diese Preise:
€ unter 26 € €€ 26–55 € €€€ über 55 €

ÓLBIA & ÍSOLA TAVOLARA

Da Antonio €
Die Trattoria mit Natursteinfassade im Zentrum Olbias hat gute Menüs und Pizzen im Angebot.
🕀 161 D3 ☒ Via Garibaldi 48, Ólbia
☎ 0789 60 90 82

Ristorante Gallura €€
In diesem beliebten Restaurant können Sie galluresische Küche, die Traditionelles kreativ interpretiert, kosten. Spezialitäten sind z. B. *anemoni di mare fritti* (gebratene Seeigel), Muscheln und Saffran-Kaninchen. Nur mit Reservierung.
🕀 161 D3 ☒ Corso Umberto 145, Ólbia ☎ 0789 24 64 48 🕒 Di–So

La Lanterna da Giacomo €–€€
In einem kuschligen Kellerlokal im Herzen Olbias zaubert diese Kombi aus Restaurant und Pizzeria Schätze aus dem Meer auf den Tisch. Aber auch Vegetarier und Fleischfans müssen keinesfalls darben. Die Portionen sind äußerst großzügig, doch gilt es, im Bauch Platz für eines der köstlichen, hausgemachten Desserts zu lassen.
🕀 161 D3 ☒ Via Olbia 13, Olbia ☎ 0789 23 08 2 🕒 Sommer tägl.; Winter Do–Di

Ristorante da Tonino €€
Im Tonino schwingt der regierende »König« von Tavolara das Zepter. Die Spezialität Fisch und Meeresfrüchte werden souverän lässig auf der bezaubernden Terrasse serviert.
🕀 161 D3 ☒ Via Tavolara 14
☎ 0789 58 57 0 🕒 nur im Sommer

COSTA SMERALDA

L'Ancora €€
Das 1 km nördlich von Cannigione gelegene Lokal ist verdientermaßen beliebt. Foccacia mit Olivenöl und Rosmarin oder Pecorino werden kostenlos zum Essen gereicht. Antipasti wie geräucherter Thunfisch und Hummer, frische Pizzen aus dem Holzofen sowie eine Reihe Fleischgerichte munden fabelhaft.
🕀 161 D4 ☒ Località La Conta, Cannigione ☎ 0789 86 08 6

Antonella & Gigi Ristorante-Pizzeria €€
Auf diesem teuren Pflaster bietet das rustikale, familiengeführte Lokal ein gutes Preis-Leistungs-Verhältnis. Klassiker wie *insalata di mare* (Meeresfrüchtesalat), *prosciutto e melone* (Melone an Schinken), verschiedener Grilfisch und der »Tagesfang« werden frisch und einfach zubereitet. Die Wände sind mit traditionellen Motiven bemalt.
🕀 161 E4 ☒ Villaggio Juniperus, Porto Rotondo ☎ 0789 34 23 8
🕒 Mi–Mo 12–15, 19–23 Uhr

Mama Latina €€
Das Pizzeria-Restaurant gehört zu den wenigen, das ganze Jahr über geöffnet haben – und noch dazu erschwinglich sind. Im Café gibt es preiswerte Pizzen und im Speiseraum leckere Salate und Fischgerichte.
🕀 161 D4 ☒ Porto Cervo Marina ☎ 0789 91 31 2 🕒 April–Sept. tägl.; Okt.–März Mo–Sa

Tanit €€€
Hier werden Sie mit Blick über den exklusiven Yachthafen nach Strich und Faden verwöhnt – allerdings

Der Nordosten

sollten Sie ein prall gefülltes Portemonnaie dabei haben. Auf die Drinks auf der Panoramaterrasse folgt ein Festmahl aus Fisch und Meeresfrüchten, aber auch argentinisches Rind steht zur Wahl. Die Bedienung ist sehr zuvorkommend.

🏠 161 D4 ✉ Poltu Quatu (zwischen Báia Sardinia und Porto Cervo) ☎ 0789 95 50 08 🕐 Sommer tägl. Bar ab 1 € Uhr, Abendessen ab 19.30 Uhr

LA MADDALENA

La Grotta €€

Das alteingesessene Familienlokal in einer Gasse an der Via Italia bietet Tische im Freien, rustikales und belebtes Ambiente und mit Inhaber Enzo einen engagierten Gastgeber. Fisch und Meeresfrüchte türmen sich zu verführerischen Gerichten wie *penne alla grotta* (Pasta mit Meeresfrüchten) oder *aragosta settotto* – tummer nach Art des Hauses.

🏠 161 D5 ✉ Via Principe di Napoli 3, La Maddalena ☎ 0789 73 72 28; www.lagrotta.it 🕐 Mai–Sept.

Wohin zum ... Einkaufen?

Die schönen Ferienorte Palau, Santa Teresa di Gallura, Báia Sardinia und Cannigione können zwar nicht mit dem Glamourfaktor und der Exklusivität von Porto Cervo und Porto Rotondo mithalten, aber vielen ist ihre zwanglose Atmosphäre lieber. In jedem Ort gibt es Souvenirläden und Nachtmärkte. Der beste findet in Palau statt und hat in der Hochsaison bis 1 Uhr nachts geöffnet.

Auf La Maddalena sollten Sie **Sardegna da Mangiare e da Bere** an der Piazza Garibaldi (Tel. 0789 73108) nicht verpassen – ein wahres Schlaraffenland sardischer Spezialitäten: Von Käse und Salami über Pasta bis hin zu *dolci sardi*, Weinen und *mirto* wird Sie hier an jeder Ecke eine andere schön präsentierte Leckerei anlachen.

Wohin zum ... Ausgehen?

KLASSISCHE MUSIK

In der **Chiesa di Stella Maris** in Porto Cervo an der Costa Smeralda werden im Sommer Klassikkonzerte gegeben. Jeden Sommer veranstaltet Olbia Ende Juli ein Sommerfest, das **l'Estate Olbiense**. Auf der Piazza Margherita finden dann Konzerte und Performances statt.

NACHTLEBEN

Das Epizentrum des Nachtlebens reiht sich ein paar Kilometer südlich von Porto Cervo in Form der drei angesagtesten Clubs an einer Straße auf. Das **Sopravento** (Località Golfo di Pevero; Tel. 0789 947 17), das **Sottovento** (Località Golfo di Pevero; Tel. 0789 922 43) und der **Billionaire Club** (Località Alto Pevero; Tel. 0789 941 92) öffnen nur im Sommer. Alle sind sehr exklusiv, sehr teuer und haben sehr strenge Türsteher: Tun Sie, als ob Sie es ernst meinen und v. a. als seien Sie schwerreich. Wem das gelingt, der kann im Kerzenschimmer der Nischen des Billionaire Club mitunter Promis wie Paris Hilton und P. Diddy ausmachen.

Wenn es etwas ruhiger sein darf, ist das **Café du Port** am Porto Vecchio in Porto Cervo eine gute Adresse zum Leute beobachten.

In Olbia kann man sich im Sommer auf der Terrasse des **Planet Café La Moride** in der Viale Aldo Moro (Tel. 0789 598559) verlustieren.

Spaziergänge & Touren

1 Cágliari 136
2 Von Cágliari nach Villasimíus 138
3 Oristano & die Sínis-Halbinsel 140
4 Alghero 142
5 Im Gennargentu-Gebirge 144
6 Die Ísola Caprera 147

Spaziergänge & Touren

1 Cágliari
Spaziergang

Der Spaziergang führt vom mittelalterlichen Cágliari um die Bastione San Remy vorbei am Amphitheater und dem Botanischen Garten zu den Cafés der Via Roma.

LÄNGE 4 km **DAUER** 3–4 Stunden
START Bastione San Remy 🞢 170 B4 **ZIEL** Via Roma 🞢 170 B3

1–2
Von der **Bastione San Remy** an der Piazza Costituzione geht es nach Norden über die Via Fossario zur Piazza Palazzo. Hier sind Sie im Herzen des Castello-Viertels und erblicken rechter Hand die pisanisch-romanische Fassade der **Cattedrale**. Das Kircheninnere ist hingegen im Barock- und Gotikstil gehalten (▶ 46). Zu Ihrer Linken, an der nordöstlichen Seite der Piazza Palazzo, steht der **Palazzo Viceregio**, dessen hellgrüne neoklassische Fassade einen schönen Kontrast mit den rostroten Fensterläden bildet (Di–Fr 8.30 bis 14, 15–19, Sa 8.30–14 Uhr). Der Empfangssaal ist mit Lüstern aus Muranoglas, Deckenfresken und Seidentapeten versehen – und den Porträts der piemontesischen Vizekönige, die Sardinien von hier aus regierten.

2–3
Wenden Sie sich nach Norden und nach rechts zur kleinen Piazzetta Mercede Mundula, von der sich Ihnen eine grandiose Sicht über die Bucht bietet. Auf der Via Pietro Martini geht es weiter zur Piazza Indipendenza, an deren oberen Ende die **Torre di San Pancrazio** (Di bis So 9–13, 15.30–19.30 Uhr) thront. Neben der Torre dell' Elefante (▶ 46) ist dies der zweite Turm, der von der mittelalterlichen Stadtbefestigung noch erhalten ist. Er wurde 1305 von den Pisanern erbaut und ragt ganze 55 m in die Höhe. Von seiner Spitze haben Sie eine tolle Aussicht. Durch den Torbogen kommen Sie über die schräg abfallende Piazza Arsenale zur **Cittadella dei Musei**.

3–4
Hier finden Sie vier Museen: die Pinacoteca (Pinakothek); die Mostra di Cere Anatomiche, ein Wachsfigurenkabinett mit einigen ziemlich »blutigen« anatomischen Exponaten; das Museo d'Arte Siamese (Südostasiatische

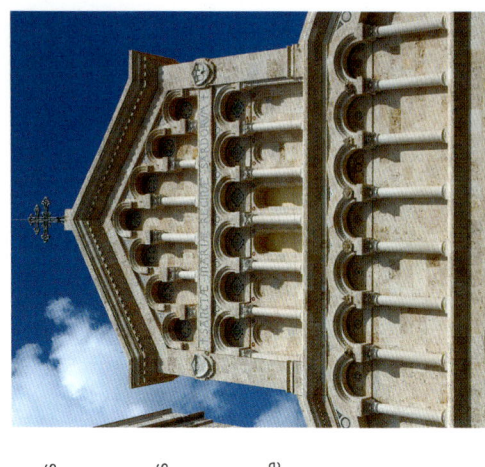

Cágliaris pisanisch-romanische Cattedrale

1 Cágliari

Die Ruine des römischen Amphitheaters

4–5
Nach Verlassen des Museums gehen Sie rechter Hand durch die Porta Cristina (»ingresso al castello« beschildert). Biegen Sie rechts in die Viale Buon Cammino und überqueren Sie die links abgehende Via Anfiteatro. Unter Jacarandabäumen spazierend sehen Sie zur Ihrer Linken das **Anfiteatro Romano** in Sicht kommen. Bei der nächsten Kreuzung gehen Sie links in die Via Frà Ignazio da Laconi zum Eingang des Amphitheaters (Di–Sa 9.30–13.30, So 10–13 Uhr). Das Theater wurde im 2. Jh. direkt aus dem Fels geschlagen und bot 10 000 Menschen Platz (damals die ganze Bevölkerung der Stadt). Es hat zwar Schaden genommen, ist aber immer noch sehr imposant.

5–6
Folgen Sie weiter der Straße, die einen Linksbogen beschreibt, zur Nr. 11: dem **Orto Botánico** (Botanischer Garten; ▶ 55). Der schöne Park ist die grüne Lunge der Stadt.

6–7
Verlassen Sie den Park vorbei an der Chiesa di San Michele und gehen Sie links in die Via Portoscalas. Biegen Sie dann links in den Corso Vittorio Emanuele II, anschließend rechts in den Largo Carlo Felice, der Sie dann geradeaus zur Via Roma bringt.

KLEINE PAUSE
Das **Il Caffè** im Largo Carlo Felice 76 ist nicht nur ein Café, sondern auch ein sehr guter Buchladen.

138 Spaziergänge & Touren

2 Von Cágliari nach Villasimius
Tour

LÄNGE 51 km nach Villasimius (inklusive der Umwege zu den Stränden)
DAUER 2–3 Stunden, mit Umwegen ein Tag
START Cágliari Airport ✚ 168 A2 **ZIEL** Villasimius ✚ 169 D1

Am Golfo degli Ángeli (Engelsgolf) vorbei führt diese Tour über die Strada Panorámica mit Blick auf reizvolle Strände und niedrige, mit Macchia bewachsene Hügel. Wenn Sie Cágliari erst einmal hinter sich gelassen haben, wird die Küste ruhiger. Die Straße schlängelt sich durch das hügelige Land und präsentiert tolle Meerblicke, weiße Sandstrände und versteckte Buchten, die entdeckt werden wollen.

1–2
Wenn Sie am **Flughafen Cágliari** (6 km nordwestlich von Cágliari) starten, folgen Sie der SS554 nach Südosten und der Beschilderung nach Quartu S. Elena und Villasimius. Größtenteils fahren Sie die zweispurige Umgehungsstraße (keine Maut). Wenn Sie sich dem Meer nähern, begrüßen Sie links und rechts in den Lagunen Stagno Simbrizzi und Stagno di Quartu eventuell schon Flamingos. Zum Poetto-Strand biegen Sie links auf die Küstenstraße, fahren an der Spiaggia di Quartu vorbei und weiter zur Marina Piccola am **Poetto**.

1–2 (Alternative)
Vom Stadtzentrum Cágliaris geht es auf der Via Roma in südöstliche Richtung, über den Largo Carlo Felice hinweg und weiter, bis er zur Viale Armando Diaz wird. Diese führt über den Ponto Vittorio, dann schräg links in die Viale Poetto. Schließlich biegen Sie links in die Via Lungo Saline. Am riesigen, feinsandigen **Poetto**-Strand (über 5 km lang) liegt auch die

Boote im Hafen von Villasimius

Felsküste zwischen Cágliari und Villasimius

2 Von Cágliari nach Villasimíus

Molentargius-Lagune, die oft von Flamingos und anderen Wasservögeln besucht wird.

Folgen Sie auf der Küstenstraße den Schildern nach **Solánas**, das ca.

2–3
Fahren Sie weiter die Küste entlang auf der Panoramastraße von Cágliari nach Villasimíus. Der nächste Stopp ist **Sant' Andrea** (linke Seite). Zum Strand biegen Sie ein Stück weiter nach rechts in die Via Taormina ein. An der Westseite liegen die Ruinen einer römischen Villa und einer Therme aus dem 3. Jh.

3–4
Kehren Sie zur Panoramastraße an der Küste zurück, auf der Sie nach ca. 13 km **Geremeás** mit seinen Traumstränden erreichen. In der Nähe, östlich von der Dorfmitte, steht die **Torre delle Stelle**, wo ein Trampelpfad zum Strand abgeht. Dort gibt es neben einem schönen Panorama auch Bars und Läden.

32 km von Cágliari entfernt ist. Die Hauptstraße macht eine Schleife zum zentralen Parkplatz in der Dorfmitte, von wo man gut zum Strand kommt. Der östliche Teil des Strandes mit seinen Dünen am **Capo Boi** ist allerdings schöner. Der großflächige Strand mit dem feinen Sand erstreckt sich bis in den Westen der Landzunge und wird von einem Sarazenenturm aus dem 16. Jh., der **Torre di Capo Boi**, bewacht.

5–6
Sie kehren zurück auf die Hauptstraße, auf der Sie nach rund 11 km eine Abzweigung nach **Capo Carbonara** nehmen. Das Kap ist der südöstlichste Punkt Sardiniens und bietet einen unvergesslichen Ausblick. Zurück auf der Hauptstraße fahren Sie weiter nach Villasimíus.

KLEINE PAUSE
Essen Sie im **Ristorante da Barbara**, Strada Provinciale per Villasimíus, in Solánas, Tel. 070 75 06 30, oder genießen Sie im **Café del Porto** (▶ 60) in Porto di Villasimíus einen Drink und den Hafenblick.

3 Oristano & die Sínis-Halbinsel

Tour

LÄNGE 4,9 km **DAUER** ein halber Tag
START/ZIEL Oristano ✚ 162 C3

Auf dieser gemächlichen Tour lernen Sie das Seebad Marina di Torre Grande und das »Flamingo-Paradies« der Lagunenwelt von Mistras und Cábras kennen. Schließlich erreichen Sie die Spitze der Sínis-Halbinsel und damit die Ruinen des grandios gelegenen antiken Thárros.

1–2

Von Oristano nehmen Sie die SS292 nach Norden n Richtung Marina di Torre Grande und Cúglieri. Auf einer langen Brücke überqueren Sie den Tirso. Dahinter gabelt sich die Straße. Sie nehmen den nach Cábras/Thárros ausgeschilderten Weg nach links und halten sich an die Schilder nach San Giovanni di Sínis. Rund 9 km hinter Oristano erreichen Sie **Marina di Torre Grande** (▶ 71). Das Dorf ist ein belebtes Küstenörtchen (zumindest in der Saison) mit einem langen, weißen Sandstrand, der sanft ins Meer abfällt. Alle möglichen Wassersportarten stehen den Besuchern zur Wahl.

Volleyballspieler am Strand von Marina di Torre Grande

2–3

Kehren Sie zur Hauptstraße zurück und biegen Sie an der Kreuzung links nach San Giovanni di Sínis ab. Die Straße wird nun links vom **Stagno di** Mistras, rechts vom **Stagno di Cábras** flankiert, der mit 2000 ha größten Lagune Italiens. Außer Flamingos gibt es in den Gewässern jede Menge Fische, v. a. Meeräschen, aus deren Rogen die berühmte *bottarga* gemacht wird. Ignorieren Sie die Abzweigung nach rechts und fahren Sie geradeaus nach **San Giovanni di Sínis**.

3–4

Die Chiesa di San Giovanni di Sínis des verschlafenen Fischerdorfs ist nach San Saturnino in Cagliari die älteste Kirche Sardiniens. Das Innere der Kirche aus dem Jahre 476 ist erfrischend schlicht. Hinter der Kirche liegen am Meer einige reetgedeckte *domus de crucuri* (Binsenhütten), in denen früher Fischer lebten. Folgen Sie der Straße nach **Thárros**.

4–5

Thárros (▶ 69f) wurde 730 v. Chr. gegründet und stieg zur reichsten phönizischen Hafenstadt der Westküste auf. Bis weit nach der Invasion der Römer 238 v. Chr. florierte die Stadt, wurde wegen ständiger Piratenangriffe aber 1070 zugunsten Oristanos aufgegeben. Die meisten Ruinen stammen aus römischer

3 Oristano & die Sínis-Halbinsel 141

KLEINE PAUSE
Genehmigen Sie sich einen Drink unter Palmen an der Promenade in Marina di Torre Grande oder in San Salvatores einziger Bar, dem Wild West Saloon.

5–6
Fahren Sie denselben Weg zurück, bis Sie 4 km weiter nördlich links zur Abzweigung nach San Salvatore/Riola kommen. Im staubigen kleinen **San Salvatore** (▶75) wurden einst Italo-Western gedreht. Außer zum »Rennen der Barfüßigen« im September liegt die Freiluftkulisse oft verlassen da.

6–7
Fahren Sie 7 km nordöstlich auf der SP7 zur SP59. Biegen Sie dann nach 1 km rechts auf die SS292, wo Sie bleiben, bis es rechts an der Via Sant'Anna nach Riola Sardo hineingeht. Sie folgen der SS292 bis Oristano.

Korinthische Säulen in Thárros

Zeit, es gibt aber auch noch einen Tempel mit dorischen Säulen sowie eine Kinderbegräbnisstätte (tophet) aus phönizischer Zeit. Ein alter Sarazenenturm wacht über die Landzunge mit ihren schönen Stränden – wie dem nahen Strand von San Giovanni di Sínis.

4 Alghero
Spaziergang

Der Spaziergang geht durch die von alten Mauern und Türmen geschützte Altstadt Algheros. Im engen Gassengewirr lernen Sie nicht nur die bedeutendsten Museen und Kirchen der Stadt kennen, sondern auch sardischen Alltag in Form der wie Wimpel über die Straße hängenden Wäsche. Ihr Weg führt zum Hauptplatz Piazza Civica, wo Karl V. 1541 zum Volk sprach, ehe er gegen die Türken ritt.

Statuen im Innern der Chiesa di San Francesco

LÄNGE 2 km **DAUER** 2–3 Stunden
START Piazza Porta Terra 🗺 170 D1 **ZIEL** Piazza Civica 🗺 170 B2

1–2
Ihr Bummel beginnt an der **Piazza Porta Terra** gegenüber dem oberen Ende des Giardino Pùbblico. Das Porta Terra war eines von zwei Stadttoren und beherbergt heute ein museales Besucherzentrum. 32 Stufen bringen Sie zur Spitze und einem großartigen Stadtpanorama. Nach Verlassen des Turms gehen Sie links in die Carrer de los Arjoles, dann rechts in die Via Ambrogion Machin. Am Ende der Straße wenden Sie sich rechts und erblicken rechter Hand die **Chiesa di San Francesco**. Die Klosterkirche mit dem spitzen, aragonesischen Turm ist eines der Wahrzeichen der Stadt und zudem ein schönes Beispiel für die die Stadt prägende katalanische Architektur. Teile des Kreuzgangs stammen aus dem 13. Jh.

2–3
Von der Kirche gehen Sie nach links und die **Via Carlo Alberto** zurück. In ihren vielen Boutiquen und Schmuckläden schlägt das Shopping-Herz der Stadt. Sie laufen geradeaus weiter und überqueren die Via Gilbert Ferret. Die Kreuzung ist als »quatre contonades« (vier Seiten) bekannt; hier versammelten sich jahrhundertelang Tagelöhner, um einen Job zu ergattern. Hinter der Kreuzung kommen Sie zur opulenten Barockkirche **Chiesa di San Michele** aus dem 17. Jh., die mit ihrer funkelnden Kuppel aus Keramikkacheln die Stadtsilhouette prägt. Im Innern gibt es schöne Altargemälde zu bestaunen.

3–4
Von San Michele geht es zurück zur Via Gilbert Ferret, dort links, dann rechts in die Via Principe Umberto. Sie ist eine der interessantesten Straßen der Altstadt mit alten Gebäuden wie dem **Palazzo Machin** (Nr. 9–11). An dem einstigen Bischofswohnsitz nagt zwar der Zahn der Zeit, aber die gotischen Fenster sind noch

4–5

Nach der Besichtigung der Cattedrale bietet die ehemalige Rosario-Kirche nebenan den passenden Rahmen für die faszinierenden Sakralkunstschätze des **Museo Diocesano d'Arte Sacra**. Gehen Sie in östlicher Richtung, vorbei an der Via Maiorca, Via Carlo Alberto und Vicolo Sena, zur **Piazza Civica**. Der als »*Il Salotto*« (Wohnstube) bezeichnete Hauptplatz der Altstadt liegt direkt hinter dem Porta a Mare (Meerestor) und wird von allerlei sonnenbeschirmten Straßenbars bevölkert. Auf der gegenüberliegenden Seite der Piazza steht der gotische Palazzo d'Albis, von dessen Balkon aus Karl V. der Menge »*Estade todos caballeros*« (»Hiermit seid ihr alle Ritter«) zurief.

Der Klassizismus bestimmt die Fassade der Cattedrale

immer bildschön. Wenn Sie weiter die Straße hinaufgehen, taucht rechts der achteckige Campanile der **Cattedrale di Santa Maria** auf, deren Eingang an der Piazza Duomo liegt. Das Innere ist ein Stilgemisch mit Betonung auf Barock, doch auch Teile des ursprünglichen Baus aus dem 16. Jh. sind noch zu sehen.

KLEINE PAUSE

Das **Jamaica Inn** in der Via Principe Umberto 57 (Di–So) ist wie ein Pub: gute Snacks und Drinks – die Betonung liegt eher auf Wein als Bier. Als Weinbar und Deli-Laden ist auch das **Il Ghiotto** (▶ 114), Piazza Civica 23, ein guter Tipp fürs Mittagessen.

144 Spaziergänge & Touren

5 Im Gennargentu-Gebirge
Tour

Quer durch eine mit Granitfelsen durchsetzte Hügellandschaft, die gerahmt wird von saftiger, mediterraner Macchia, Kork- und Eichenbäumen, führt Sie diese Tour. Genießen Sie die Schluchten und Wege dieser majestätischen Bergwelt und die Weinberge bei Oliena, wo einige der besten Tropfen der Insel herkommen.

LÄNGE 77 km **DAUER** ein halber bis zu einem Tag
START/ZIEL Nùoro ⊞ 164 C4

1–2
Auf der Via Trieste verlassen Sie Nùoro in östlicher Richtung. Bleiben Sie auf dieser Straße, die zur Via Ballero wird und biegen Sie links in die Viale La Solitudine. Nach 300 m fahren Sie rechter Hand auf die SP42, Via Monte Ortobene, auf. Die Panoramastraße schlängelt sich die Berge hinauf und ca. 8 km hinter Nùoro signalisieren Ihnen Bodenschwellen, Souvenirstände und Lokale am Straßenrand, dass Sie Ihr Ziel erreicht haben. Stellen Sie Ihr Auto am Parkplatz nahe des Gipfels des **Monte Ortobene** ab und folgen Sie den verblassten gelben Schildern zum »Il Redentore«. Nach 100 m gilt es, 49 Stufen im Fels zu überwinden, an deren oberen Ende Sie die Bronzestatue von Christus dem Erlöser (▶ 92) grüßt.

2–3
Das nächste Ziel ist das 12 km entfernte **Oliena**. Vom Monte Ortobene nehmen Sie die SP42 in nordwestlicher Richtung zur SP45/Via Valverde. Folgen Sie der SP45 und bleiben Sie beim Abzweig der nach rechts gehenden Viale La Solitudine links auf der SP45. Dann geht es scharf links auf die SS129 und nach 4,3 km an der SP22 nach rechts. Bleiben Sie auf der SP22 und halten Sie sich links. An der Via Raffaele Calamida fahren Sie schräg rechts, dann biegen Sie rechts in die Via Nùoro/SP46 und folgen der Beschilderung zur Touristeninformation in der Via Deledda. Hier gibt es Infos zur Umgebung (z. B. Tiscali und die Gola Su Gorruppu). Das hübsche Oliena mit seinen weiß getünchten, alten Häusern, die mit Balkonen, Terrassen und eigentümlichen Kaminen versehen sind,

Auf der Straße von Nùoro nach Monte Ortobene

5 Im Gennargentu-Gebirge

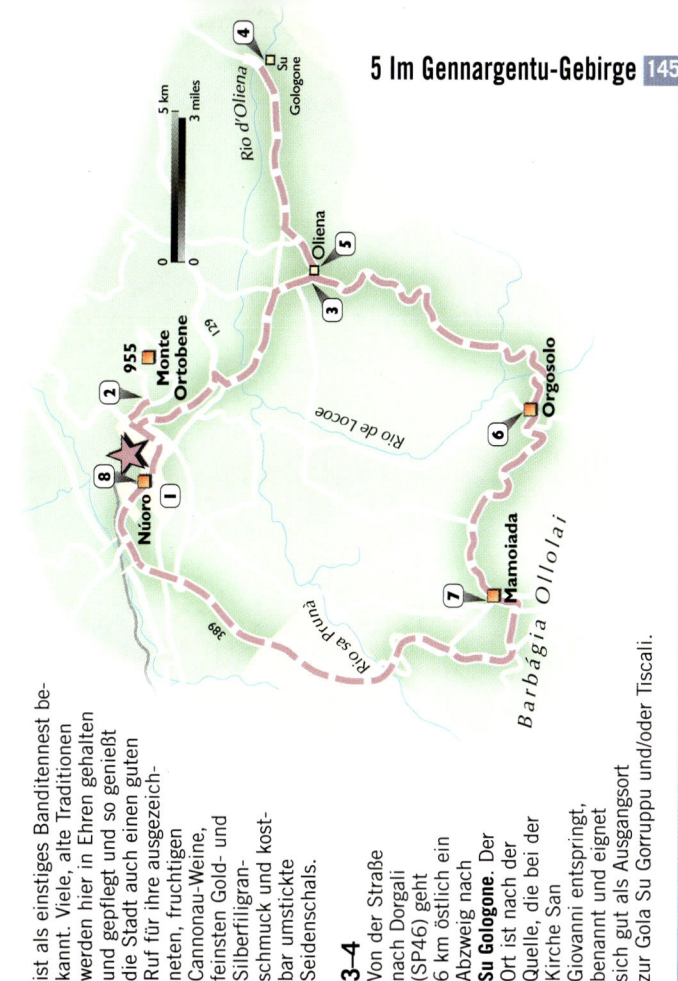

ist als einstiges Banditennest bekannt. Viele, alte Traditionen werden hier in Ehren gehalten und gepflegt und so genießt die Stadt auch einen guten Ruf für ihre ausgezeichneten, fruchtigen Cannonau-Weine, feinsten Gold- und Silberfiligranschmuck und kostbar umstickte Seidenschals.

3–4
Von der Straße nach Dorgali (SP46) geht 6 km östlich ein Abzweig nach **Su Gologone**. Der Ort ist nach der Quelle, die bei der Kirche San Giovanni entspringt, benannt und eignet sich gut als Ausgangsort zur Gola Su Gorruppu und/oder Tiscali.

Hochlandrinder – im Gennargentu keine Seltenheit

Spaziergänge & Touren

Bedenken Sie, dass so ein Ausflug ca. vier Stunden in Anspruch nimmt und anstrengende Kletterpartien beinhaltet (▲ 90f, 92f). Das hier ansässige Luxushotel organisiert Ausflüge und bietet ein gutes Lokal.

4–5
Fahren Sie auf der SP46 zurück nach Oliena.

5–6
Rund 7 km vor Oliena biegen Sie links auf die SP58, deren kurvigem Verlauf Sie ca. 11 km durch großartige Landschaftsszenerie bis nach **Orgosolo** (▲ 94) folgen. Die »Hauptstadt der Barbágia« war einst als Versteck vieler Gebirgsbanditen verschrien. Berühmter ist die Stadt aber für die Wandgemälde, die auf jedem freien Stück Mauer prangen und in denen die Einheimischen sowohl politische als auch volkstümliche Themen aufgreifen.

6–7
Von Orgosolo geht es ins 10 km westlich gelegene **Mamoiada** (▲ 93). Nehmen Sie die SP22/Corso Repubblica in Richtung Via di Vittorio und fahren Sie weiter auf der SP22. Der Ort ist v. a. für sein Karnevalsfest (Feb./März) berühmt, das mit allerlei Masken und Trachten gefeiert wird. Die Kostüme der daran beteiligten *mamuthones* kann man im Museo delle Maschere Mediterranee bewundern.

7–8
Von Mamoiada aus fahren Sie auf der Via Matteotti südwestlich zur Via Núoro, wo Sie rechts abbiegen. An der SS389/Via Vittorio Emanuele II geht es wieder rechts und 16 km nach Núoro.

KLEINE PAUSE
Im Schatten der Eucalyptusbäume in Su Gologone kann man am Ufer der Heilquelle malerisch picknicken. Etwas exklusiver sind die köstlichen Speisen des Hotelrestaurants Su Gologone (▲ 97).

Eins von vielen faszinierenden Wandbildern in Orgosolo

Keramik zum Verkauf in Orgosolo

6 Die Ísola Caprera

Die Isola Caprera
Spaziergang

LÄNGE 12,5 km **DAUER** 4 Stunden
START/ZIEL Parkplatz, Caprera (350 m hinter dem Damm auf La Maddalena) 161 D5

Die grünste Insel des Archipels wird auch die »Insel Garibaldis« genannt. Der Revolutionär liebte die Freiheit und Ruhe auf dem Eiland so sehr, dass er seinen Lebensabend hier verbrachte (▶128). Spazieren Sie durch duftende Macchia, grüne Pinienhaine und genießen Sie den überwältigenden Blick über die umliegenden Inseln und Korsika. Den höchsten Gipfel der Insel, den 212 m messenden rosafarbenen Granitfels des Monte Telaione, umschwirren gelegentlich Wanderfalken, aber auch eine Tour zum schönen Strand Cala Coticcio ist verlockend.

1–2

Am Parkplatz zweigt ein Fußweg nach rechts geradeaus in die Macchia ab. Lassen Sie sich vom Duft nach Myrte, Kriechwacholder, Mastixbäumen, Lavendel und Wildblumen betören, aber nicht von der zur Küste führenden Wegen ablenken. Nach ca. 15 Minuten erreichen Sie einen kleinen Schirmkiefernhain. An der nächsten Gabelung wenden Sie sich nach rechts und vor Ihnen liegt die kleine Bucht der Cala Stagnali. Der Hauptweg führt Sie dann weiter zu einer Asphaltstraße, an der Sie rechts abbiegen. Bald darauf geht es links bergauf zu umwerfenden Aussichten über die Inseln und Korsika, die Sie anderthalb Stunden lang genießen können, ehe der Gipfel des **Poggio Rasu** (Kahler Hügel) in Sicht kommt. Die Straße schwenkt nach links, gehen Sie geradeaus weiter zur aus dem Granitfels geschlagenen Geschützstellung aus dem Zweiten Weltkrieg.

2–3

Zurück an der Weggabelung gehen Sie rechts und folgen der absteigenden Straße. An einer T-Kreuzung biegen Sie nach rechts, wobei Sie einen verfallenen Brunnen links und ein Betongebäude rechts liegen lassen. Folgen Sie der Straße zu einem Rastplatz auf der linken Seite und machen nach rund 50 m einen kleinen Umweg scharf rechts die Treppen hinauf zum Aussichtsturm des **Monte Telaione** –

Idylle pur: Aussicht von der Ísola Caprera

148 Spaziergänge & Touren

dem höchsten Gipfel auf Caprera. Von hier führt rechter Hand ein weiterer Umweg einen sehr steilen Weg und anschließend einige in den Stein gehauene Stufen zum kleinen Strand **Cala Coticcio** hinunter. Vorsicht: Der Hang ist äußerst steil.

3–4
Kehren Sie zur Straße zurück und wenden Sie sich nach rechts. Nach etwa 2 Stunden und 45 Minuten (gesamte bisherige Wegzeit) macht der Weg kurz hinter einem verfallenen Haus auf der linken Seite eine Linksbiege und geht in einen unbefestigten Pfad über. An der kommenden Kreuzung biegen Sie nach links (geradeaus geht es zur Geschützstellung des Monte Arbuticci). Gehen sie immer weiter geradeaus, vorbei an zwei rechten Abzweigungen.

4–5
An der nächsten Kreuzung geht es links (zwei Militärgebäude stehen rechts) bergauf zu einem

KLEINE PAUSE
Genießen Sie die Ruhe der Insel beim Picknick (an viel Wasser denken!). Vermeiden Sie Wochenenden, denn dann herrscht auf den Pfaden Straßenverkehr.

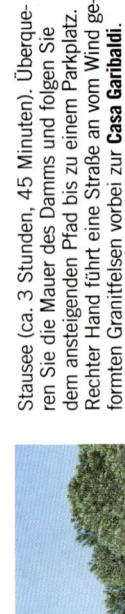

Keine Staus weit und breit: Straße auf der Ísola Caprera

Stausee (ca. 3 Stunden, 45 Minuten). Überqueren Sie die Mauer des Damms und folgen Sie dem ansteigenden Pfad bis zu einem Parkplatz. Rechter Hand führt eine Straße an vom Wind geformten Granitfelsen vorbei zur **Casa Garibaldi**.

5–6
Vor dem Haus Garibaldis führt ein betonierter Pfad nach links auf eine Terrasse. Laufen Sie den Pfad unterhalb des Zauns weiter bergab, bis er zwischen den Felsen verschwindet. An einem kleinen Haus biegen Sie rechts in eine Straße mit Häusern. Weiter links geht es zum Parkplatz.

Parco Nazionale dell'Arcipélago de La Maddalena

Museo Garibaldino
Ísola Caprera
Punta Rossa
Ísola Budelli
Ísola Spargi La Maddalena
Ísola Maddalena
Palau
Stagnali
Capomáccia
133

0 — 5 km
0 — 3 miles

Praktisches

INFORMATIONEN VORAB

Websites
www.regione.sardegna.it
www.sardinia.net
www.sarnow.com
www.sardinien.com
www.sardegna.net

In Italien
ENIT
Via Marghera 2/6
00185 Rome
☎ 06 497 11
www.enit.it

In Deutschland
ENIT
Neue Mainzer Straße 26
60311 Frankfurt
☎ 069 23 74 34
www.enit.de

REISEVORBEREITUNG

WICHTIGE PAPIERE

			Deutschland	Österreich	Schweiz
● Erforderlich ○ Empfohlen ▲ Nicht erforderlich	Bei einigen Ländern muss der Pass über das Einreisedatum hinaus noch eine bestimmte Zeit gültig sein (i. d. R. mind. 6 Monate). Prüfen Sie Ihren Pass vor der Abreise.				
Pass/Personalausweis			●	●	●
Visum (Aufenthaltsdauer unter drei Monaten)			▲	▲	▲
Weiter- oder Rückflugticket			○	○	○
Impfungen (Tetanus und Polio)			▲	▲	▲
Fahrzeugschein/Kfz-Haftpflichtversicherung (eigener Wagen)			●	●	●
Reiseversicherung			○	○	○
Führerschein (national)			●	●	●

REISEZEIT

Cágliari

( ) Hauptsaison   ( ) Nebensaison

JAN	FEB	MÄRZ	APRIL	MAI	JUNI	JULI	AUG	SEPT	OKT	NOV	DEZ
10°C	11°C	13°C	19°C	22°C	25°C	31°C	31°C	26°C	22°C	16°C	12°C

☀ Sonnig   🌧 Verregnet   🌦 Regnerisch   ⛅ Wechselhaft

Der Sommer auf Sardinien ist schön und dauert **sechs Monate.** Von Mai bis Oktober ist es gewöhnlich heiß und trocken, durch die Lage im Mittelmeer weht jedoch eine kühle Brise. Die Abende im März und April können kühl werden, was diese Zeit aber auch **ideal für Wanderungen** macht. Die Insel ist dann von einem Blumenmeer überzogen und es finden viele tolle Festivals statt. Ab Mai ist es in der Regel warm genug zum Baden. In der **Hauptsaison** im Juli und August ist es oft drückend heiß und die Insel ist von Touristen überlaufen. Im Herbst blühen noch einmal die Pflanzen, während es auch im Winter noch warm und klar sein kann – allerdings gibt es im Landesinnern oft **Schnee** (hier kann man Ski fahren). Beachten Sie, dass viele Hotels an der Küste nur von Mai–Sept. geöffnet sind.

In Österreich
ENIT
Kärntnerring 4
A-1010 Wien
☎ +43 (0) 1
505 16 39-12

In der Schweiz
ENIT
Uraniastraße 32
CH-8001 Zürich
☎ +41 (0) 43 466 40 40
www.enit.it

ANREISE

Mit dem Flugzeug: Sardinien verfügt über drei Flughäfen – Fertilia bei Alghero im Nordwesten, Ólbia-Costa Smeralda bei Ólbia im Nordosten und Élmas bei Cágliari im Süden der Insel. Es gibt sowohl Charter- als auch Linienflüge nach Sardinien, die die Insel entweder direkt (z. B. Meridiana, Alitalia und Lufthansa) oder mit Zwischenstopp auf dem italienischen Festland (z. B. über Mailand, Rom) anfliegen.
Die Billigairline TUIfly fliegt ab Köln/Bonn, München und Stuttgart nach Cágliari und Ólbia sowie von Frankfurt a. M., Hamburg und Hannover nach Ólbia. Ryanair verbindet Alghero mit Frankfurt/Hahn, Bremen und Düsseldorf Weeze. AirBerlin hebt von Hamburg, Berlin, Düsseldorf, Nürnberg, Wien und Zürich in Richtung Ólbia ab; EasyJet von Basel und Genf gen Cágliari und außerdem von Berlin gen Ólbia.

Mit dem Auto: Die Fährhäfen sind mit dem Auto gut über das europäische Autobahnnetz (durch die Schweiz oder Österreich) zu erreichen, was allerdings mit Mautgebühren verbunden ist. Am bequemsten liegen die Häfen in Genua, La Spezia und Livorno.

Mit der Fähre: Die Fährhäfen des italienischen Festlands Civitavecchia (Rom), Genua, Savona, La Spezia und Livorno bieten Verbindungen auf die Insel (Cágliari, Ólbia oder Golfo Aranci an der Nordostküste, Porto Tórres an der Nordwestküste). Es herrscht rege Konkurrenz zwischen den einzelnen Fährbetrieben (z. B. Sardinia Ferries, www.sardinia ferries.com oder Tirrenia, www.tirrenia.it), sodass Sie bei einem Preisvergleich gute Chancen auf ein Schnäppchen haben.

ZEIT

Wie auf dem italienischen Festland gilt auf Sardinien die MEZ (GMT +1 Stunde). Von April bis Oktober herrscht Sommerzeit, also MEZ +1 (GMT + 2 Stunden).

WÄHRUNG

Währung: Seit 1. Januar 2002 ist der Euro in Italien das offizielle Zahlungsmittel.

Umtausch: Bargeld und die üblichen Reiseschecks können in Banken und den Wechselstuben (*cambio*) am Flughafen und großen Hotels getauscht werden.

Kredit- und EC-Karten: Kreditkarten werden fast überall akzeptiert außer in B&Bs und bei *agriturismi*, viele kleinere Etablissements und Geschäfte ziehen Bargeld jedoch vor. In den meisten Städten gibt es Banken mit Geldautomaten, wo Sie mit Kredit- und EC-Karten Geld abheben können. In Bezug auf Kreditkarten ist dies jedoch in der Regel mit hohen Gebühren verbunden.

ZEITUNTERSCHIED

GMT	Sardinien	Deutschland	USA (Westküste)	USA (New York)	Australien (Sydney)
12 Uhr	13 Uhr	13 Uhr	4 Uhr	7 Uhr	22 Uhr

DAS WICHTIGSTE VOR ORT

KONFEKTIONSGRÖSSEN

Italien	Deutschland	
46	44	Anzüge
48	46	
50	48	
52	54	
54	56	
56	58	
41	41	Schuhe
42	42	
43	43	
44	44	
45	45	
46	46	
37	37	Hemden
38	38	
39/40	39/40	
41	41	
42	42	
43	43	
34	30	Kleider
36	32	
38	34	
40	36	
42	38	
44	42	
37	37	Schuhe
38	38	
39	39	
40	40	
41	41	

FEIERTAGE

1. Jan.	Neujahr
6. Jan.	Heilige Drei Könige
März/April	Ostern
25. April	Tag der Befreiung
1. Mai	Tag der Arbeit
2. Juni	Tag der Republik
15. Aug.	Ferragosto (Mariä Himmelfahrt)
1. Nov.	Ognissanti (Allheiligen)
8. Dez.	Mariä Empfängnis
25. Dez.	1. Weihnachtstag
26. Dez.	2. Weihnachtstag (Santo Stefano)

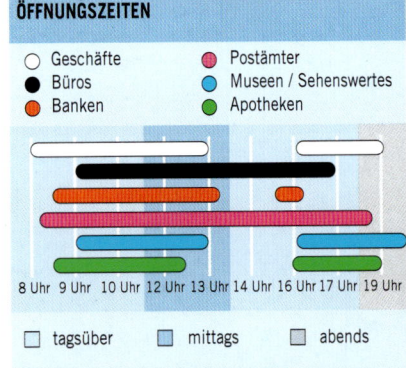

ÖFFNUNGSZEITEN

- ○ Geschäfte
- ● Büros
- ● Banken
- ● Postämter
- ● Museen / Sehenswertes
- ● Apotheken

8 Uhr 9 Uhr 10 Uhr 12 Uhr 13 Uhr 14 Uhr 16 Uhr 17 Uhr 19 Uhr

☐ tagsüber   ☐ mittags   ☐ abends

Geschäfte sind in der Regel Mo–Sa 8–13, 16–19 oder 20 Uhr geöffnet. Einige haben montagmorgens und fast alle (außer wenige Lebensmittelgeschäfte) sonntags geschlossen. Große Einkaufszentren (nur in Cágliari und Sássari) öffnen durchgängig Mo–Sa 9–20.30 Uhr.
Museen haben zwar unterschiedliche Öffnungszeiten, meist jedoch tägl. 9–13, 16–20 (15–19 Uhr im Winter) offen. Einige Museen sind montags geschlossen, in der Hauptsaison haben jedoch manche davon wiederum geöffnet. Archäologische Ausgrabungsstätten sind von 9 Uhr bis eine Stunde vor Sonnenuntergang zugänglich. Kleinere Museen und Denkmäler sind im Winter nur begrenzt geöffnet, manche sogar komplett geschlossen.
Post: Mo–Fr ganztägig, Sa nur vormittags (ca. 13 Uhr)
Kirchen öffnen ihre Pforten von 7 oder 8–12 und 16 bis 19 Uhr, kleinere nur zur Morgen- und Abendmesse.

IM NOTFALL

POLIZEI 112

FEUERWEHR 115 (oder 113)

NOTARZT 118 (oder 113)

ALLGEMEINER NOTRUF 113

SICHERHEIT

Sardinien ist heute eine der sichersten Regionen Italiens – es werden Ihnen also kaum irgendwelche Straßenräuber auflauern. Es ist dennoch ratsam, in größeren Städten wie Cágliari die üblichen Vorsichtsmaßnahmen zu treffen.

- Verschließen Sie Ihre Taschen und tragen Sie sie am besten vorm Körper.
- Deponieren Sie Schmuck und Wertsachen im Hotelsafe.
- Lassen Sie kein Gepäck oder andere (Wert-)Gegenstände im Auto.
- Tragen Sie Ihre Kamera bei sich und behalten Sie sie in Cafés/Restaurants im Auge.
- Bei Dunkelheit sollten Sie Parkanlagen meiden.

Polizei :

☎ **112 von jedem Telefon**

TELEFONIEREN

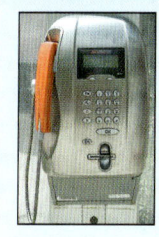

Die öffentlichen Fernsprecher der Telecom Italia (TI) finden Sie auf der Straße, in Kneipen und einigen Restaurants. In den meisten Fällen handelt es sich um Kartentelefone. Eine Telefonkarte (*scheda telefónica*) bekommen Sie zu 3, 5 oder 10 Euro in Zeitungskiosken oder *tabacchi*. Entfernen Sie vor dem Gebrauch die perforierte Ecke. Die Telefontarife gehören zu den teuersten in Europa. Handys sind aus dem sardischen Alltag nicht wegzudenken, und auch deutsche Mobiltelefone funktionieren nach europäischem GSM-Standard.

Internationale Vorwahlen
Deutschland:	0049
Österreich:	0043
Schweiz:	0041

POST

Die Post ist auf Sardinien recht langsam. Briefmarken (*francobolli*) sind bei den Postämtern, in Tabakläden (*tabacchi*) und einigen Andenkenläden erhältlich. Die Postfilialen sind gewöhnlich Mo–Fr 8.10–18.50 und Sa 8 bis 13.15 Uhr geöffnet.

ELEKTRIZITÄT

Die Spannung beträgt 220 V, es funktionieren aber auch Geräte, die 240 V benötigen. Die Steckdosen sind zweipolig, da jedoch die flachen Eurostecker verbreitet sind, benötigen Touristen meist einen Adapter.

TRINKGELD

Oft wird ein kleines Trinkgeld erwartet. Zur Orientierung:

Restaurants (Service inklusive)	Kleingeld
Restaurants (Service nicht inklusive)	10 %
Cafés/Bars (Service nicht inklusive)	Kleingeld/10 %
Taxis	nach Ermessen
Fremdenführer	nach Ermessen
Gepäckträger	1–2 Euro
Zimmermädchen	nach Ermessen
Friseur	10 %
Toiletten	nach Ermessen

KONSULATE

Deutschland
☎ (070) 30 72 29
(Cagliari)

Österreich
☎ (06) 84 40 14-1
(Rom)

Schweiz
☎ (070) 66 36 61
(Cagliari)

GESUNDHEIT

Krankenversicherung: In den Touristenzentren ist eine gute medizinische Versorgung gewährleistet. EU-Bürger mit einer europäischen Krankenversicherungskarte (EHIC) werden problemlos behandelt, etwaige Kosten erstattet die heimische Krankenversicherung. Eine private Reise-Krankenversichung wird dennoch empfohlen.

Medizinische Behandlung/Zahnarzt: Die *Guarda Medica* kümmert sich im Sommer in den Touristenzentren um Urlauber. Abgesehen davon (und v. a. im Winter) erhalten Sie in den Krankenhäusern ärztliche Hilfe. Achten Sie auf Sonnenschutz und Ihren Flüssigkeitshaushalt. Eine zahnärztliche Behandlung ist kostenpflichtig, eine Versicherung empfiehlt sich.

Wetter: Im Juli und August ist die Sonne am intensivsten und das Thermometer klettert häufig auf über 30 °C. Abkühlung finden Sie dann im Meer oder in den Bergen. Im Sommer gehen zwei Winde über die Insel – der *maestrale* (Mistral) aus Nordwest und der schwüle, sandige Schirokko aus dem Süden. Sie sollten immer einen Sonnenhut, Sonnencreme mit hohem LSF und Wasser bei sich haben.

Medikamente: Rezeptpflichtige und andere Medikamente bekommen Sie in Apotheken (*farmacie*) – am grünen Kreuz zu erkennen.

Trinkwasser: In der Regel können Sie Leitungswasser trinken, das Bars umsonst ausschenken (viele trinken jedoch Mineralwasser). Auf Sardinien gibt es viele Bergquellen mit Trinkwasser. »Acqua non potabile« heißt »kein Trinkwasser«.

ERMÄSSIGUNGEN

Studenten/Jugendliche: Mit einem Internationalen Studentenausweis (ISIC) bekommen Sie bei Museen und archäologischen Ausgrabungsstätten in der Regel 50 % Rabatt. Auf der Insel gibt es drei *ostelli per la gioventù* (Jugendherbergen) mit günstigen Übernachtungsangeboten; siehe www.ostellionline.org

Senioren: Besucher über 65 Jahre (manchmal über 60) erhalten in einigen Sehenswürdigkeiten Ermäßigungen.

EINRICHTUNGEN FÜR BEHINDERTE

Die Nationalmuseen in Cágliari verfügen über spezielle Rampen, Aufzüge und Toiletten für Behinderte, andernorts ist der Zugang mit dem Rollstuhl sehr eingeschränkt. Prähistorische Sehenswürdigkeiten und Denkmäler sind meist schwer zugänglich, ebenso wie mittelalterliche Stadtkerne mit Kopfsteinpflaster. Luxushotels sind oft gut ausgerüstet.

KINDER

Kinder werden auf Sardinien mit offenen Armen empfangen. Viele Resorthotels betreiben einen Kinderhort und -club. Die Sonne ist sehr stark, achten Sie auf Sonnenschutz für die Kleinen und darauf, dass sie ausreichend trinken.

TOILETTEN

Auf der Insel gibt es wenig öffentliche Toiletten. Die meisten Kneipen haben eine (*bagno, gabinetto* oder *toilette*). Die Mehrzahl davon ist sauber, es empfiehlt sich aber immer, Toilettenpapier dabei zu haben.

ZOLL

Das Mitbringen von seltenen oder bedrohten Tier- und Pflanzenarten ist möglicherweise illegal oder bedarf einer Erlaubnis. Erkundigen Sie sich beim Zoll Ihres Heimatlandes.

SPRACHFÜHRER

Die Amtssprache auf Sardinien ist Italienisch, was die meisten Sarden fließend beherrschen. Ins Sardische sind Einflüsse vieler Sprachen eingegangen – so hören Sie in der Gegend um Alghero zum Beispiel Katalanisch – doch mehr als in allen anderen Sprachen ist es im Lateinischen verwurzelt. *Sardo* ist mit der Sprache noch enger verwandt als Italienisch: So ist das sardische Wort für Haus *domus*, nicht *casa*. Ein weiterer großer Unterschied besteht im Gebrauch der bestimmten Artikel *su*, *sa*, *sus*, *sos* und *sas*, wie im Katalanischen, anstatt der italienischen *il*, *la*, *i* und *le*. Die Menschen freuen sich, wenn Sie sie mit *buon giorno* oder *buona sera* grüßen. *Grazie* (Danke) beantwortet man mit *prego* (gerne). *Permesso?* (Darf ich, bitte?) bahnt Ihnen auf freundliche Art und Weise den Weg durch eine Menge.

IMMER ZU GEBRAUCHEN

Ja/nein **Sì/no**
Bitte **Per favore**
Danke **Grazie**
Bitte, gerne **Di niente/prego**
Entschuldigung **Mi Dispiace**
Auf Wiedersehen **Arrivederci**
Guten Morgen **Buongiorno**
Guten Abend **Buona sera**
Wie geht's? **Come sta?**
Wie viel? **Quanto costa?**
Ich möchte gerne … **Vorrei …**
Geöffnet **Aperto**
Geschlossen **Chiuso**
Heute **Oggi**
Morgen **Domani**
Montag **Lunedì**
Dienstag **Martedì**
Mittwoch **Mercoledì**
Donnerstag **Giovedì**
Freitag **Venerdì**
Samstag **Sabato**
Sonntag **Domenica**

NACH DEM WEG FRAGEN

Ich habe mich verlaufen
  Mi sono perso/a
Wo ist …? **Dove si trova …?**
  der Bahnhof **la stazione**
  das Telefon **il telefono**
  die Bank **la banca**
  die Toilette **il bagno**
Biegen Sie nach links **Volti a sinistra**
Biegen Sie nach rechts **Volti a destra**
Gehen Sie geradeaus **Vada dritto**
An der Ecke **All'angolo**
Die Straße **la strada**
Das Gebäude **il palazzo**
Die Ampel **il semaforo**
Die Kreuzung **l'incrocio**
Wegweiser nach …
  le indicazione per …

IM NOTFALL

Hilfe! **Aiuto!**
Können Sie mir bitte helfen?
  Mi potrebbe aiutare?
Sprechen Sie Deutsch?
  Parla tedesco?
Ich verstehe nicht **Non capisco**
Könnten Sie bitte schnell einen Arzt
  rufen? **Mi chiami presto un medico,
  per favore?**

IM RESTAURANT

Ich möchte einen Tisch reservieren
  Vorrei prenotare un tavolo
Einen Tisch für zwei Personen, bitte
  Un tavolo per due, per favore
Könnten wir die Speisekarte haben?
  Ci porta la lista, per favore?
Was ist das? **Cosa è questo?**
Eine Flasche/ein Glas …
  Una bottiglia di/un bicchiere di …
Die Rechnung, bitte
  Ci porta il conto

ÜBERNACHTEN

Haben Sie ein Einzel-/Doppelzimmer?
  Ha una camera singola/doppia?
mit/ohne Bad/Toilette/Dusche
  con/senza vasca/gabinetto/doccia
Ist das Frühstück inbegriffen?
  È inclusa la prima colazione?
Ist das Abendessen inbegriffen?
  È inclusa la cena?
Haben Sie Zimmerservice?
  C'è il servizio in camera?
Kann ich das Zimmer sehen?
  È possibile vedere la camera?
Ich nehme dieses Zimmer
  Prendo questa
Vielen Dank für Ihre Gastfreundschaft
  Grazie per l' ospitalità

SPEISEKARTE

Sardische Spezialitäten:
cavallo Pferd
cordula Lamminnereien
granelle Kalbshoden
porceddu über Feuer gegrilltes Spanferkel
sebada mit gesüßtem Käse und Honig gefüllte Teigtaschen
suspiros Baiser aus Mandeln, Ei und Zitrone
zimino russo gegrillte Innereien
zurrette Blutwurst aus Schafsblut

Andere Speisen:
acciuga Anchovis
acqua Wasser
affettati geschnittenes Räucherfleisch
affumicato geräuchert
aglio Knoblauch
agnello Lamm
anatra Ente
antipasti Vorspeisen
arista Schweinebraten
arrosto gebraten
asparagi Spargel
birra Bier
bistecca Steak
bollito gekochtes Fleisch
braciola Minutensteak
brasato geschmort
brodo Brühe
budino Pudding
burro Butter
cacciagione Wild
cacciatore, alla herzhafte Tomatensauce mit Pilzen
caffè corretto/macchiato Kaffee mit Likör, Schnaps oder wenig Milch
caffè freddo Eiskaffee
caffè latte Milchkaffee
caffè lungo schwacher Kaffee
caffè ristretto starker Kaffee
calamaro Tintenfisch
cappero Kaper
carciofo Artischocke
carne Fleisch
carota Karotte
carpa Karpfen
casalingo hausgemacht
cavolfiore Blumenkohl
cavolo Kohl
ceci Kichererbsen
cervello Hirn
cervo Reh
cetriolino Gewürzgurke
cetriolo Gurke
cicoria Chicorée
cinghiale Wildschwein
cioccolata Schokolade
cipolla Zwiebel
coda di bue Ochsenschwanz
coniglio Hase
contorni Gemüse
coperto Gedeckgebühr
coscia Keule
cotoletta Schnitzel
cozze Muscheln
crema Eiercreme
crudo roh
dolci Kuchen oder Desserts
erbe aromatiche Kräuter
facito gefüllt mit
fagioli Bohnen
fagiolini grüne Bohnen
fegato Leber
faraona Perlhuhn
finocchio Fenchel
formaggio Käse
forno, al aus dem Ofen
frittata Omelette
fritto gebraten, frittiert
frizzante mit Kohlensäure
frulatto verquirlt
frutta Frucht
frutti di mare Meeresfrüchte
funghi Pilze
gamberetto Garnele
gelato Eiscreme
ghiaccio Eis
gnocchi Kartoffelnudeln
granchio Krebs
gran(o)turco Mais
griglia, alla gegrillt
imbottito gefüllt
insalata Salat
IVA Mehrwertsteuer
latte Milch
lepre Hase
lumache Schnecken
manzo Rind
merluzzo Kabeljau
miele Honig
minestra Suppe
molluschi Schalentiere
olio Öl
oliva Olive
ostrica Auster
pancetta Speck
pane Brot
panino Brötchen
panna Sahne
pastasciutta getrocknete Pasta mit Sauce
pasta sfoglia Blätterteig
patate fritte Pommes frites
pecora Hammelfleisch
pecorino Schafskäse
peperoncino Peperoni
peperone rote/grüne Paprika
pesce Fisch
petto Brust
piccione Taube
piselli Erbsen
pollame Geflügel
pollo Huhn
polpetta Fleischbällchen
porto Portwein
prezzemolo Petersilie
primo piatto erster Gang
ragù Fleischsauce
ripieno gefüllt
riso Reis
salsiccia Wurst
saltimbocca Kalb mit Schinken und Salbei
secco trocken
secondo piatto zweiter Gang
senape Senf
servizio compreso Service inklusive
sogliola Scholle
succa di frutta Fruchtsaft
sugo Sauce
tonno Thunfisch
uovo affrogato/in carnica pochiertes Ei
uovo al tegamo/fritto Spiegelei
uovo alla coque/sodo weich/hart gekochtes Ei
uova strapazzate Rührereier
verdure Gemüse
vino bianco Weißwein
vino rosato Roséwein
vino rosso Rotwein
vitello Kalb
zucchero Zucker
zucchino Zucchini
zuppa Suppe

Reiseatlas

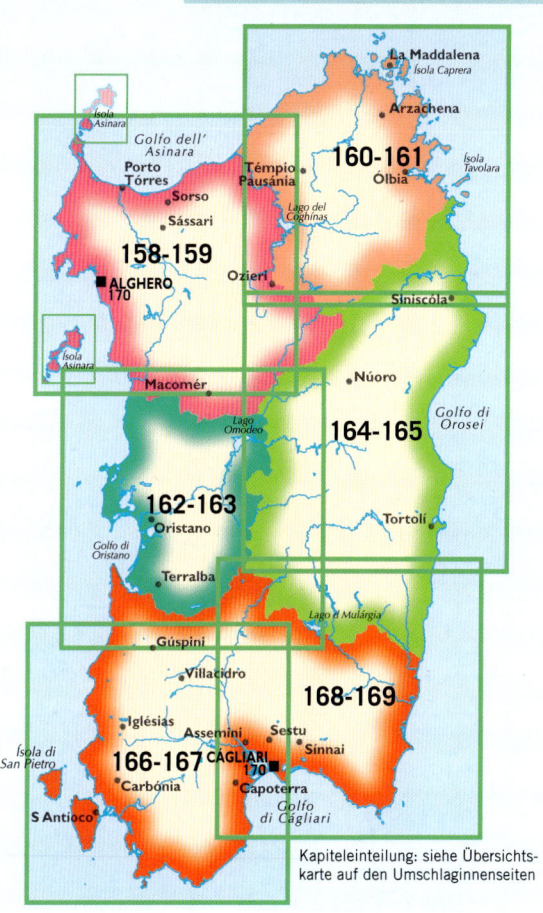

Karten der Regionen

━━━	Hauptstrecke
━━━	Nationalstraße
━━━	Regionalstraße
━━━	Nebenstraße
───	Bahnlinie
▫	Große Stadt
▫	Stadt/Dorf
✈	Flughafen
◼	Sehenswürdigkeit (im Text)
▪	Sehenswürdigkeit

158-169 0 — 10 Km / 0 — 5 Meilen

Karten der Städte

═══	Haupt- und Nebenstraßen
━━━	Bahnlinie/Stadtmauer
▨	Wichtiges Gebäude
▨	Park/Garten
◼	Sehenswürdigkeit (im Text)
[i]	Touristeninformation
✝	Kirche
✉	Post

170 Cagliari 0 — 400 Meter / 0 — 400 Yards

170 Alghero 0 — 150 Meter / 0 — 150 Yards

Kapiteleinteilung: siehe Übersichtskarte auf den Umschlaginnenseiten

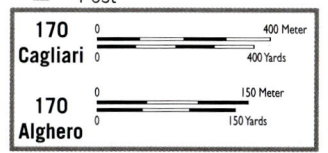

158

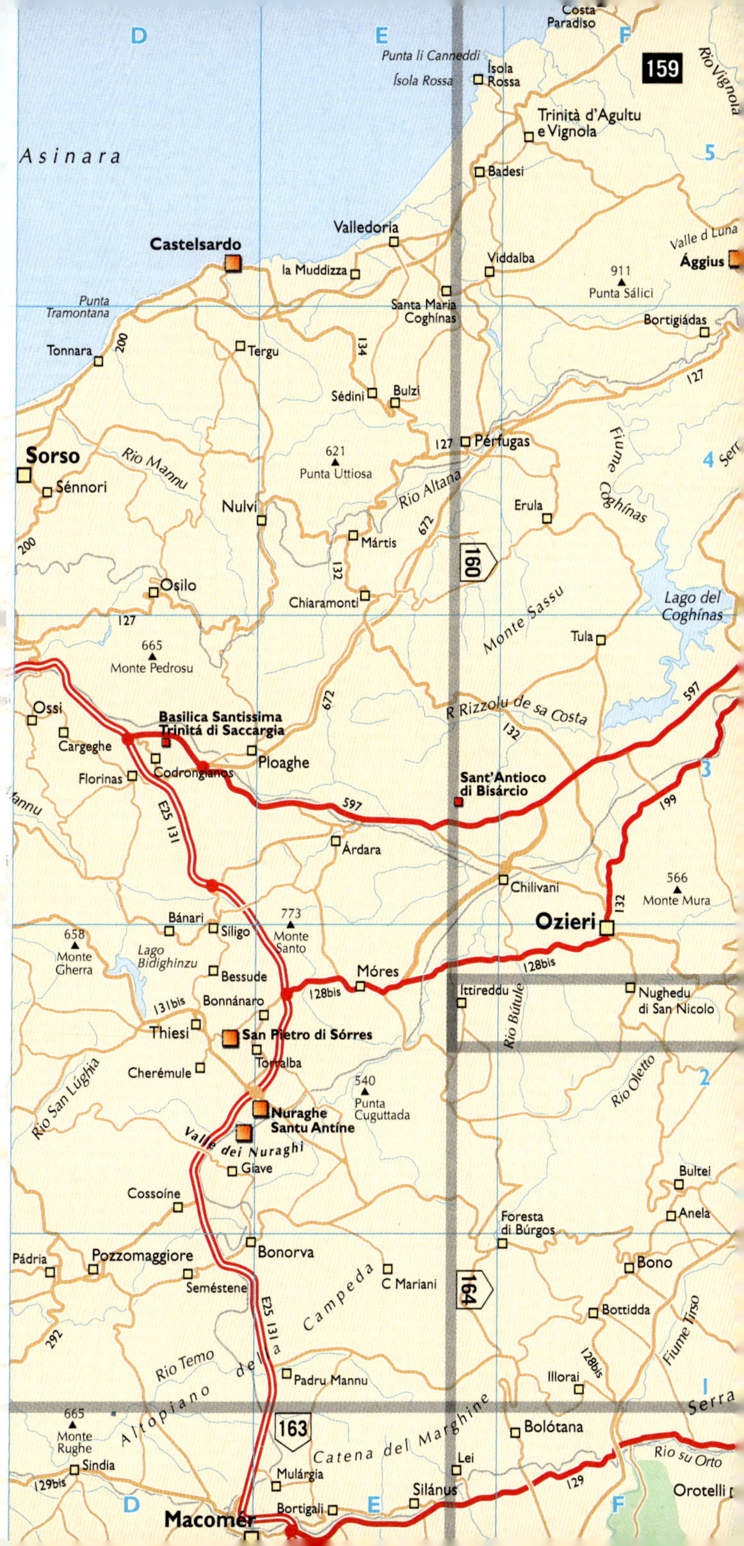

D
E
F
159
Costa Paradiso
Punta li Canneddi
Ísola Rossa
Ísola Rossa
Rio Vignola
Trinità d'Agultu e Vignola
Asinara
Badesi
5
Valledoria
Castelsardo
la Muddizza
Viddalba
Valle d Luna
Águius
911
Punta Sálici
Punta Tramontana
Santa Maria Coghínas
Bortigiádas
Tonnara
200
Tergu
134
127
Sédini
Bulzi
127
Pérfugas
Sorso
621
Punta Uttiosa
Rio Mannu
Fiume Coghínas
4
Sénnori
Rio Altana
Nulvi
Erula
Mártis
672
200
132
160
Osilo
Chiaramonti
Monte Sassu
Lago del Coghínas
127
Tula
665
Monte Pedrosu
672
597
R Rizzolu de sa Costa
Ossi
Basilica Santissima Trinitá di Saccargia
132
Cargeghe
Ploaghe
Codrongianos
Florinas
Sant'Antioco di Bisárcio
3
597
199
E25 131
Árdara
Chilivani
566
Monte Mura
Bánari
773
Monte Santo
Síligo
Ozieri
132
658
Monte Gherra
Lago Bidighinzu
Bessude
Móres
128bis
128bis
Ittireddu
Nughedu di San Nicolo
Bonnánaro
131bis
Rio Bútule
Thiesi
San Pietro di Sórres
Torralba
Cherémule
Rio Oletto
2
540
Punta Cuguttada
Rio San Lúghia
Nuraghe Santu Antíne
Valle dei Nuraghi
Giave
Bultei
Cossoíne
Anela
Foresta di Búrgos
Pádria
Pozzomaggiore
Bonorva
Bono
Seméstene
C Mariani
164
Campeda
E25 131
Bottidda
292
Rio Temo
della
128bis
Fiume Tirso
Padru Mannu
Illorai
1
Altopiano
Serra
665
Monte Rughe
163
Catena del Marghine
Bolótana
Rio su Orto
Lei
Sindia
129bis
Mulárgia
129
Silánus
Orotelli
D
E
F
Bortigali
Macomér

A
B
C
5
4
3
2
1
Bonifacio
Ísola Razzoli
Ísola Budelli
Ísola Spargi
Punta Falcone
Santa Teresa di Gallura
la Marmorata
Capo Testa
Santa Reparata
133bis
Punta delle Vacche
Porto Pozzo
Cala Vall' Alta
Cala Pischina
Rena Majore
133
Capannáccia
Punta di li Francesi
Vignola Mare l'Agnata
Portobello di Gallura
Cala Sarraina
Rio di Cuoní
Fiume Líscia
Basscutena
Aglientu
Costa Paradiso
Luogosanto
Rio Vignola
Ísola Rossa
765
Serra di lu Tassu
133
427
Trinità d'Agultu e Vignola
Lago di Liscia
Badesi
Sant Antonio
Rio Carana
427
Valle d Luna
Ággius
Lúras
Monti Ultana
Rio
Viddalba
911
Punta Sálici
Príatu
Témpio Pausánia
Calangiánus
Bortigiádas
127
127
Telti
1359
Punta Balestrieri
Vallicciola
Serra Balascia
Pérfugas
Fiume Coghínas
Erula
392
159
Monti
Berchidda
389
199
Lago del Coghínas
Monte Sassu
Tula
389
Monti di Alá
Oschiri
Rio de s Éleme
597
Rizzolu de sa Costa
132
Rio Rizzolu
1077
Punta di Senalonga
Sant'Antioco di Bisárcio
199
926
Punta sa Mesa
Ala dei Sardi
Altopiano sos Sonórcolos di Buddusò
566
Monte Mura
1093
Monte Lerno
Chilivani
132
Ozieri
Pattada
Lago Lerna
Budduso
128bis
128bis
Punt
Ittireddu
Nughedu di San Nicolo
164
Rio Bútule
Tirso

Map 161

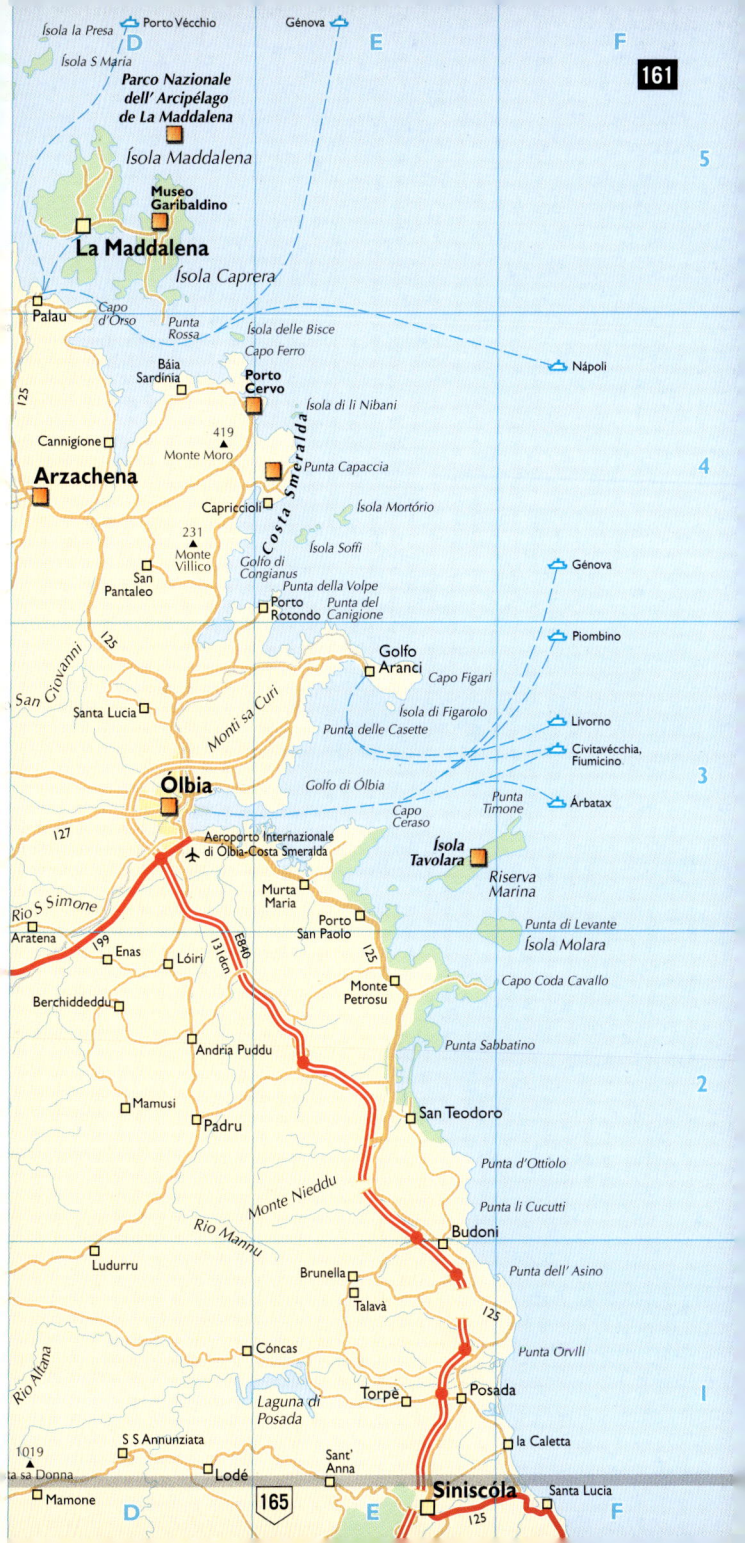

Locations (north to south, west to east):

- Ísola la Presa
- Porto Vécchio
- Génova
- Ísola S Maria
- Parco Nazionale dell' Arcipélago de La Maddalena
- Ísola Maddalena
- Museo Garibaldino
- La Maddalena
- Ísola Caprera
- Palau
- Capo d'Orso
- Punta Rossa
- Ísola delle Bisce
- Capo Ferro
- Báia Sardínia
- Porto Cervo
- Ísola di li Nibani
- Nápoli
- Cannigione
- Monte Moro 419
- Punta Capaccia
- Costa Smeralda
- Arzachena
- Capriccioli
- Ísola Mortório
- Monte Villico 231
- Ísola Soffi
- San Pantaleo
- Golfo di Congianus
- Punta della Volpe
- Porto Rotondo
- Punta del Canigione
- Golfo Aranci
- Capo Figari
- Génova
- San Giovanni
- Ísola di Figarolo
- Piombino
- Santa Lucia
- Monti sa Curi
- Punta delle Casette
- Livorno
- Civitavécchia, Fiumicino
- Ólbia
- Golfo di Ólbia
- Punta Timone
- Árbatax
- Capo Ceraso
- Aeroporto Internazionale di Ólbia-Costa Smeralda
- Ísola Tavolara
- Murta Maria
- Riserva Marina
- Rio S Simone
- Porto San Paolo
- Punta di Levante
- Aratena
- Enas
- Lóiri
- E840 131dn
- Ísola Molara
- Berchiddeddu
- Monte Petrosu
- Capo Coda Cavallo
- Andria Puddu
- Punta Sabbatino
- Mamusi
- Padru
- San Teodoro
- Punta d'Ottiolo
- Punta li Cucutti
- Monte Nieddu
- Rio Mannu
- Budoni
- Ludurru
- Punta dell' Asino
- Brunella
- Talavà
- Rio Altana
- Cóncas
- Punta Orvilli
- Torpè
- Posada
- Laguna di Posada
- la Caletta
- 1019 la sa Donna
- S S Annunziata
- Lodé
- Sant' Anna
- Mamone
- 165
- Siniscóla
- Santa Lucia

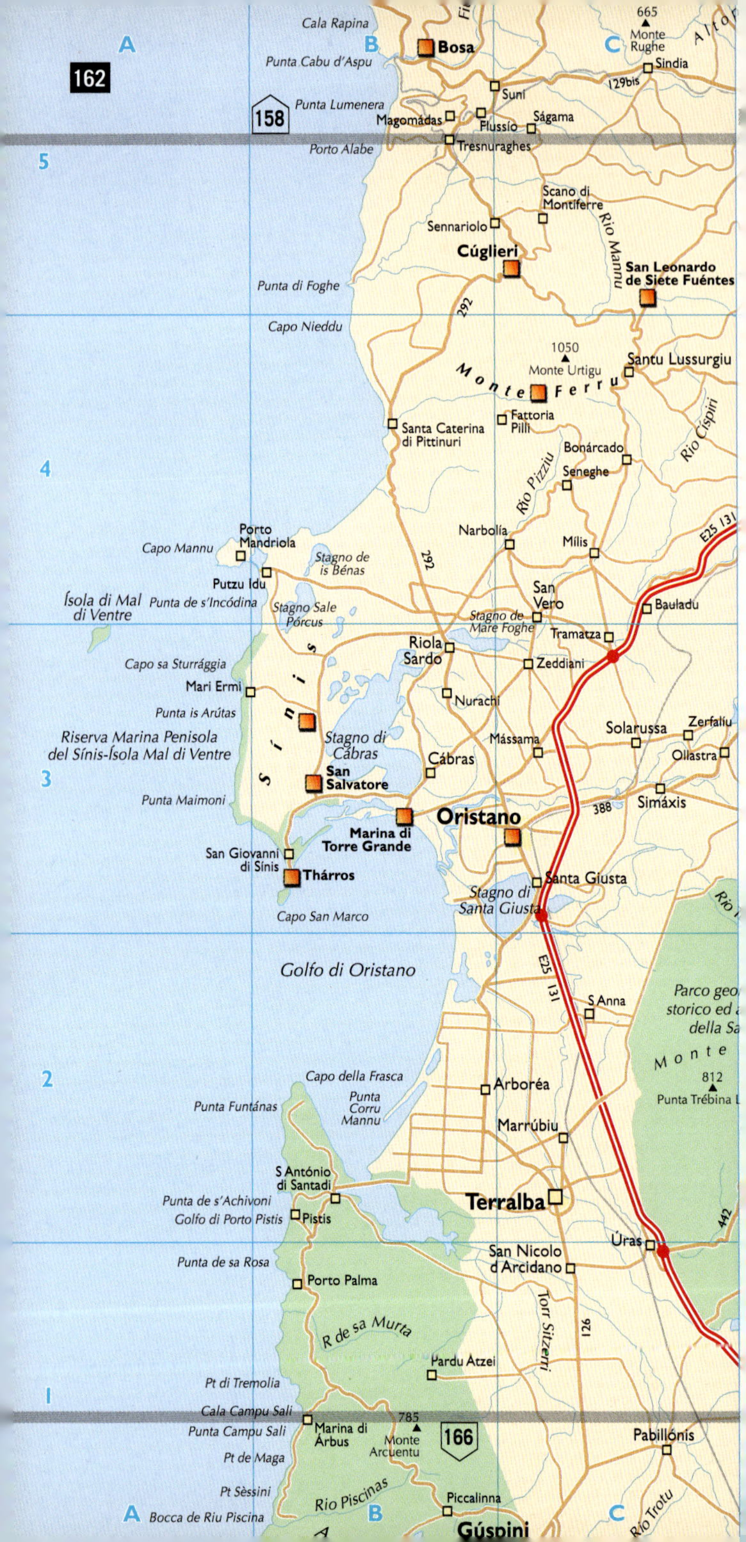

162
158
166
A
B
C
5
4
3
2
1
Cala Rapina
Bosa
Punta Cabu d'Aspu
665
Monte Rughe
Sindia
129bis
Suni
Punta Lumenera
Magomádas
Flussío
Ságama
Porto Alabe
Tresnuraghes
Scano di Montiferre
Sennariolo
Cúglieri
Rio Mannu
San Leonardo de Siete Fuéntes
Punta di Foghe
292
Capo Nieddu
1050
Monte Urtigu
Santu Lussurgiu
Monte Ferru
Fattoria Pilli
Santa Caterina di Pittinuri
Bonárcado
Rio Císpiri
Seneghe
Rio Pizziu
Narbolía
Porto Mandriola
Capo Mannu
Stagno de is Bénas
Mílis
E25 131
Putzu Idu
Ísola di Mal di Ventre
Punta de s'Incódina
Stagno Sale Pórcus
San Vero
Bauladu
Stagno de Mare Foghe
Tramatza
Riola Sardo
Capo sa Sturrággia
Zeddiani
Mari Ermi
Nurachi
Punta is Arútas
Sínis
Solarussa
Zerfaliu
Riserva Marina Penisola del Sínis-Ísola Mal di Ventre
Stagno di Cábras
Mássama
Ollastra
Cábras
San Salvatore
Simáxis
Punta Maimoni
388
Oristano
Marina di Torre Grande
San Giovanni di Sínis
Santa Giusta
Thárros
Stagno di Santa Giusta
Capo San Marco
Golfo di Oristano
E25 131
S Anna
Parco geo storico ed a della Sa
Monte
812
Punta Trébina
Capo della Frasca
Arboréa
Punta Funtánas
Punta Corru Mannu
Marrúbiu
S António di Santadi
Punta de s'Achivoni
Terralba
Golfo di Porto Pistis
Pistis
442
Úras
San Nicolo d'Arcidano
Punta de sa Rosa
Porto Palma
Torr Sitzerri
126
R de sa Murta
Pardu Atzei
Pt di Tremolia
Cala Campu Sali
785
Punta Campu Sali
Marina di Árbus
Monte Arcuentu
Pabillónis
Pt de Maga
Pt Sèssini
Rio Piscinas
Piccalinna
Bocca de Riu Piscina
Rio Trotu
Gúspini

Catena del Marghine
Bolótana
Lei
Mulárgia
Silánus
Rio su Orto
Orotelli
163
129
159
Macomèr
Bortigali
Birori
Oniferi
Parco geominerario storico ed ambientale della Sardegna
Orani
Bórore
Dualchi
Noragúgume
Fiume Tirso
E840 131dcn
Ottana
Sarúle
1083
Sédilo
Aidomaggiore
Barbágia
Olzai
128
Ollolai
Gavoi
Abbasanta
Norbello
Lago Omodeo
Lago di Benzone
Lago di Gúsana
Nuraghe Losa
Ghilarza
Tadasuni
Bidoni
Lago di Cucchinadorza
Santa Maria de Torrana
Paulilátino
Ardaúli
Teti
Ovodda
Neoneli
Aústis
Parco Nazionale del Golfo di Orosei
Tiana
Ulà Tirso
388
Ortueri
Rio Pitziu
Busachi
164
Sórgono
Tonara
Fordongiánus
San Máuro
Villanova Truschedu
Átzara
Rio Uatzu
Állai
Samughèo
Gen
Meana
Aritzo
Siamanna
Balbágia
Rio Araxisi
Ruinas
Gadoni
Villaurbana
Tumboi
Rio Granáxiu
Mogorella
Villa Sant' Antonio
Asuni
Arboréa
Borgata Pirastera
Láconi
Seúlo
Sarcidano
442
Fiume Flumendosa
Sénis
Nureci
Usélluts
Villa Verde
Assolo
Arci
Pau
Escovedu
Genoni
128
Nurallao
Ales
Nurágus
Villanovatulo
Gonnosnò
Giara di Gésturi
Sini
Morgongiori
Curcúris
Genuri
197
Ísili
168
Simala
Baradili
Gésturi
Tuili
198
Masúllas
Turri
Nuraghe Su Nuraxi
Barúmini
Gonnoscodina
Gergei
Serri
Mógoro
Escolca
Gonnostramatza
Ussaramanna
Las Plássas
Siddi
Lago di Santa Vittoria
Páuli Arbarei
Rio Murera
Lunamatrona
San Simone
Collinas
Mándas
Villanovaforru
Villanovafranca
Torr Sipiu
Sárdara
Villamar
167
Gésico
Lago d Mulá
197
128
E25 131
Donigala
Siúrgus
San Gavino Monreale
Sanluri
Segariu
Sélegas
Guasila
Suelli

Map

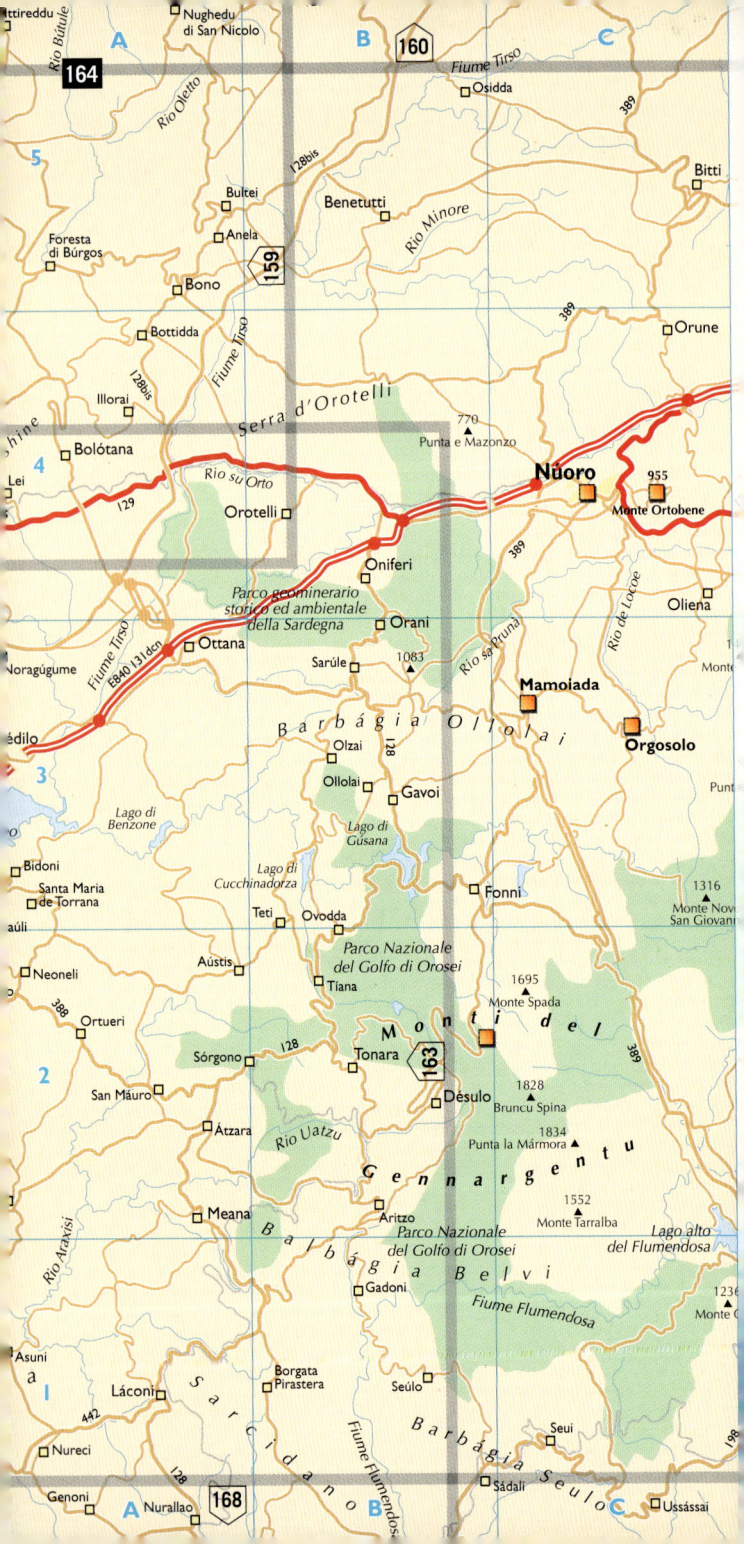

Grid references: A, B, C (columns); 1–5 (rows)

Row 5:
- ettireddu, Nughedu di San Nicolo
- 164 (road marker)
- Rio Bàtule, Rio Oletto, Fiume Tirso, 160 (road marker), Osidda
- 128bis
- Foresta di Bùrgos, Bultei, Benetutti, Rio Minore, Bitti
- Anela, 159 (road marker)
- Bono, 389

Row 4:
- Bottidda, Fiume Tirso, Orune
- 128bis, Illorai, Serra d'Orotelli
- Bolótana, 770 Punta e Mazonzo, Nùoro, 955 Monte Ortobene
- 129, Rio su Orto, Lei
- Orotelli

Row 3:
- Oniferi, 389, Oliena, Rio de Locoe
- Parco geominerario storico ed ambientale della Sardegna
- Orani, Rio sa Pruna, Mamoiada
- Noragùgume, Fiume Tirso, FS40 131 dcn, Ottana, Sarùle, 1083, Orgosolo
- èdilo, Barbàgia Ollolai
- Lago di Benzone, Olzai, 128
- Ollolai, Gavoi
- Bidoni, Lago di Cucchinadorza, Lago di Gùsana
- Santa Maria de Torrana, Teti, Ovodda, Fonni, 1316 Monte Nov San Giovanni
- aùli, Parco Nazionale del Golfo di Orosei

Row 2:
- Neoneli, Aùstis, Tiana, 1695 Monte Spada
- 388, Ortueri
- Sórgono, 128, Tonara, 163 (road marker)
- 1828 Bruncu Spina, 389
- San Màuro, Désulo
- Átzara, 1834 Punta la Mármora
- Rio Uatzu, Gennargentu
- Meana, Aritzo, 1552 Monte Tarralba, Lago alto del Flumendosa
- Parco Nazionale del Golfo di Orosei
- Balbàgia Belvì
- Gadoni, Fiume Flumendosa, 1236 Monte

Row 1:
- Asuni, Borgata Pirastera, Seùlo, Seui
- Lácóni, Sarcidano, Barbàgia Seulo
- 442
- Nureci, Fiume Flumendosa, Sàdali, Ussássai
- Genoni, Nurallao, 128, 168 (road marker), 198

Mamone
Siniscola
Santa Lucia
161
125
Capo Comino
Capo Comino
Parco geominerario storico ed ambientale della Sardegna
Monte Albo
Onanì
Lula
Norghio
Bérchidda
E840 131dcn
Monte Creia
Sos Álinos
Punta Ginepro
Irgoli
Onifai
125
Cala Fuile e Mare
Galtellì
129
Rio Isalle
Orosei
Punta Nera
129
Lago del Cedrino
Grotta di Ispinigoli
Rio d'Oliena
Dorgali
Cala Gonone
Rio de sa Oche
Rio Flumineddu
Golfo di Orosei
Grotta del Bue Marino
Tiscali Villagio Nuragico
Cala di Luna
Parco Nazionale del Golfo di Orosei
1416
Gola Su Gorruppu
Rio Códula di Luna
Cala Sísine
Ólbia, Génova
Punta Madaloro
Punta dell' Ácqua
Punta Caroddi
Urzulei
125
Rio e Gurue
Rio Molentina
Capo di Monte Santu
Civitavécchia
Talána
811
Punta Ginnircu
Triei
Baunei
Punta Pedra Longa
Fiumicino
Santa Maria Navarrese
Villanova Strisáili
Lotzorai
Villagrande
Girasole
Tortolí
Árbatax
Capo Bellavista
Árzana
389
Ogliastra
198
Aeroporto di Tortoli
Ilbono
Fiume Coróngiu
Lanusei
Punta Nera
Gáiro Taquisara
Cagliarí
Gáiro
390
Bari
Punta su Mástixi
Ulássai
Rio Pardu
169
D
E
F
5
4
3
2
1

166
A
B
C
5
4
3
2
1
Punta Campu Sali
Pt de Maga
Pt Sèssini
Bocca de Riu Piscina
Árbus
Monte Arcuentu
Rio Piscinas
Piccalinna
162
Gúspini
Arburese
Árbus
Fiume Terramaistus
Bau
126
Porto Pischera
Porto Tramazza
Capo Pécora
Parco geominerario storico ed ambientale della Sardegna
Monte Línas
1236
Punta Perda de sa Mesa
Fluminimaggiore
San Nicolao
Fluminese
Costa Verde
Buggerru
Cala Doméstica
Porto Susciau
San Benedetto
Lago Monteponi
Masua
906
Punta San Michele
Porto Corallo
L Ponta Gennarta
Domusnóvas
Porto di Nébida
Nébida
Iglésias
Golfo di Gonnesa
Palude sa Masa
126
Rio Cixerri
Porto Páglia
Gonnesa
Villamassargia
Bacu Abis
Capo Altano o Giordano
Nuraxi Fígus
Portoscuso
Ísola Piana
Punta delle Oche
Tonnare
Punta Tabarchina
Barbusi
Sirri
Punta Senoglio
Paringianu
Cala Fico
Capo Sándalo
Ísola di San Pietro
Carbónia
Punta dell' Áliga
Perdáxius
126
Carloforte
Matzáccara
Cala dello Spalmatore
la Caletta
Punta di Girin
Punta Spalmatore di Fuori
Canale delle Colonne
Calasetta
San Giovanni Suérgiu
Cala Mezzaluna
Punta Trettu
Punta delle Colonne
Tratalias
Lago di Monte Pranu
126d
Punta Maggiore
S Antíoco
Giba
195
Punta Caragoli
Ísola di Sant' Antíoco
Punta de s'Aliga
Masainas
Cala Lunga
Golfo di Pálmas
Colonia
Cala de Saboni
Cala Maladróxia
Stagno Baiocca
Sant' Anna Arresi
Cala sa Barracca
Cala su Turcu
Stagno di Maestrale
is Pillonis
Punta Grossa
la Fazenda
Stagno de is Brebéis
Capo Sperone
Punta Menga
Ísla la Vacca
Cala passo a mare
Pt Zaffaraneddu
Punta di Cala Piombo
Ísla il Toro
Cala Aligusta
Capo Teulada
A
B
C

Map: Southern Sardinia (Cagliari region)

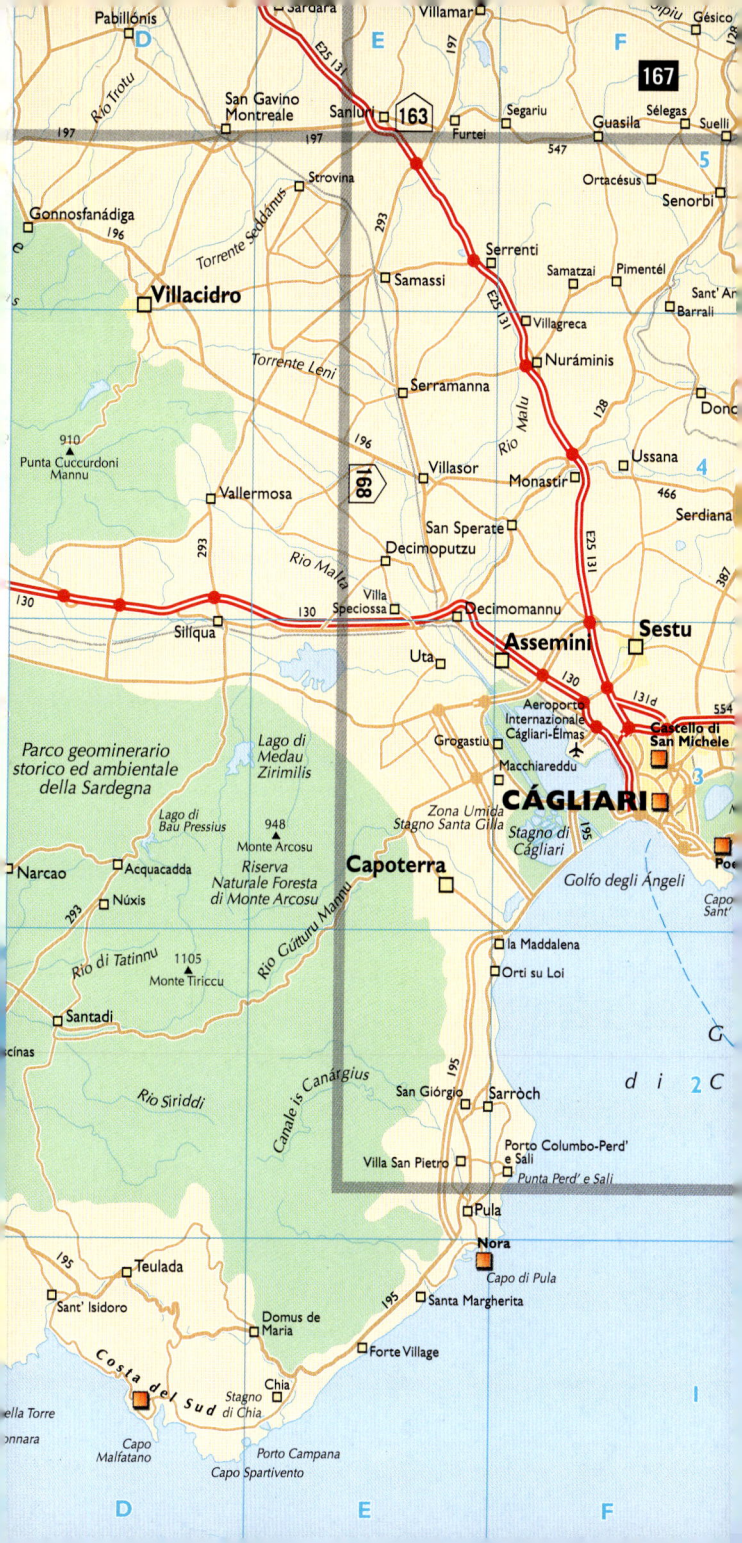

Towns and localities:

- Pabillónis
- Sardara
- Villamar
- Gésico
- San Gavino Montreale
- Sanluri
- Segariu
- Guasila
- Sélegas
- Suelli
- Rio Trotu
- Gonnosfanádiga
- Furtei
- Ortacésus
- Senorbi
- Strovina
- Torrente Seddánus
- Samassi
- Serrenti
- Samatzai
- Pimentél
- Villacidro
- Sant' Ana
- Barráli
- Villagreca
- Nuráminis
- Torrente Leni
- Serramanna
- Rio Malu
- Ussana
- Donc
- Punta Cuccurdoni Mannu (910)
- Vallermosa
- Villasor
- Monastir
- Serdiana
- San Sperate
- Decimoputzu
- Rio Malta
- Villa Speciosa
- Decimomannu
- Assemini
- Sestu
- Siliqua
- Uta
- Aeroporto Internazionale Cágliari-Élmas
- Castello di San Michele
- Parco geominerario storico ed ambientale della Sardegna
- Lago di Medau Zirimilis
- Grogastiu
- Macchiareddu
- CÁGLIARI
- Poe
- Lago di Bau Pressius
- Monte Arcosu (948)
- Zona Umida Stagno Santa Gilla
- Stagno di Cágliari
- Narcao
- Acquacadda
- Riserva Naturale Foresta di Monte Arcosu
- Capoterra
- Golfo degli Ángeli
- Capo Sant'
- Núxis
- Rio di Tatinnu
- Monte Tiríccu (1105)
- Rio Gúttturu Mannu
- la Maddalena
- Orti su Loi
- Santadi
- Rio Siriddi
- Canale is Canárgius
- San Giórgio
- Sarròch
- Villa San Pietro
- Porto Columbo-Perd' e Sali
- Punta Perd' e Sali
- Pula
- Nora
- Capo di Pula
- Teulada
- Santa Margherita
- Sant' Isidoro
- Domus de Maria
- Forte Village
- Chia
- Stagno di Chia
- Costa del Sud
- ella Torre
- onnara
- Capo Malfatano
- Porto Campana
- Capo Spartivento

Road numbers: 163, 167, 168, 131, E25, 130, 195, 197, 293, 196, 128, 547, 466, 387, 554, 131d

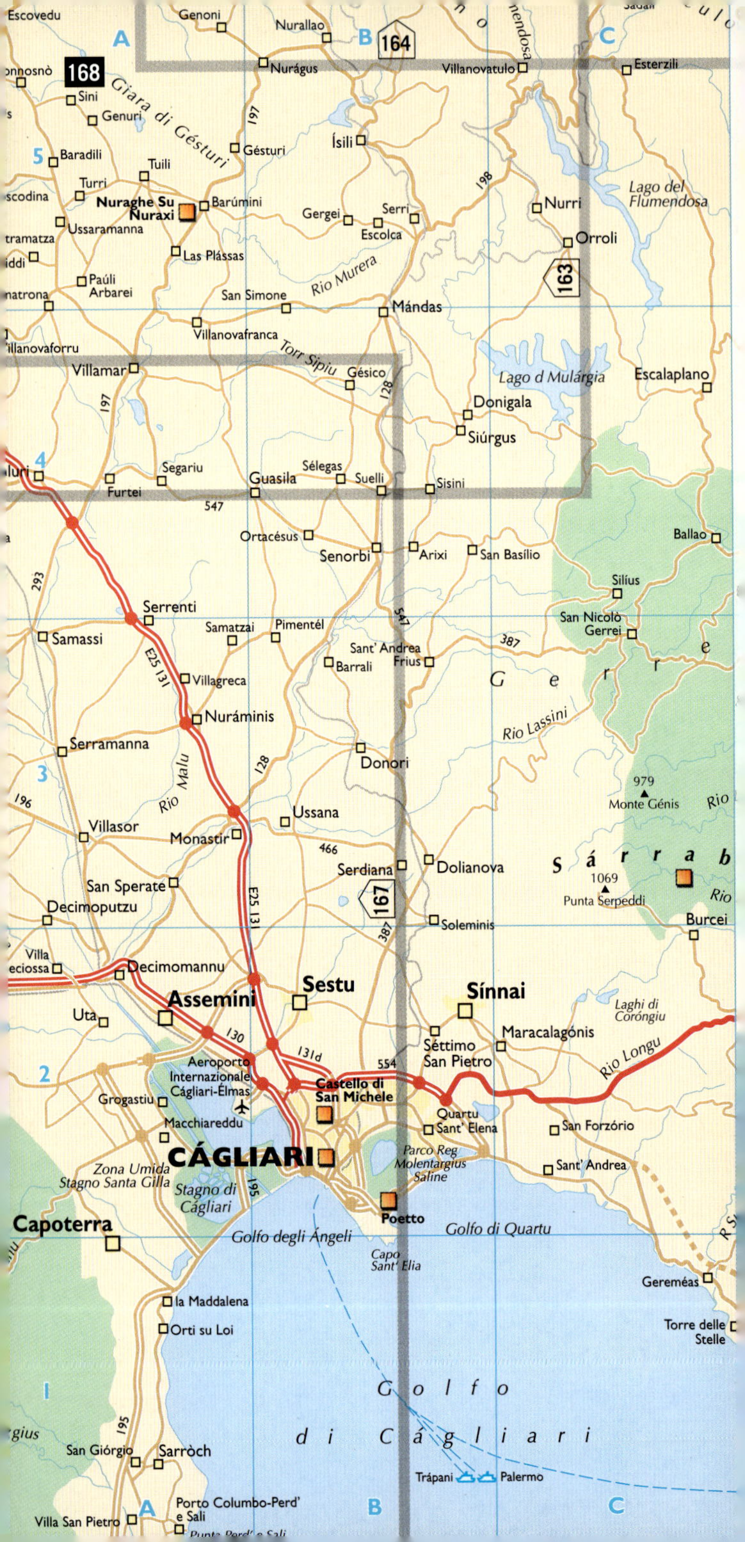

164
168
163
167
A
B
C
5
4
3
2
1
Escovedu
Genoni
Nurallao
Nurágus
Villanovatulo
Esterzili
Sini
Genuri
Giara di Gésturi
Gésturi
Ísili
Baradili
Tuili
Turri
Nuraghe Su Nuraxi
Barúmini
Ussaramanna
Gergei
Serri
Escolca
Nurri
Orroli
Lago del Flumendosa
Las Plássas
Paúli Arbarei
Rio Murera
San Simone
Mándas
Villanovafranca
Villanovaforru
Villamar
Torr Sipiu
Gésico
Lago d Mulárgia
Escalaplano
Donigala
Siúrgus
Segariu
Sélegas
Guasila
Suelli
Sisini
Furtei
Ortacésus
Senorbì
Arixi
San Basílio
Ballao
Silíus
San Nicolò Gerrei
Serrenti
Samassi
Samatzai
Pimentél
Sant' Andrea Frius
Barrali
Villagreca
Gerrei
Nuráminis
Rio Lassini
Serramanna
Donori
Rio Malu
979
Monte Génis
Ussana
Villasor
Monastir
Serdiana
Dolianova
Sárrabus
1069
Punta Serpeddi
San Sperate
Decimoputzu
Soleminis
Burcei
Decimomannu
Sestu
Sínnai
Assemini
Laghi di Coróngiu
Uta
Séttimo San Pietro
Maracalagónis
Rio Longu
Aeroporto Internazionale Cágliari-Élmas
Castello di San Michele
Grogastiu
Macchiareddu
Quartu Sant' Elena
San Forzório
CÁGLIARI
Zona Umida Stagno Santa Gilla
Stagno di Cágliari
Parco Reg Molentargius Saline
Sant' Andrea
Poetto
Capoterra
Golfo degli Ángeli
Golfo di Quartu
Capo Sant' Elia
Gereméas
la Maddalena
Orti su Loi
Torre delle Stelle
Golfo di Cágliari
San Giórgio
Sarròch
Trápani
Palermo
Porto Columbo-Perd' e Sali
Villa San Pietro
E25 131
131d
130
554
197
198
128
547
293
196
466
387
195

D
E
F
169
5
4
3
2
1
Ussássai
Ulássai
Rio Pardu
165
Jerzu
Cardedu
1008
Punta Coróngiu
876
Monte Ferru
Lago del Flumineddu
Capo Sferracavallo
Tertenía
Perdasdefogu
Punta Moros
Melisenda
Rio di San Giógio
Porto Santoru
Salto di Quirra
125
Capo Palmeri
Rio Gruppa
Punta de sa Cala
387
Armúngia
Quirra
Villasalto
Capo San Lorenzo
Parco geominerario storico ed ambientale della Sardegna
387
San Vito
Villaputzu
Punta su Tramazzu
Leunaxi
775
Genn' Aigólas
Muravera
Brabaisu
San Príamo
125
Annunziata
1023
Monte Sette Fratelli
Capo Ferrato
Capoferrato
Árbatax
Olia Speciosa
Monte Nai
Punta di Santa Giusta
Castiádas
Civitavécchia
Capo di Marina
Nápoli
Villasimíus
Ísola Serpentara
Solánas
Punta Moléntis
Punta la Guardia
Capo Boi
Santo Stéfano
Punta Santa Catarina
Capo Carbonara
Ísola dei Cávoli
D
E
F

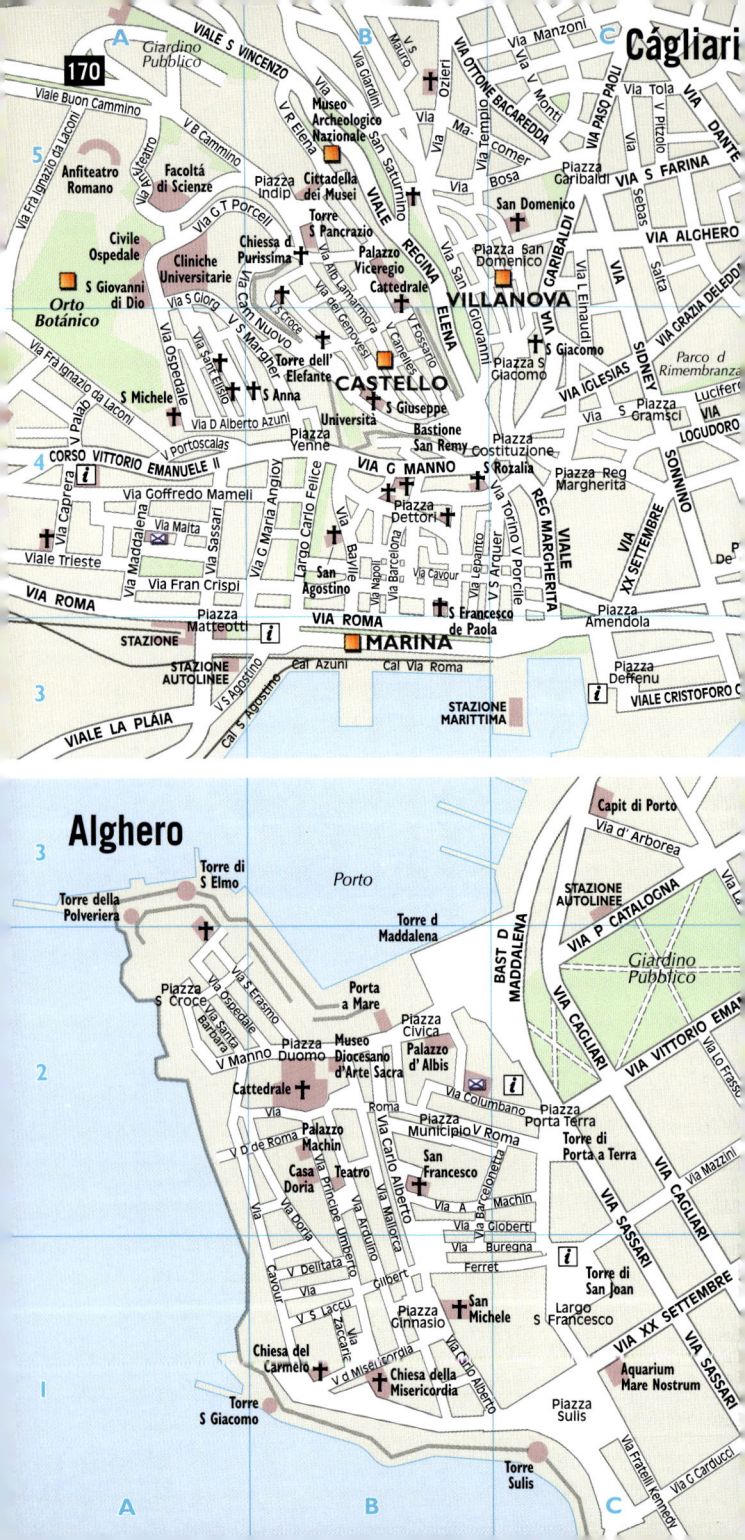

Cagliari

- Giardino Pubblico
- Viale S Vincenzo
- Via Manzoni
- Via Tola
- Via Paso Paoli
- Viale Buon Cammino
- 170
- Via Mauro
- Via Giardini
- Via Ozieri
- Via Ottone Bacaredda
- Via V Monti
- Via Pitzolo
- Via Dante
- Anfiteatro Romano
- Viale Fra Ignazio da Laconi
- Facoltà di Scienze
- V B Cammino
- Museo Archeologico Nazionale
- V R Elena
- Piazza Indip
- Cittadella dei Musei
- Via San Saturnino
- Ma... Bosa
- Piazza Garibaldi
- Via S Farina
- Via Alghero
- Civile Ospedale
- Via G T Porcell
- Torre S Pancrazio
- Chiesa d Purissima
- Palazzo Viceregio
- San Domenico
- Piazza San Domenico
- Sebas
- Salta
- S Giovanni di Dio
- Cliniche Universitarie
- Via Alta Lamarmora
- Cattedrale
- Via San Giovanni
- Via L Einaudi
- Via Garibaldi
- Orto Botánico
- Via S Giorg
- Via Cam Nuovo
- Via Croce
- V S Margne
- Via dei Genovesi
- V Canelles
- VILLANOVA
- Piazza S Giacomo
- S Giacomo
- Via Iglesias
- Via Sidney Sonnino
- Via Grazia Deledda
- Parco d Rimembranza
- Lucifero
- Piazza Gramsci
- Via Loguduro
- Via Ospedale
- Torre dell' Elefante
- S Michele
- S Anna
- CASTELLO
- S Giuseppe
- Via D Alberto Azuni
- Università
- Bastione San Remy
- Piazza Costituzione
- Piazza Reg Margherita
- V Palabi
- V Caprera
- CORSO VITTORIO EMANUELE II
- Via Portoscalas
- Piazza Yenne
- VIA G MANNO
- S Rosalia
- Viale Reg Margherita
- Via XX Settembre
- Via Goffredo Mameli
- Via Malta
- Largo Carlo Felice
- Via G Maria Angioy
- Piazza Dettori
- Viale Trieste
- Via Maddalena
- Via Sassari
- Via Fran Crispi
- Via Baylle
- Via Principe Amedeo
- Via Cavour
- Via Torino V Porcile
- Via Arquer
- De...
- Via Roma
- Piazza Matteotti
- San Agostino
- VIA ROMA
- MARINA
- S Francesco de Paola
- Piazza Amendola
- STAZIONE
- STAZIONE AUTOLINEE
- Cal Azuni
- Cal Via Roma
- Piazza Deffenu
- V S Agostino
- STAZIONE MARITTIMA
- VIALE LA PLAIA
- VIALE CRISTOFORO C

Alghero

- Capit di Porto
- Via d' Arborea
- Torre della Polveriera
- Torre di S Elmo
- Porto
- STAZIONE AUTOLINEE
- Via P Catalogna
- Torre d Maddalena
- BAST D MADDALENA
- Giardino Pubblico
- Via S Erasmo
- Via Cagliari
- Via Vittorio Emanuele
- Piazza S Croce
- Via Ospedale
- V Santa Barbara
- Porta a Mare
- Via O Frassa
- V Manno
- Piazza Duomo
- Museo Diocesano d'Arte Sacra
- Piazza Civica
- Palazzo d' Albis
- Via Columbano
- Piazza Porta Terra
- Cattedrale
- Via
- V D de Roma
- Via Roma
- V Roma
- Torre di Porta a Terra
- Palazzo Machin
- Via Carlo Alberto
- Piazza Municipio
- Via Cagliari
- Via Mazzini
- Casa Doria
- Via Doria
- Teatro
- Via Principe Umberto
- San Francesco
- Via A Machin
- Via Sassari
- Via Arduino
- Via Barcellonetta
- Via Mallorca
- Via Gioberti
- Via Buregna
- Ferret
- Torre di San Joan
- Via Cavouri
- Via Delitala
- V Gilbert
- Largo S Francesco
- Via XX Settembre
- Via Sassari
- V S Laccu
- Via Zaccaria
- Piazza Ginnasio
- San Michele
- Aquarium Mare Nostrum
- Chiesa del Carmelo
- V d Misericordia
- Via Carlo Alberto
- Via Fratelli Kennedy
- Torre S Giacomo
- Chiesa della Misericordia
- Piazza Sulis
- Via G Carducci
- Torre Sulis

Ággius 129
agriturismi 36
Ala Birdi 15
Alghero 13, 100, 106f
　Ausgehen 116
　Cattedrale 107, 143
　Essen und Trinken 114f
　Einkaufen 116
　Museo Diocesano d'Arte Sacra 143
　Palazzo Machin 142
　San Francesco 106, 142
　San Michele 106, 142
　Spaziergang 142f
　Torre di Porta Terra 106
　Übernachten 113
Antiquarium Arborense 69, 70
Apotheken 152, 154
Árbus 53
Archäologische Ausgrabungsstätten
　Arzachena 30, 118, 129f
　Nora 52, 53
　Nuraghe Losa 8, 64, 73f
　Nuraghe Santu Antíne 100, 111
　Nuraghe Su Nuraxi 9, 30, 43, 50f
　Thárros 68, 69f, 140f
　Tiscali Villagio Nuragico 90f
　Valle dei Nuraghi 111
Arcipélago de La Maddalena 30, 118, 126f
Area Marina Protetta di Capo Carbonara 56f
Aritzo 13
Arzachena 30, 118, 129f
Ausflüge
　Alghero 142f
　Cágliari 136f
　Cágliari nach Villasimíus 138f
　Gennargentu-Gebirge 144ff
　Ísola Caprera 147f
　Oristano & die Sínis-Halbinsel 140f
Ausgehen 39f
　siehe auch jeweilige Region
Auto fahren 34f, 150, 151
　siehe auch Ausflüge
Autovermietung 34

B&Bs 36
Báia Chia 11, 30, 57, 59, 61
Báia Sardinia 11
Banken 152
Barbágia 82
Barúmini 50, 51, 59, 61
Basilica della SS. Trinità di Saccargia 19, 111
Basilica di San Gavino 100
Behinderung, Reisende mit 154
Bosa 12, 100, 112, 113, 115
Burcei 49
Busse 35

Cábras 13, 72
Cafés und Bars 38
Cágliari 12, 43, 46f, 136f, 138
　Anfiteatro Romano 137
　Castello 46f
　Castello di San Michele 54f
　Cattedrale di Santa Maria 46
　Essen und Trinken 60
　Mostra di Cere Anatomiche 136
　Museo Archeológico Nazionale 47, 137
　Museo d'Arte Siamese 136
　Orto Botánico 55, 137
　Palazzo Viceregio 136
　Spaziergang 136f
　Torre dell'Elefante 43, 46
　Torre di San Pancrazio 136
　Übernachten 58f
　Villanova 54
Cágliari und der Süden 41ff
　Ausgehen 62
　Castello di San Michele 54f
　Costa del Sud 57
　Einkaufen 62
　Essen und Trinken 60f
　In vier Tagen 44f
　Ísola dei Cávoli 56f
　Ísola Serpentara 57
　Karte 42f
　Nora und der Südwesten 52f
　Nuraghe Su Nuraxi 9, 30, 43, 50f
　Orto Botánico 55, 137
　Poetto & Marina Píccola 55f, 61, 138f
　Übernachten 58f
　Villanova 54
　Villasimíus und der Sárrabus 48f, 58f, 60f
Cala Coticcio 148
Cala Gonone 82, 88, 89
Cala di Luna 11, 30, 89
Cala Sisine 30
Cannigione 11, 118, 125
Capo Boi 139
Capo Cáccia 108, 109
Capo Cala Cipolla 57
Capo Carbonara 49, 56, 139
Capo-Carbonara-Meerespark (Naturschutzgebiet) 56f
Capo d'Órso 125
Capo Falcone 110
Capo Testa 129
Capriccioli 124
Casa Garibaldi 148
Casa Museo di Antonio Gramsci 74
Castello di San Michele 54f
Castelsardo 18, 112, 115
Castiádas 49
Cavalcata Sarda 12f, 40

Coddu Vecchiu 130
Comunità Montana 75
Costa del Sud 57
Costa Smeralda 10, 11, 21, 26f, 30, 118, 124f, 131f, 133f
　Essen und Trinken 133f
　Übernachten 131f
Costa Verde 53
Cuccuru S'Arrius 72
Cúglieri 76, 78

Deledda, Grazia 86
Delphine 29
domus de janas 8, 18, 30, 76
Dresscode 38

Einkaufen 39
　Öffnungszeiten 152
　siehe auch jeweilige Region
Eintrittspreise 33
Elektrizität 153
Ermäßigungen 154
Escala del Cabirol 108, 109
»Eselsinsel« 17, 110
Essen und Trinken 22ff, 37f, 39
　Essenszeiten 37
　Kulinarische Feste 13
　Restauranttypen 37
　Speisekarte 156
　Trinkwasser 154
　Vegetarier 37f
　siehe auch jeweilige Region

Fähren 33, 35
»Feenhäuser« 8, 18, 30, 76
Feiertage 152
Ferienwohnungen 36
Festa dell'Assunta 94
Festa di San Salvatore 13, 40
Festa di Sant'Antonio 93
Feste 12f, 15, 40, 62, 75, 92, 93, 94, 105
Filmfestival 123
Fischindustrie 72
Flamingos 28, 29, 48, 72
Flughäfen und Fluglinien 32f, 151
Folkloremusik 12
Fonni 93
Fordongiánus 76, 78

Garibaldi, Giuseppe 17, 21, 118, 147
Geld 151
Geldautomaten 151
Geldumtausch 151
Gennargentu-Gebirge 30, 93, 144f
Geschichte 18ff
Gesundheit 150, 154
Ghilarza 74
Giara di Gesturi 28
Gigantengräber 8, 9, 18, 30, 76, 129f

Register 171

Gola Su Gorruppu (Schlucht) 30, 82, 90, 92f
Golf 40
Golfo Aranci 125
Golfo degli Ángeli 56
Golfo di Orosei 11, 30, 82, 88f, 95, 96f
Grotta del Bue Marino 30, 82, 88f
Grotta di Ispinigoli 82, 92, 97
Grotta di Nettuno 100, 108f
Grüne Küste *siehe* Costa Verde

Heilquellen 75f
Hotels 36
    siehe auch jeweilige Region

I Candelieri 13, 40, 105
Il Redentore 92
Inseln, vorgelagerte 16f
Ísola Asinara 17, 110
Ísola Caprera 7, 17, 30, 118, 127, 128, 147f
Ísola dei Cávoli 48, 56f
Ísola di San Pietro 52, 53, 59, 61
Ísola di Sant'Antioco 16
Ísola Santo Stefano 127
Ísola Serpentara 48, 56f
Ísola Tavolara 17, 118, 122, 133

Jugendherbergen 154

Karneval 12, 40, 93
Kinder 154
Kirchen
    Basilica della SS. Trinità di Saccargia 19, 111
    Basilica di San Gavino 100
    Basilica di San Saturno 54
    Basilica di San Simplicio 122
    Cattedrale di San Giácomo 88
    Cattedrale di Santa Maria (Alghero) 107, 143
    Cattedrale di Santa Maria (Cágliari) 46
    Duomo di San Nicola 104
    Duomo, Oristano 69
    San Domenico 54
    San Francesco 106, 142
    San Giovanni di Sínis 140
    San Leonardo 76
    San Michele 106, 142
    San Pietro de Sórres 111
    San Salvatore 75
    Sant'Antíoco di Bisarcio 111
    Sant'Antonio Abate 88
    Santa Maria della Neve (Cúglieri) 76
    Santa Maria della Neve (Núoro) 86

Santa Maria di Betlem 104f
Santa Maria Maddalena 127
Kirchen, Öffnungszeiten 152
Klima und Jahreszeiten 150, 154
Konfektionsgrößen 152
Konsulate 154
»Korallen-Riviera« 100, 106
Kredit- und Bankkarten 151
Kriminalität 153
Kunsthandwerk 39, 62, 112, 129
Küste 10f

La Maddalena 16, 17, 126f
    Chiesa di S. Maria Maddalena 127
    Museo Archeológico Navale 127
    Museo Diocesano 126
Landschaft 7
Legenden 7, 11

Maddalena Archipelago
    siehe Arcipélago de La Maddalena
Mamoiada 12, 93, 146
Marina di Orosei 88
Marina di Torre Grande 71, 140
Marina Píccola 56
mattanza (»Thunfisch-Massaker«) 53
Medizinische Versorgung 154
Molentargius 55
Mönchsrobben 29, 89
Monte dei Sette Fratelli 48, 49
Monte Ferru 75
Monte Ortobene 30, 92, 95, 144
Monte Telaione 147f
Monte Tiscali 90
Monti del Gennargentu 30, 93, 144ff
Mufflon 28, 110
Muravera 13
Museen
    Antiquarium Arborense 69, 70
    Casa Museo di Antonio Gramsci 74
    Mostra di Cere Anatomiche 136
    Museo Archeológico Navale 127
    Museo Archeológico Nazionale 47
    Museo Archeológico, Villasimíus 48
    Museo Cívico Cábras 72
    Museo d'Arte Siamese 136
    Museo del Coltello Sardo 63
    Museo Deleddiano 86
    Museo della Vita e delle Tradizioni Sarde 87

Museo delle Maschere Mediterranee 93, 146
Museo Diocesano 126
Museo Diocesano d'Arte Sacra 143
Museo Etnográfico 129
Museo Garibaldino 128
Museen, Öffnungszeiten der 152
Museo Garibaldino 128
Musik, traditionelle 12

Necropoli di Li Muri 130
Nelson, Lord 126f
Neptunsgrotte 100, 108f
Nora 52
Nordosten 117ff
    Ággius 129
    Arcipélago de La Maddalena 30, 118, 126f
    Arzachena 30, 118, 129f
    Ausgehen 134
    Costa Smeralda 10, 11, 21, 26f, 30, 118, 124f, 131f, 133f
    Einkaufen 134
    Essen und Trinken 133f
    Ísola Tavolara 118, 122, 133
    In vier Tagen 120f
    Karte 119
    Museo Garibaldino 128
    Ólbia 118, 122f, 131, 133
    Porto Cervo 124, 125, 128
    Santa Teresa di Gallura 118, 129, 132
    Témpio Pausánia 118, 129
    Übernachten 131f
Notruf 153
Notteri 48
Núoro 13, 82, 86f
    Essen und Trinken 96
    Museo Deleddiano 86
    Museo della Vita e delle Tradizioni Sarde 87
    Santa Maria della Neve 86, 87
Núoro und der Osten 81ff
    Ausgehen 98
    Einkaufen 98
    Essen und Trinken 96f
    Gola Su Gorruppu (Schlucht) 30, 82, 90, 92f
    Golfo di Orosei 11, 30, 82, 88f, 95, 96f
    Grotta di Ispinigoli 82, 92, 97
    In vier Tagen 84f
    Karte 83
    Mamoiada 12, 93, 146
    Monti del Gennargentu 30, 93, 144ff
    Orgosolo 94, 97, 146
    Tiscali Villaggio Nuragico 90f

Übernachten 95
Nuraghe Albucciu 130
Nuraghe Losa 8, 64, 73f, 77f
Nuraghe Santu Antíne 100, 111
Nuraghe Su Nuraxi 9, 30, 43, 50f
Nuragherkultur 8f, 18, 64, 90f
nuraghi 6, 8f, 18, 64, 90f

Öffnungszeiten 152
Ólbia 118, 122f, 131, 133
  Basilica di San Simplicio 122
Oliena 95, 97, 144f
Orgosolo 94, 97, 146
Oristano 15, 64, 68f, 140
  Antiquarium Arborense 69
  Duomo 69
  Essen und Trinken 79
  Übernachten 77
Oristano und der Westen 63ff
  Ausgehen 80
  Cúglieri 76, 78
  Einkaufen 80
  Essen und Trinken 79
  Fordongiánus 76, 78
  In drei Tagen 66f
  Karte 65
  Marina di Torre Grande 71, 140
  Monte Ferru 75
  Monte Ortobene 30, 92, 95, 144
  Nuraghe Losa 64, 73f, 77f
  San Leonardo de Siete Fuentes 75f
  San Salvatore 75, 141
  Santa Maria della Neve (Cúglieri) 78
  Sínis-Halbinsel 64, 71f, 77, 79, 140f
  Thárros 68, 69f, 140f
  Übernachten 77f
Orosei (Stadt) 88
  Cattedrale di San Giácomo 88
  Sant'Antonio Abate 88
Orto Botánico 55, 137
Outdoor-Sport 40

Palau 11, 118
Panoramafahrten
  siehe Ausflüge
Parco del Gennargentu 93
Parco del Golfo di Orosei 93
Parco Nazionale dell'Asinara 100
Pass 150
Pflanzenwelt 7, 28, 29, 56f
Poetto 55f, 61, 138
Polizei 153
Porto Cervo 124, 125, 128
Porto Conte 109

Porto Rotondo 125
Porto Tórres 100
Portu Li Coggi 125
Post 152, 153
Prominente 26
Punta delle Colonne 52, 53
Punta La Mamora 93

Reiten 15, 40
»Rennen der Barfüßigen 40, 75
Rivera del Corallo 100, 106
Romazzino 124

S'Ardia 15, 40
Sa Die de Sa Sardigna 40
Sa Sartiglia 15
Sa Sedda 'e Sos Carros 91
Sagra del Redentore 13, 40, 92
Sagra dell'Agrume 13
Sagra delle Castagne 13
Sagra di Sant'Efisio 12, 40, 62
San Giovanni di Sínis 140
San Leonardo de Siete Fuentes 75f
San Pietro 16
San Pietro de Sórres 111
San Salvatore 75, 141
Sanddünen 53
Sant'Antíoco di Bisarcio 111
Santa Maria della Neve (Cúglieri) 76
Santa Maria della Neve (Núoro) 86
Santa Teresa di Gallura 11, 118, 129, 132
Santu Lussúrgiu 76
Sardegna in Miniatura 51
Sardische Nationalidentität 6f
Sardische Spezialitäten 22ff, 38
Sárrabus 48, 49
Sássari 12f, 100, 104f, 113
  Chiesa di Santa Maria di Betlem 104f
  Duomo di San Nicola 104
  Essen und Trinken 114
  Teatro Cívico 104
  Übernachten 113
Sássari und der Nordwesten 99ff
  Alghero 13, 100, 106f, 113, 114f, 142f
  Ausgehen 116
  Bosa 12, 100, 112, 113, 115
  Capo Cáccia 108, 109
  Castelsardo 18, 112, 115
  Einkaufen 116
  Essen und Trinken 114f
  Grotta di Nettuno 100, 108f

In drei Tagen 102f
Ísola Asinara 17, 110
Karte 101
Nuraghe Santu Antíne 100, 111
San Pietro de Sórres 111
Spiaggia della Pelosa 11, 30, 100, 110
»Straße der Kirchen« 110f
Übernachten 113
Valle dei Nuraghi 100, 111
Sedilo 15
Segeln 40
Sella del Diávolo 55f
Seneghe 75
Senioren 154
Sicherheit, persönliche 153
Sínis-Halbinsel 64, 71f, 77, 79, 140f
Smaragdküste
  siehe Costa Smeralda
Solánas 139
Speisekarte 156
Spiaggia del Riso 49
Spiaggia della Pelosa 11, 30, 100, 110
Spiaggia di San Giovanni di Sínis 71
Spiaggia di Santa Margherita 57
Spiaggia Geremeás 139
Spiaggia Porto Giunco-Notteri 48
Spiaggia Sa Colonia 57
Spiaggia San Nicolò 53
Spiaggia Simius 48
Sport 40
Sprache 6, 20f
  Speisekarte 156
  Sprachführer 155
Stagno di Cábras 72, 140
Stintino 100
Strada Panorámica 138
Strände 10f, 30
  siehe auch jeweilige Orte
»Straße der Kirchen« 110f
Straßenverkehr 34f
Studenten/Jugendliche 154
Su Gologone 145f
Supramonte 88
Surfen & Kitesurfen 40

Tal des Mondes 129
Tauchen 40, 98
Telefonieren 153
Témpio Pausánia 118, 129
Thárros 68, 69f, 140f
Tiere, wild lebende 17, 28f, 49, 110, 127
Tiscali Villagio Nuragico 30, 90f
Toiletten 154
tombe dei giganti 8, 9, 18, 30, 76, 129f
Torralba 111

Register 173

Torre delle Stelle 139
Torre di Chia 57
Torre di San Giovanni 70
Tourismus 26f
Touristeninformation 33, 150f
trenino verde (»Grüner Zug«) 35
Trinkgeld 38, 153
Trinkwasser 154

Übernachten 36
agriturismi 36
B&Bs 36

Hotels 36
Selbstversorger 36
siehe auch einzelne Regionen

Valle dei Nuraghi 100, 111
Valle della Luna 7, 129
Versicherungen 150, 154
Villanova 54
Basilica di San Saturno 54
San Domenico 54
Villasimíus 48, 58f, 60f
Vogelbeobachtungen 28f, 55, 71f, 72, 88, 122

Währung 151
Wandern 40
Wassersport 40, 98, 116
Websites 150
Weinherstellung 25, 93, 107, 129
Weiße Esel 17, 28, 110
Wildpferde 28

Zahnärzte 154
Zeitunterschied 151, 152
Zollbestimmungen 154
Züge 35

Abbildungsnachweis

Die Automobile Association dankt den nachfolgend genannten Fotografen, Unternehmen und Bildagenturen für ihre Unterstützung bei der Herstellung dieses Buchs:

Umschlag:
(o) Chiesa di Sant'Antonio, Orosei, AA/Neil Setchfield;
(u) Arcipélago de La Maddalena, AA/Neil Setchfield

2(i) AA/Neil Setchfield; **2(ii)** AA/Neil Setchfield; **2(iii)** AA/Neil Setchfield; **2(iv)** AA/Neil Setchfield; **2(v)** AA/Neil Setchfield; **3(i)** AA/Neil Setchfield; **3(ii)** AA/Neil Setchfield; **3(iii)** AA/Neil Setchfield; **3(iv)** AA/Clive Sawyer; **5** AA/Neil Setchfield; **6** AA/Neil Setchfield; **7mr** AA/Neil Setchfield; **7u** AA/Neil Setchfield; **8** AA/Neil Setchfield; **9m** AA/Neil Setchfield; **9u** AA/Neil Setchfield; **10** AA/Neil Setchfield; **11 h/g** AA/Neil Setchfield; **11ol** AA/Clive Sawyer; **12** AA/Neil Setchfield; **13o** AA/Neil Setchfield; **13u** AA/Neil Setchfield; **14** David Sutherland/Alamy; **15** SIME/Morandi Bruno/4Corners Images; **16–17 h/g** AA/Neil Setchfield; **16u** AA/Neil Setchfield; **17o** AA/Neil Setchfield; **18u** AA/Neil Setchfield; **19** AA/Neil Setchfield; **20** AA/Neil Setchfield; **22** AA/Neil Setchfield; **23o** SIME/Scatà Stefano/4Corners Images; **23m** AA/Neil Setchfield; **24** Foodfolio/Pictures Colour Library; **25** John Miller; **26–27** AA/Neil Setchfield; **28** AA/Neil Setchfield; **29o** Dietmar Nill/Nature Picture Library; **29mr** Panda Photo/FLPA; **29mr** AA/Neil Setchfield; **29u** blickwinkel/Alamy; **30** SIME/Ripani Massimo/4Corners Images; **31** AA/Neil Setchfield; **41** AA/Neil Setchfield; **42** AA/Neil Setchfield; **43** AA/Neil Setchfield; **44m** AA/Neil Setchfield; **44u** AA/Neil Setchfield; **45** AA/Neil Setchfield; **46** SIME/Morandi Bruno/4Corners Images; **47** AA/Clive Sawyer; **48** AA/Neil Setchfield; **49** AA/Neil Setchfield; **50** AA/Neil Setchfield; **51m** AA/Neil Setchfield; **51u** AA/Neil Setchfield; **52** AA/Neil Setchfield; **53** AA/Neil Setchfield; **54l** AA/Neil Setchfield; **54–55u** SIME/Spila Riccardo/4Corners Images; **55ur** AA/Neil Setchfield; **56–88** AA/Neil Setchfield; **89** SIME/Ripani Massimo/4Corners Images; **90** CubolImages srl/Alamy; **91–118** AA/Neil Setchfield; **119** AA/Clive Sawyer; **120m** AA/Neil Setchfield; **120u** AA/Neil Setchfield; **121–148** AA/Neil Setchfield; **149** AA/Clive Sawyer; **153o** AA/Neil Setchfield; **153ml** AA/Neil Setchfield; **153mr** AA/Neil Setchfield.

Wir haben uns sehr bemüht, sämtliche Bildrechte zu wahren, und bitten, etwaige unbeabsichtigte Auslassungen oder Fehler zu entschuldigen. Sollte Ihnen diesbezüglich ein Fehler auffallen, nehmen wir die Korrekturen gerne in der nächsten Ausgabe auf.

Der Autor möchte sich gerne bei Alison, Polly und Hugh aus der englischen Niederlassung von Just Sardinia bedanken, die sich um die Mietwagen gekümmert haben, beim Buchen von Unterkünften behilflich waren und deren Enthusiasmus zu keinem Zeitpunkt zu bremsen war. Vielen Dank auch an Martin für seine großartige Unterstützung; Renata; dem Italienischen Fremdenverkehrsamt in London; Marina Tavolata von Travel Marketing in Rom sowie Sally und »Sir Rupert«.

Abkürzungen: (o) oben; (u) unten; (m) Mitte; (l) links; (r) rechts;
(hg) Hintergrund; (AA) AA World Travel Library.

Leserbefragung

NATIONAL GEOGRAPHIC

Ihre Ratschläge, Urteile und Empfehlungen sind für uns sehr wichtig. Wir bemühen uns, unsere Reiseführer ständig zu verbessern. Wenn Sie sich ein paar Minuten Zeit nehmen, diesen kleinen Fragebogen auszufüllen, könnten Sie uns sehr dabei helfen.

Wenn Sie diese Seite nicht herausreißen möchten, können Sie uns auch eine Kopie schicken oder Sie notieren Ihre Hinweise einfach auf einem separaten Blatt.

Bitte senden Sie Ihre Antwort an:
NATIONAL GEOGRAPHIC SPIRALLO-REISEFÜHRER, MAIRDUMONT GmbH & Co. KG,
Postfach 31 51, D-73751 Ostfildern
E-Mail: spirallo@nationalgeographic.de

Über dieses Buch ...
NATIONAL GEOGRAPHIC SPIRALLO-REISEFÜHRER SARDINIEN

Wo haben Sie das Buch gekauft? _____

Wann? Monat / Jahr

Warum haben Sie sich für einen Titel dieser Reihe entschieden? _____

_____

_____

_____

_____

_____

_____

_____

_____

Wie fanden Sie das Buch?

Hervorragend ☐   Genau richtig ☐   Weitgehend gelungen ☐   Enttäuschend ☐

Können Sie uns Gründe angeben?

_____

_____

_____

_____

_____

_____

_____

_____

Bitte umblättern ...

Hat Ihnen etwas an diesem Führer ganz besonders gut gefallen?
_____
_____
_____
_____
_____

Was hätten wir besser machen können?
_____
_____
_____
_____
_____
_____

Persönliche Angaben

Name _____

Adresse _____
_____
_____

Zu welcher Altersgruppe gehören Sie?
Unter 25 ☐ 25–34 ☐ 35–44 ☐ 45–54 ☐ 55–64 ☐ Über 65 ☐

Wie oft im Jahr fahren Sie in Urlaub?
Seltener als einmal ☐ Einmal ☐ Zweimal ☐ Dreimal oder öfter ☐

Wie sind Sie verreist?
Allein ☐ Mit Partner ☐ Mit Freunden ☐ Mit Familie ☐

Wie alt sind Ihre Kinder? _____

Über Ihre Reise …

Wann haben Sie die Reise gebucht? Monat / Jahr

Wann sind Sie verreist? Monat / Jahr

Wie lange waren Sie verreist? _____

War es eine Urlaubsreise oder ein beruflicher Aufenthalt? _____

Haben Sie noch weitere Reiseführer gekauft? ☐ Ja ☐ Nein

Wenn ja, welche? _____
_____

Herzlichen Dank dafür, dass Sie sich die Zeit genommen haben, diesen Fragebogen auszufüllen.